为中华崛起传播智慧

To disseminate intelligence for the rise of China

国家出版基金项目

中国战略性新兴产业研究与发展

R&D of China's Strategic New Industries

高端液气密元件

High-End Hydraulic Pneumatic And Sealing Components

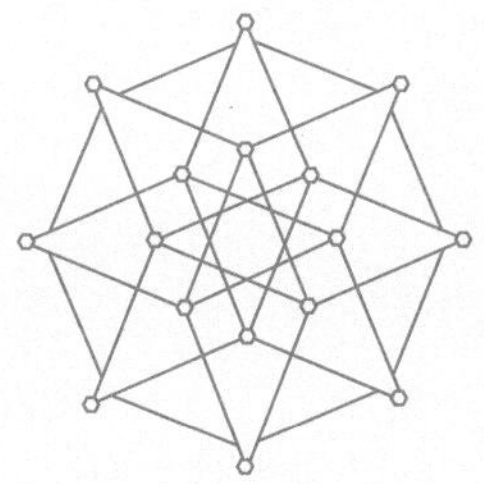

中国液压气动密封件工业协会 组编

李耀文 主编

机械工业出版社
China Machine Press

本书共6章，对我国高端液气密产业的发展思路、发展目标、发展战略及相关政策进行了全面、系统的分析研究，对产业发展和目前的瓶颈问题提出了具有指导意义的建议。第1章介绍了我国高端液气密产业的发展历程、现状和国际流体动力行业的情况。第2～6章，分别介绍了液压、液力、气动、橡塑密封、机械密封与填料静密封行业的发展现状、最新科技成果及为主机配套情况，通过与国外液气密产业的对比分析，指出我国高端液气密产业的差距，并对我国高端液气密元件产业的发展提出了政策建议。

本书将普及性、科学性有机统一起来，内容翔实、数据可靠，不仅可以为政府部门的政策法规制订者提供相关参考依据，也可以为液气密及相关产业的技术人员、管理人员提供决策参照，将对我国高端液气密产业的发展起到很好的促进作用。

图书在版编目（CIP）数据

中国战略性新兴产业研究与发展．高端液气密元件／李耀文主编．—北京：机械工业出版社，2021.2

国家出版基金项目

ISBN 978-7-111-67422-1

Ⅰ．①中… Ⅱ．①李… Ⅲ．①新兴产业－产业发展－研究－中国②液压元件－机械工业－产业发展－研究－中国③气动元件－机械工业－产业发展－研究－中国④机械密封－机械工业－产业发展－研究－中国 Ⅳ．①F269.24②F426.4

中国版本图书馆CIP数据核字（2021）第019460号

机械工业出版社（北京市百万庄大街22号 邮政编码 100037）

策划编辑：任智惠　　责任编辑：任智惠　王迺娟

责任校对：李　伟　　封面设计：德浩设计工作室

责任印制：罗彦成

北京宝昌彩色印刷有限公司印刷

2021年3月第1版第1次印刷

170mm×242mm · 20印张 · 347千字

标准书号：ISBN 978-7-111-67422-1

定价：148.00元

电话服务	网络服务
服务咨询电话：(010)88361066	年鉴网：http://www.cmiy.com
读者购书热线：(010)88379838	机工官网：http://www.cmpbook.com
(010)68326294	机工官博：http://weibo.com/cmp1952

中国战略性新兴产业研究与发展

编委会

《中国战略性新兴产业研究与发展·高端液气密元件》

执行编委会

中国战略性新兴产业研究与发展

编委会办公室

序言

全球金融危机和经济衰退发生以来，美欧日俄等为应对危机、复苏经济、抢占未来发展的先机和制高点，都在重新审视发展战略，不断加快推进“再工业化”，培育发展以新能源、节能环保低碳、生物医药、新材料与高端制造、新一代信息网络、智能电网、海洋空天等技术为支撑的战略性新兴产业，在全球范围内构建以战略性新兴产业为主导的新产业体系。力图通过新一轮技术革命的引领，重新回归实体经济，创造新的经济增长点。这已成为很多国家摆脱危机、实现增长、提升综合国力的根本出路。可以预计，未来的二三十年将是世界大创新、大变革、大调整的历史时期，人类将进入一个以绿色、智能、可持续发展为特征的知识文明时代。那些更多掌握绿色、智能技术，主导战略性新兴产业发展方向的国家和民族将在未来全球竞争合作中占据主导地位，赢得全球竞争合作，共享持续繁荣进程中的主动权和优势地位。

为应对金融危机和全球性经济衰退以及日趋强化的能源、资源和生态环境约束，以实现中国经济社会的科学发展、和谐发展、持续发展，党中央、国务院提出加快调整产业结构、转变经济发展方式，加快培育和促进战略性新兴产业发展的方针，出台了《国务院关于加快培育和发展战略性新兴产业的决定》以及相关政策举措。可以肯定，未来 5 ～ 10 年将是我国结构调整与改革创新发展的一个新的战略机遇期，将通过继续深化改革，扩大开放，提升自主创新能力，建设创新型国家，实现我国科技、产业、经济由大变强的历史性跨越，我国经济社会发展将走出一条依靠创新驱动，绿色智能，科学发展、和谐发展、持续发展之路，实现中华民族的伟大复兴。

展望未来，高端装备制造、新能源汽车、节能环保、新一代信息技术、生物医药、新能源、新材料、绿色运载工具、海洋空天、公共安全等全球战略性新兴产业将形成十几万亿美元规模的宏大产业，成为发展速度最快，采用高新技术最为密集，最具持续增长潜力的产业群落。战略性新兴产业的发展需求也将拉动技术的创新突破和产业的结构调整，为包括我国在内的全球经济发展注入新的强大动力。

在世界各国高度重视培育和发展战略性新兴产业的新形势下，编写一套“中国战略性新兴产业研究与发展”图书，借鉴国外相关产业发展的成功经验，对行业发展思路、发展目标、发展战略、发展重点、投资方向、政策建议等方面进行全面、系统研究，凝聚对战略性新兴产业内涵和发展重点的认识，为国家战略性新兴产业发展规划的顺利实施，以及政府和有关部门制定促进战略性新兴产业发展的相关政策和法规提供参考，具有十分重要的现实意义。

“中国战略性新兴产业研究与发展”系列图书对相应产业的阐述、分析均注重强调战略性新兴产业的六个主要特点：

一是**绿色**。战略性新兴产业属于能耗低、排放少、零部件可再生循环的“环保型”“绿色型”产业，无论从产品的设计、制造、使用，还是回收、再利用等整个生命周期的各个环节，对资源的利用效率与对环境的承载压力均要求达到最理想水平。

二是**智能**。新型工业化要求坚持以信息化带动工业化、以工业化促进信息化，即要实现“两化融合”。而“两化融合”决定了智能是未来产业尤其是战略性新兴产业的发展方向。所谓智能，是指制造过程的智能化、产品本身的智能化、服务方式的智能化。这些均是智能的最基本层次，它还具有其他更为丰富的内涵。例如：智能电网，通过先进的传感和测量技术、先进的设备技术、先进的控制方法以及先进的决策支持系统技术的应用，可实现电网的可靠、安全、经济、高效、环境友好和系统安全等方面的智能；智能汽车不只是安全智能，还包括节能、减排、故障预警等方面的智能。

三是**全球制造**。随着全球化趋势不断深化，战略性新兴产业的发展成果也必将是由全人类共创共享。新产品的研制开发，不再由一个企业独自完成，需要集成各方面优势资源共同解决。例如，iPhone 在中国完成装配，但它的设计、研发以及许多零部件的供应都是在美国、日本和欧洲实现的，其本身就是一个全球化的产品。因而，未来的制造必然是全球化制造、网络化制造。

四是**满足个性化需求与为更多人分享相结合**。目前中国有14亿人口，印度有13亿人口，还有巴西、印度尼西亚等新兴国家、发展中国家也都要实现现代化。在全球如此规模庞大的人群中，既存在富裕阶层、高消费阶层，他们的消费需求是个性化、多样化的；又有占比较大的中产阶层、贫困人口，他们的消费需求是基本层次的，但也不能被忽视。两种类型的消费需求必须同时被满足，这不仅是构建和谐社会的需要，而且是构建和谐世界的需要。因此，我国发展战略性新兴产业，应该既要满足中高端个性化的需求，同时又要满足我国与其他发展中国家广大普通消费者的需求。要把个性化的设计、个性化的产品生产，与规模化、工业化的传统生产结合起来，不能完全抛弃传统的规模化生产方式。

五是**可持续**。要使有限的自然资源得以有效、可持续利用，发展利用可再生资源、能源，强调发展再制造、循环经济。无论是原材料使用，还是零部件制造，从研发、设计之初就考虑到了生产中的废料、使用后的残骸的回收处置，使其能够重新得到循环利用。

六是**增值服务**。培育发展战略性新兴产业需要注意在设计制造过程中与产品售后、使用过程中提供相关增值服务。不应再局限于传统的观念，只注重制造本身，而不注重服务的价值。例如，发展电动汽车产业，必须首先解决好商业模式问题，包括充电桩建设、电池更换、废旧电池回收等服务，否则将无法广泛推广。

“中国战略性新兴产业研究与发展”系列图书内容丰富、资料翔实、观点鲜明、立意高远，并力求充分体现出“四性”，即科学性、前瞻性、指导性和基础性。

第一，体现**科学性**。所谓科学性，就是指以科学发展观为指导。科学发展观的核心是以人为本，基本要求是全面、协调、可持续，根本方法是统筹兼顾，符合客观规律。“中国战略性新兴产业研究与发展”系列图书既要能够为党中央、国务院提出的加快发展战略性新兴产业的总体战略服务，又不应受到行业、部门的局限，更不能写成规划或某些部门规划的解读材料，而应能够立足于事物客观规律、立足于全局。各分册编写组同志重视调查、研究，力求对国情、科技、产业及全球相关产业的发展态势有比较准确的把握，努力为我国战略性新兴产业的发展提供一本基于科学基础的好素材。这套图书立足基于我国国情，而不是简单地把发达国家的相关产业信息进行综合、编译，照搬照抄。当然，我国发展战略性新兴产业不能“闭门造车”，而是要坚持开放性，积极参与国际分工合作，充分利用全球优势资源，提高发展的起点和水平。因而，有必要参照国际成功经验与最新发展趋势，但一定要以我国国情和产业特点为根本出发点，加快培育和发展有中国特色的、竞争能力强的战略性新兴产业。

第二，体现**前瞻性**。一是能够前瞻战略性新兴产业的发展，因为这套图书是战略性新兴产业的发展指导书。二是能够前瞻战略性新兴产业技术的发展。为了做好这两个前瞻，必须要适当地前瞻全球经济、我国经济与战略性新兴产业发展的趋势。只讲发展现状是不够的，因为关于现状的资料很多，通过简单的网络搜索即可查到；也不能只罗列国外的某些规划和发展战略。“中国战略性新兴产业研究与发展”系列图书的编写注重有深度的科学分析与前瞻性的研究。

第三，体现**指导性**。“中国战略性新兴产业研究与发展”系列图书本身就是指导书，能够对产业、对技术、对国家制定政策，甚至在未来国家发展战略与规划的制定等方面发挥一定的引导作用与影响。虽然不能说这套图书可以指导国家战略与规划的制定，但是应该努力发挥其积极的引导作用。

第四，体现**基础性**。所谓基础性，就是指要能够提供战略性新兴产业的基础信息、基础知识，以及我国和有关国家在相关产业发展方面的基本战略，主要的法规、政策和举措，并尽可能提供一些基本的技术路线图。比如，在轴承分册，就描述了一个轴承产业发展的路线图。唯有如此，“中国战略性新兴产业研究与发展”系列图书才能满足原来立项的宗旨——不仅要为工程技术界、大学教师、大学生与研究生提供学习参考书，为产业界的技术人员、管理人员提供决策参照，而且要为政府部门的政策法规制定者提供参考。

机械工业出版社是具有60多年历史的专业性综合型出版机构，改革开放后，随着市场经济的发展，机械工业出版社不断改革转型，不但形成了完善的编辑出版工作流程和质量保证体系，而且编辑人员作风严谨，工作创新。

“中国战略性新兴产业研究与发展”系列图书不仅是一套科技普及书，更是一套产业发展参考书，必须既要介绍国内外战略性新兴产业的发展情况，又要阐述相关政策、法规、扶植措施等内容。因此，这套图书的组编单位、编写负责人和编写工作人员必须要有相关积累和优势。“中国战略性新兴产业研究与发展”系列图书所选的分册主编和作者主要是精力充沛的业内中青年专家，并由资深专家负责相应的编审、校审工作。现在看来大多数工作由中青年同志担当，是完全符合实际的。此外，这套图书的编著还充分发挥了有关科研院所、行业学会和协会的作用，他们的优势在于对行业比较熟悉，并掌握了较为丰富的资料。

最后，特别感谢国家出版基金对“中国战略性新兴产业研究与发展”系列图书的大力支持！感谢全体编写出版人员的辛勤劳动！

期望“中国战略性新兴产业研究与发展”为社会各界了解战略性新兴产业提供帮助，期待中国战略性新兴产业培育和发展尽快取得重大突破，祝愿我国在不久的将来实现由经济大国向经济强国的历史性跨越！

是为序。

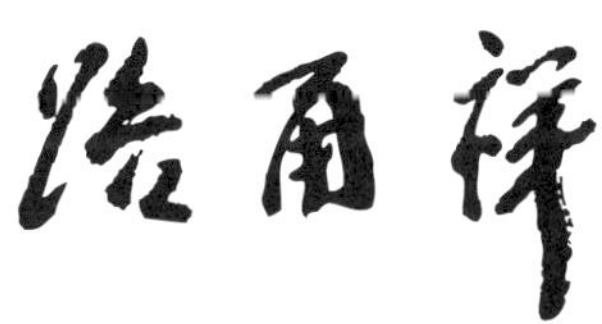

前言

我国液压液力气动密封（简称液气密）行业长期以来一直存在的“中低端产品产能过剩，高端产品供给不足”的现象已引起了国家相关部门的重视。本书对高端液气密产品的定义、内涵、特定产品及其重要作用做了细致的分析。

本书介绍了我国液气密行业（含高端液气密元件）的发展历程、现状和国际流体动力行业的情况，系统、简要地总结了液气密行业企业发展的重要经验，阐述了国家政策对促进液气密行业发展的重要作用，详细介绍了政府各部门对液气密行业在产业布局、技术引进、技术改造、产业振兴上予以的支持。可以说，没有国家的支持，没有政府各部门的主动作为，液气密行业不会发展得这样快。

自国务院 2009 年发布《装备制造业调整和振兴规划》以来，液气密行业取得了明显的进步，制约我国装备制造业的“卡脖子”的短板得到有效补充。为工程机械配套的高压柱塞泵、液压马达、整体多路阀等产品在 15t 以下级液压挖掘机的国产替代已经实现，在 20t 级液压挖掘机的国产替代正在部分变成现实。采用国外核级密封件的条件之一是不得将其安装在我国出口的核电设备上。核级密封件的突破，使华龙一号核电站获得了出口通行证，可以走向世界。采用具有自主知识产权的电液控制技术和驱动技术的盾构机，解决了盾构失准、失稳、失效的国际公认难题，使我国成为盾构装备制造大国。国产液压促动器助力“中国天眼”反射面的主动调整，使“中国天眼”世界领先。

我国已成为液气密产品的制造大国，但还不是制造强国。要解决“中低端产品产能过剩，高端产品供给不足”的问题，必须依靠自主创新，除此没有出路。

要提高我国液气密企业的自主创新能力，须加大研发投入，加快产品结构调整，淘汰落后产品，研发国内外市场需要的产品，如：为大型农业机械如甘蔗收获机、大功率拖拉机、采棉机等配套的静液压驱动装置、电液比例阀 / 伺服阀及控制系统；为大型金属成形机械配套的高压柱塞泵、大流量电液控制阀及增压器；为海洋工程装备配套的高压大排量液压泵、液压阀；电子、印刷、汽车、食品、医药和包装等工业自动化设备用气动元件，化工设备用高压大直径、长寿命、高可靠性的干气密封；风电、核电、大飞机、施工设备和车辆用的橡塑密封件、机械密封件和填料静密封件等。突破上述产品的约束，既可满足主机的需要，又能调整液气密产品结构，提高液气密行业核心竞争力。

本书所用数据均来自权威机构，准确、真实、可靠，对读者了解液气密行业发展情况有较大的参考价值。

本书由中国液压气动密封件工业协会作为组编单位，组织液气密行业的有关专家编写，扼要介绍了液气密行业近年来取得的部分重要成果。通过成果展示，从一个侧面展示了行业的技术进步和为重大工程装备配套的能力和水平。

液气密行业的发展和进步是全体液气密行业同仁努力奋斗的结果。2020 年是液气密行业“十三五”规划收官之年和“十四五”规划制定之年，液气密行业要凝神聚智，瞄准产品的一致性、稳定性、耐久性和可靠性，举行业之力，努力破解重大技术装备及主机的锁喉之痛。液气密行业要适应智能化、数字化、信息化、网络化和芯片化的发展趋势，在原材料、制造工艺及技术上取得重要突破，使我国成为液气密产品的制造强国。

2020 年 8 月 18 日

编写说明

《国务院关于加快培育和发展战略性新兴产业的决定》确定了我国未来经济社会发展的战略重点和方向是战略性新兴产业，并且根据我国国情和科技、产业基础，又进一步明确为现阶段重点发展节能环保、新一代信息技术、生物、高端装备制造、新能源、新材料、新能源汽车、数字创意和相关服务业九大新兴产业。可见，九大战略性新兴产业将是国家重点支持、大力推广的产业。

为了使大家全面理解、准确把握、深刻领会国家这一战略决定的精神实质，了解其发展内涵，推动产业结构升级和经济发展方式转变，增强国际竞争优势，抢占新一轮经济和科技制高点，机械工业出版社在国家出版基金的支持下，组织各领域权威专家编写了一套“中国战略性新兴产业研究与发展”（以下简称“研究与发展”）图书。

“研究与发展”以国家相关发展政策和规划为基础，借鉴国外相关产业发展的成功经验，对产业发展思路、发展目标、发展战略、发展重点、投资方向、政策建议等方面进行了全面、系统的研究；对前瞻性、基础性和目前产业上有瓶颈限制的问题提出了有针对性的对策。

“研究与发展”采用分期分批的出版方式陆续出版发行，第一期 12 个分册、第二期 13 个分册分别于 2013 年 6 月和 2018 年 2 月完成出版，第一期包括：太阳能、风能、生物质能、智能电网、新能源汽车、轨道交通、工程机械、水电设备、农业机械、数控机床、轴承和齿轮；第二期包括：功能材料、物流仓储装备、紧固件、模具、内燃机、塑料机械、塑木复合材料、物联网、制冷空调、智能制造装备、非常规油气、中压开关和数据中心。本次出版的第三期 29 个分册图书包括：智慧工业、生物基材料、数据与企业治理、智慧经济、智能注塑机、数据赋能、高端轴承、冷链物流、智能汽车、通用航空、远程设备智能维护、智能供应链、智能化立体车库、气体分离设备、焊接材料与装备、高端液气密元件、高端链传动系统、风电齿轮箱、海洋油气装备、燃气轮机、变频调速设备、电子信息功能材料、智能制造、数控系统、工业机器人、核电、智慧交通、增材制造。今后根据国家产业政策要求及各行业的发展情况还将陆续推出其他分册。

为了出版好“研究与发展”，机械工业出版社成立了“中国战略性新兴产业研究与发展”编委会，全国人大常委会原副委员长路甬祥担任编委会主任。路甬祥副委员长对该套图书的编写高度重视，亲自参加编委研讨会，多次提出重要指导意见。他从图书的定位、内容选材、作者队伍建设和运作流程等方面都给予了全面和具体的指导，并提出了“六个特点”和“四性”的具体要求。

机械工业出版社还建立了完善的项目管理、编写组织、出版规范和网络支撑四个方面的工作体系来保证图书质量，投入了大量的精力组织行业权威专家规划内容结构、研讨内容特色。参与图书编写的主创人员自觉自愿地把自己的聪明才智和研究成果奉献给社会，奉献给国家。他们都担负着繁重的科研、教学、行业管理或生产任务，为了使此书能够早日与大家见面，他们不辞辛苦、加班加点，因为他们都有一个共同心愿——帮助企业快速成长，使中国由大变强。

在此，衷心地感谢为此项工作付出大量心血的组编单位、各位专家、各位撰稿人、编辑出版及工作人员！

尽管我们做了大量工作，付出了巨大努力，但仍难免有疏漏或错误之处，敬请读者批评指正！

中国战略性新兴产业研究与发展 编辑部

2020 年 5 月

目录 CONTENTS

第1章

高端液压液力气动密封件

液压液力气动密封件包括液压件、液力件、气动件、橡塑密封件、机械密封件和填料静密封件。

1.1 高端液压液力气动密封件的定义及内涵

高端液压液力气动密封（简称液气密）件是指为自主高端装备和各类主机配套，并直接影响自主高端装备和各类主机的技术性能、耐久性和可靠性且长期依赖进口的液气密件。

高端液气密件具有如下特点：

高端液气密件具有鲜明的时效性。随着国民经济的发展和市场的需要，重点技术装备和各类主机的性能越来越高，其对液气密件的配套要求也越来越高。某些液气密件在一个时期内是高端液气密件，而在另一个时期就成为普通的常用的产品。在新中国成立初期，为满足机床发展的需要，工作压力为2.5MPa的齿轮泵、2.0MPa的O形密封圈，成为那个时代的高端液气密件。到20世纪70年代末和80年代初，工作压力为6.4MPa的齿轮泵、叶片泵及32MPa的柱塞泵成为高端液气密件。从20世纪80年代中期开始，工程机械需要的工作压力为35MPa的柱塞泵/马达和整体多路阀，核电需要的核级密封件及风电、水电需要的密封圈等成为高端液气密件。目前，随着重大技术装备和主机向智能化、数字化、网络化和芯片化方向发展，智能化、数字化、网络化和芯片化的液气密件成为发展主流。

高端液气密件具有引领行业发展的先进性。高端液气密件技术难度高，对原材料、新工艺、新技术的吸收能力强。为满足重大技术装备和各类主机的不同技术要求，需要产业链上下游的共同努力，才能研发出满足重大技术装备和各类主机性能需要的液气密件。高端液气密件对行业发展的引领作用是十分明显的，是企业技术进步、转型升级的标志性产品。研发高端液气密件对企业完善质量管理体系、制订产品标准、培养人才队伍都有积极的推动作用。高端液气密件代表了一个国家的制造业水平，也是一个国家国际竞争力的重要体现。

高端液气密件具有严谨的科学性。制造液气密产品的关键是解决原材料和工艺、配套零部件的问题，而要解决这些问题，除依靠协作外，主要还要靠自己，特别是先进的设计方法和基础理论研究。我国液气密行业在国际竞争中具有后发优势，但是随着知识产权保护意识的强化，液气密行业在实施自主创新发展战略过程中，必须加强对基础理论的研究，依靠先进的试验检测技术，提升自主创新能力。目前，我国液气密行业在产学研用的自主创新体系建设方面取得了一定进展，对高端液气密件的技术攻关起到了重要的推动作用。

高端液气密件是重大技术装备和各类主机的核心关键元件，直接影响到主机的技术性能、耐久性和可靠性。高端液气密件对于工程机械、农业机械、石油化工设备、矿山冶金设备、电子设备、塑料机械、食品印刷机械、水工电力设备、新能源装备、铁路运输装备、航空航天装备及军事车辆等的提质增效起着独一无二的作用，高端液气密件是实施工业强基工程的抓手，是向第四次工业革命迈进的基础之一。

由于我国液气密行业起步晚，底子薄，企业规模小，自主创新能力薄弱，因此，长期以来，高端液气密件一直依赖进口。2011 年液气密产品进口额为 45.05 亿美元、出口额为 11.71 亿美元，2017 年进口额为 33.58 亿美元、出口额为 15.23 亿美元，进出口逆差从 2011 年的 33.34 亿美元逐年缩小到 2017 年的 18.35 亿美元，高端液气密件长期依赖进口的局面虽然有所改善，但是还没有从根本上改变。

1.2　高端液压液力气动密封件产品构成

高端液气密件具体包括哪些产品，有关政府部门给出了答案。国家发展改革委根据国务院办公厅《装备制造业调整和振兴规划》制定的《装备制造业技术进步和技术改造投资方向（2010 年）》列出了液气密行业 16 项产品，详见表 1-1。

表 1-1　装备制造业技术进步和技术改造投资方向（2010 年）（液气密部分）

序号	产品名称	主要技术指标
1	高压柱塞泵 / 马达	工作压力≥ 31.5MPa，排量≥ 25mL/r，具有电比例控制系统、负荷传感系统；含双泵或单回转体双排量
2	高压液压阀	行走机械液压阀工作压力≥ 31.5MPa，流量≥ 350L/min，含负荷传感系统、总线控制先导系统
3	液压电子控制器	CPU 主频率≥ 80MHz，内置总线控制器数量≥ 2 个，漏电保护等级高于 IP65 ～ 67，电磁兼容性 100V/m，工作温度 -40 ～ 85℃，机械振动 30g/6ms；总线控制，符合工程机械相关标准，具有中文操作系统、浮点运算功能
4	数字液压泵	工作压力≥ 25MP a，排量≥ 15mL/r
5	行走机械用液力变速器及其关键零部件	含动力换挡变速器、液力变矩器、电液控制系统，输入功率≥ 70kW，电液换挡，η_{max} ≥ 0.8

（续）

序号	产品名称	主要技术指标
6	高频响电液伺服阀和比例阀	（1）伺服阀：工作压力≥ 31.5MPa，流量≥ 60L/min （2）比例阀：单级通径≥ 6mm，双级通径≥ 16mm
7	大型和超大型的金属压延成型设备用大排量电子控制柱塞泵和电液比例插装阀	（1）柱塞泵：排量≥ 500mL/r，变量时间 150 ～ 250ms，额定工作压力≥ 31.5MPa，使用寿命≥ 15 000h （2）液压阀公称通径 63mm，压力 35MPa，流量 4 000L/min，响应时间 60ms
8	高转速大功率液力偶合器调速装置	输入转速 1 500r/min，输出转速 12 000 ～ 24 000r/min，传递功率 4 480 ～ 20 000kW，循环圆有效直径 500mm，调速范围 1 ～ 1/5（压力不变的活塞式发动机的增压器）、1 ～ 1/3（往复式提升机）
9	拖拉机用耕深控制系统	工作压力≥ 25MPa，流量≥ 40L/min，电液控制
10	阀岛	具有集成诊断、系统优化及环境监测等功能，总线控制，流量 300 ～ 1 500L/min，分散与集中控制，模拟量输入 / 输出模块（0 ～ 10V、4 ～ 20mA）、扩展控制可达 512 个 I/O 点，内置或外置 PLC
11	轨道交通用气动元件	工作压力 0.3 ～ 1.0MPa，环境温度 -40 ～ 80℃，防护等级 IP65，通电持继率为 100%。包括气缸、气动阀、气源处理元件、气管、接头等配套气动元件
12	智能定位气动执行系统	系统含定位气缸、气动滑台、气爪、气电比例阀、气电伺服阀。直线运动或摆动驱动，工作压力≥ 0.4MPa，工作速度≥ 50mm/s，重复精度 ±0.2mm。用于自动化生产线、机械人及物料搬运等
13	大型风力发电关键密封	7 ～ 10 年不发生龟裂，在转速为 1m/s、油脂润滑状态下，运行寿命达 7 ～ 10 年，使用温度为 -45 ～ 100℃
14	大型水力发电装备密封	使用温度为 -40 ～ 150℃，线速度为 18m/s，台架耐久寿命试验达到 1 500h 不泄漏，行驶 17 万 km 不泄漏
15	其他关键设备用密封系统	包括：核电站主泵机械密封，盾构机主轴承密封，轿车动力总成系统以及传动系统旋转密封，石油钻井、测井设备密封，高 PV 值旋转动密封件，超大直径机械密封，航天用密封件，高压液压元件密封件
16	高精密液压铸件	包括高压柱塞泵泵体、液压马达壳体、液压阀阀体及全液压转向器壳体，精密铸件流道尺寸精度≤ 0.25mm，疲劳性能测试＞ 200 万次

2012 年，工业和信息化部、科学技术部、财政部、国务院国有资产监督管理委员会联合发布《重大技术装备自主创新指导目录（2012 年版）》，其中收

录的液气密产品见表 1-2。

表 1-2　重大技术装备自主创新指导目录（2012 年版）（液气密部分）

序号	产品名称	主要技术指标
1	行走机械用高压柱塞泵	（1）开式高压柱塞泵：公称压力≥ 35MPa，峰值压力 42MPa，排量≥ 15mL/r，电比例控制 （2）闭式高压柱塞泵：公称压力≥ 40MPa，峰值压力 45PMa，排量≥ 40mL/r，电比例控制
2	行走机械用高压柱塞马达	公称压力 25 ～ 40MPa，排量 63 ～ 355 mL/r，转速 1 000 ～ 4 000r/min，电比例控制或定量、二点控制
3	行走机械用高压多路阀	（1）片式：公称压力≥ 25MPa，流量≥ 75L/min，负荷传感系统、总线控制先导系统 （2）整体式：公称压力 35 ～ 42MPa，流量 100 ～ 350L/min
4	农业机械集成静液传动装置（HST）系列	（1）HST：液压泵理论排量 0 ～ 37mL/r，马达理论排量 37mL/r，输入转速 3 000r/min，输出转速 0 ～ 3 000r/min，最高压力 30MPa （2）集成滤油器：额定压力 21MPa，总效率≥ 73% （3）转矩放大器：公称压力 16 ～ 25MPa，排量 50 ～ 400 mL/r
5	高功率密度液压伺服单元	（1）伺服单元关键元件：最高工作压力 35MPa（先导阀 / 主阀）、额定流量（1MPa 时）20L/min，最大流量 60L/min，控制油流量（阶跃信号，31.5MPa 时）2L/min，响应时间 100ms，滞环≤ 1%，重复精度≤ 0.5%，温漂温差 40℃时零位流量变化＜ 1% （2）集成控制器：采样时间 0.5ms，斜坡时间 100s，颤振频率 30 ～ 360Hz，5Hz 步进，颤振振幅 0 ～ 20%I_{max}，1% 步进，斜坡时间 0 ～ 30s，5ms 步进，增益调节 50% ～ 100%，0.5% 步进
6	模块化、可配组和开放式电 - 液控制高压液压阀	工作压力≥ 31.5MPa，流量 60 ～ 200L/min，含负载传感、流量共享和总线电 - 液（比例）先导控制的模块化、可配组和开放式的电 - 液控制产品
7	数字液压件	（1）高压大流量数字电子泵：工作压力 35MPa，排量 20 ～ 250mL/r，变量时间 20 ～ 200ms（35MPa 时），PWM/PNM 控制信号，CAN 总线通信 （2）数字液压比例阀和比例多路阀：工作压力 35MPa，流量 100 ～ 250L/min，响应时间 5 ～ 20ms，PWM/PNM 控制信号，CAN 总线通信 （3）数字液压缸：工作压力 25 ～ 35MPa，缸径≥ 25mm，定位精度≤ 0.1mm （4）燃油喷射泵与喷油阀的数字检测装置：径向柱塞泵与喷油阀的工作压力 180MPa，流量 2 ～ 3L/min，数字阀响应时间 0.2 ～ 1ms（180MPa 时），流量测量精度 0.1%，液压油为柴油

（续）

序号	产品名称	主要技术指标
8	高转速液力偶合器系列传动装置	输出转速 12 000 ～ 8 000r/min，传递功率 12 000 ～ 18 000kW，额定转差率 3%，调速范围 0.20 ～ 0.97（输出转速），泵轮力矩系数 $1.5\times10^{-6}min^2/m$
9	大型行走机械用液力变速器	输入功率 ＞ 160kW，前 4 后 3 挡，电液换挡，$\eta_{max}\geqslant0.85$，K_0=2.8 ～ 3.2
10	智能化阀岛和智能定位气动执行系统	（1）智能化阀岛：具有总线控制、集成诊断、系统优化、环境监测等功能，流量 300 ～ 1 500L/min （2）智能定位气动执行系统 1）系统包括高端多样化的定位气缸、气动滑台、气爪、电气比例阀及电气伺服阀 2）运动方式为直线运动和摆动驱动 3）工作压力≥ 0.4MPa 4）工作速度≥ 50mm/s 5）重复精度 ±0.2mm
11	回转和往复密封件	（1）大型风力发电关键密封件 1）长时间耐候性：7 ～ 10 年不发生龟裂 2）在速度为 1m/s、油脂润滑状态下，运行寿命达 7 ～ 10 年，里程达 20 万 km 3）环境温度为 -45 ～ 50℃ 4）密封结构：采用新型密封结构型式，保障风力发电机组年工作时间达到 6 000h 以上的国际先进标准 （2）轿车动力总成系统旋转密封件：在温度 -40 ～ 150℃、线速度为 18m/s 的条件下，台架耐久寿命试验达到 1 500h 不泄漏，正常行驶 17 万 km 不泄漏 （3）煤矿液压支架高性能密封件：工作压力≤ 70MPa（动压）、≤ 120MPa（静压），5% 乳化液，温度 0 ～ 70℃，缸径 45 ～ 550mm，使用寿命 1 年以上 （4）高压回转密封件：工作压力 35MPa，峰值压力 42MPa，工作温度 -20 ～ 80℃，最高泄油温度≤ 90℃，轴端出口油封峰值压力 1 ～ 1.2MPa，台架强化试验 500 ～ 800h 无泄漏，折合使用寿命 5 000 ～ 8 000h （5）高压往复密封件：工作温度 -30 ～ 100℃，压力≥ 32MPa，往复速度≥ 0.1m/min

（续）

序号	产品名称	主要技术指标
12	机械密封及填料静密封件	（1）核级静密封垫片：氦气检漏密封泄漏率不大于 $1.0\times10^{-6}cm^3/s$，使用寿命 3 个堆期（约 5 年） （2）金属 O 形圈和 C 形环：最高使用压力 35MPa，耐温≥ 650℃，尺寸满足各种型号要求 （3）高性能柔性石墨金属缠绕式垫片：回弹率≥ 25%，压缩率 20% ～ 24%，应力松弛率≤ 15% （4）石墨金属密封环：压力 15.7MPa，适用温度：-200 ～ 400℃，泄漏率：$<10^{-7}Pa\cdot m^3/s$ 水压试验：试验压力 42MPa，应力松弛率＜ 10% （5）核主泵机械密封：转速 1 480 r/min，压力≤ 17MPa，温度≤ 110℃，轴径≤ 300mm （6）核二、三级泵机械密封：转速 3 000 r/min，压力≤ 5.0MPa，温度≤ 200℃，正常使用寿命不低于 18 000h （7）密封基础材料 1）高强度碳石墨材料：抗折强度≥ 85MPa，抗压强度≥ 240MPa，邵氏硬度 90HS 2）高强度碳化硅材料：抗折强度≥ 700MPa，抗压强度≥ 2 000 MPa，维氏硬度（HV）≥ 24GPa 3）高强度碳化钨材料：抗折强度≥ 1 700MPa，洛氏硬度 90 ～ 92HRA，致密度≥ 99.5% 4）长输管线关键设备密封件：工作压力 20MPa，转速≤ 20 000r/min，轴径≤ 200mm 密封性能达到 API 标准要求

财政部、工业和信息化部、保监会等公布的《首台（套）重大技术装备推广应用指导目录（2019 版）》（下称《目录》），其中收录液气密产品 20 项，见表 1-3。

表 1-3 《首台（套）重大技术装备推广应用指导目录（2019 版）》收录的液气密产品

序号	产品名称	主要技术指标
1	智能型行走机械液压系统	额定压力≥ 28MPa，具有卫星定位、远程控制、工况自我感知和分析、故障诊断、自维护、实时监控和多模式功率自动控制功能，负载口独立、单操纵手柄主从控制、电子流量匹配控制系统
2	静液压驱动装置	额定压力≥ 21MPa，最高压力≥ 30MPa，排量≥ 37mL/r，输入转速 2 000 ～ 3 000r/min，输出转速 0 ～ 3 000r/min，集成滤油器效率≥ 73%

（续）

序号	产品名称	主要技术指标
3	高压大流量液压系统	最高压力≥ 31.5MPa，流量≥ 1 000L/min
4	行走液压马达总成	额定压力≥ 35MPa，排量≥ 180mL/r，输出转速≥ 42r/min，输出转矩≥ 65kN • m
5	回转液压马达总成	额定压力≥ 28MPa，排量≥ 180mL/r
6	数字液压马达	额定压力≥ 35MPa，流量≥ 125L/min，调速范围≥ 500 倍，最低转速≤ 2r/min
7	高压大排量柱塞泵	额定压力≥ 45MPa，排量≥ 440mL/r，使用寿命≥ 10 000h
8	数字液压阀	额定压力≥ 35MPa，流量 0 ～ 300L/min，数字插装比例伺服阀流量 0 ～ 2 000L/min
9	大流量电液比例二通插装阀及电液比例阀	额定压力≥ 35MPa，流量≥ 2 000L/min
10	整体式液压多路换向阀	额定压力≥ 35MPa，流量≥ 180L/min，控制方式为液压控制、电液控制，具有负流量控制、正流量控制及与负载压力无关的流量分配控制功能
11	数字液压缸	额定压力≥ 35MPa，行程 0 ～ 2m，调速范围≥ 500 倍，重复定位精度 ±0.1mm，液压缸本体及数字伺服调节装置一体化，单阀及反馈机构实现腔体容积闭环控制
12	高转速液力偶合器	传递功率≥ 1 000kW，额定转差率≤ 3%，调速范围 0.20 ～ 0.97（输出转速），泵轮力矩系数≥ $2.1\times10^{-6}\gamma$
13	智能化气动阀岛及定位执行系统	（1）智能气动阀岛：流量 300 ～ 1 500L/min，模拟量输入 / 输出模块（0 ～ 10V，4 ～ 20mA）、控制 I/O 点≥ 512 个，具有集成诊断、系统优化、环境监测等功能 （2）智能定位气动执行系统：工作压力≥ 0.4MPa，工作速度≥ 50mm/s，重复精度 ±0.2mm，有高端多样化的定位气缸、气动滑台、气爪、电气比例阀、电气伺服阀
14	核级泵用机械密封装置	（1）核主泵机械密封：密封介质为冷却剂（含硼），正常工况密封压力≥ 15MPa，密封温度≥ 30℃，泵轴转速≥ 1 480r/min （2）核二、三级泵机械密封：转速≥ 3 000r/min，压力≤ 5MPa，温度≤ 200℃，使用寿命≥ 18 000h

（续）

序号	产品名称	主要技术指标
15	核级静密封垫片装置	（1）金属 O 形圈和 C 形环：最高工作压力≥ 350MPa，最高温度≥ 650℃，氦气检漏密封泄漏量≤ $1.0\times10^{-6}cm^3/s$，使用寿命≥ 3 个堆期 （2）高性能柔性石墨金属缠绕式垫片：回弹率≥ 25%，压缩率 20% ～ 24%，应力松驰率≤ 15%，密封泄漏量≤ $1.0\times10^{-5}cm^3/s$，工作温度 -200 ～ 650℃（蒸汽中）、-200 ～ 450℃（空气中），使用寿命≥ 3 个堆期
16	大型石化及煤化工用压缩机密封装置	额定压力≥ 10MPa，静态及动态泄漏量≤ $0.6m^3/h$，密封轴颈≥ 150mm
17	煤炭深加工极端参数泵用机械密封装置	额定压力≥ 10MPa，高温温度≥ 400℃，低温温度≤ -150℃
18	大型盾构机 / 掘进机主轴承密封装置	最大直径≥ 17m，使用寿命≥ 10 000h
19	大飞机用液压密封装置	在 135℃、70h 条件下，硬度变化 -15 ～ 5HA，最大抗拉强度变化率≤ 50%，最大拉断伸长率≤ 35%，体积变化率 1% ～ 20%，压缩永久变形≤ 25%，低温回缩要求 TR10 ≤ -45℃，对金属无腐蚀
20	轿车动力总成系统以及传动系统旋转密封	（1）变速器轴密封：正常行驶 17 万 km 不泄漏 （2）离合器轴密封：工作温度 -30 ～ 100℃，最高温度≥ 130℃，台架耐久寿命试验要求无泄漏时间≥ 500h

工业和信息化部《农机装备发展行动方案（2016—2025）》提出了农业机械装备所需的高端液气密产品，见表 1-4。

表 1-4　农业机械装备所需的高端液气密产品

序号	项目名称	主要技术指标
1	大型轮式拖拉机用电液提升器	系统压力≥ 22MPa，流量≥ 110L/min，泄漏量≤ 4mL/min，响应时间≤ 50ms，力位传感线性度值≤ 1%，功率损失小、发热量小、反应灵敏、工作平顺并可自动精确控制
2	高效率、高可靠性的静液压驱动装置	工作压力≥ 32MPa，峰值压力 42MPa，排量 28 ～ 250mL/r，总效率≥ 85%，无级调速范围 0 ～ 2 500r/min，平均无故障工作时间＞ 1 000h
3	转向驱动桥及电液悬挂系统	满足前桥承载 60 000N，最大输出转矩可达 62 000N · m，悬浮行程 ±45mm，转角 55°，带多片式差速锁，具有制动功能

（续）

序号	项目名称	主要技术指标
4	智能液压电子控制器	CPU 主频率 80MHz，宽电压输入 9 ～ 36V（DC），主要通信方式 CAN2.0B，遵循 CAN-Open 总线通信协议，可通过 PC 机对模块软件进行编程，工作温度 -40 ～ 85℃，IP67 密闭铝壳设计，具有密封防水、高抗压、高等级的电磁防护，优秀的抗振动性能

1.3 高端液压液力气动密封件的作用

1.3.1 液压液力气动密封行业是我国装备制造业振兴的基础

我国已经是液气密产品的制造大国，但还不是制造强国，我国液气密技术与国际先进国家相比，还有较大的差距。《装备制造业调整和振兴规划》的发布，为液气密行业发展提供了历史机遇。在机械与制造科学领域的发展过程中，尤其是在工业化的各个时期中，液气密技术历来是推动技术进步的积极因素。正是液气密技术的问世与发展，促使装备制造业以及其他领域的装备不断提高性能和水平，如果没有液气密技术的应用与发展，恐怕现在的机械装备还是 20 世纪 30 年代的水平，装备制造业不会有今天这样的飞速发展。国际装备制造业强国的发展历史与现代机械制造技术发展的历史都表明：要振兴我国装备制造业，首先要振兴基础行业尤其是液气密行业，只有这样，才能缩小我国装备制造业与先进国家的差距，加快振兴我国装备制造业。

1.3.2 装备制造业强国必然是液压液力气动密封产品生产强国

纵观全球装备制造业强国的发展史以及现代工业技术发展进程，液气密技术具有十分重要而显著的地位和作用。即使在工业化和信息化时代，液气密技术作为现代传动与控制技术的重要组成部分，由于它广泛融合新技术的技术特征，其仍拥有无限的应用前景，对我国装备制造业的技术进步有着重要的影响和推动作用，甚至是举足轻重的作用，因此，由制造大国向制造强国跨越的中国，对其更应予以特别重视。纵观当今世界，所有装备制造强国，同时也必定是液气密技术强国。众所周知，美国、日本和德国作为世界上的发达国家和制造强国，其背后都有着液压气动密封强国的深刻背景。我国大量进口的液压气动密封元件主要是上述国家的产品。因此，我国要成为全球范围内名副其实的制造强国，也必须成为液气密技术强国。这是历史的抉择，也是我国装备制造业发展的机遇和挑战。

我国要成为液气密技术强国，缩短与国际先进国家的差距，必须快速提高液气密行业企业的生产力水平，突破高性能、高可靠性的液气密元件的瓶颈，从而带动装备制造业的全面振兴。

1.3.3 液压液力气动密封技术是航空航天和军工装备的重要支撑

液气密产品广泛应用于国民经济各个领域，尤其在军事装备上，如航空航天、舰船、陆战装备等，这些装备的性能需要高性能、高可靠性的液气密件和控制系统来保证。液气密技术不仅是军用装备性能的保证，而且关系到装备的安全和人员生存。

如果军事装备采用进口元件，必将受制于人。因此，提高前述各领域装备的性能和水平，满足多种需要，必须立足国内，研发具有自主知识产权的高性能、高可靠性的液气密件，以保证在突发事件中，供货来源可靠，供应及时。

近年来，我国液压行业企业虽然为国家重点工程和重大技术装备提供了大量的液压系统，如三峡工程的升船机、启闭机液压系统及宝钢、鞍钢等先进轧机液压系统等，但是其所用的关键液压元件绝大部分是进口元件。

1.3.4 液压液力气动密封产品是节能、减排、降耗、安全的关键元器件

液气密产品在过程信息化、自动化、智能化方面起着关键作用，是节能、减排、降耗、安全的关键元器件，在低温、高温、高压、粉尘等恶劣环境中工作的主机上起着至关重要的作用，如石油、化工、冶金、矿山、电力、核电、航空航天和航海等领域的设备。据美国测算，如当时在用液压系统的总效率提高 1%，全年可节省 30 亿美元，由此可知，液压气动密封产品节能效果十分明显。液气密产品的可靠性直接关系到设备的安全和人身安全，尤其是石油、化工、冶金、矿山、电力、核电、航空航天和航海等设备，泄漏将造成极其严重的后果。

1.3.5 液压液力气动密封技术的提升是企业增强自主创新能力、提升竞争力的保证

我国液气密行业企业都是中小型企业，其与国际上著名液气密企业的竞争从一开始就处于不利的地位，因此我国需要借鉴日本、德国的经验，加大对液气密行业的支持力度。我国液气密行业具有现在的规模和生产能力，得益于国家在“八五”期间的液压专项资金资助，通过引进技术和装备，使核心骨干企业的中档液压元件的生产水平具有与国外公司抗争的能力。在实施自主创新能力建设的国家战略中，液气密行业企业需要强化自主创新能力建设，通过研发高性能、高

可靠性的液压气动密封产品，以及在其产业化的过程中，快速提升企业自主创新能力，增强企业在国内国际两个市场的竞争力，使我国液气密行业得到稳定、健康、快速及跨越式的发展。

因此，大力开展高端液气密件协同攻关，快速提升液气密行业企业生产力，突破制约我国装备制造业振兴的瓶颈，对加快我国装备制造业振兴，实现我国从生产大国向制造强国转变，以及对液气密行业转变生产方式，调整产品结构，增强自主创新能力，实现跨越式发展，具有十分重要的现实意义。

1.4 液压液力气动密封行业发展历程

我国液气密行业 70 年的发展历程分为三个阶段：一是产业形成阶段，即中华人民共和国成立初期到 1977 年，这个阶段主要是在计划经济体制下形成和完成产业布局；二是产业体系确立和发展阶段，即 1978—2000 年，主要是在改革开放的条件下液气密行业形成了完整的工业体系并得到迅速发展；三是高速发展阶段，即 2001 年到现在，这个阶段我国改革开放深入发展，在我国加入 WTO 后，我国工业获得高速发展，液气密行业随之获得高速发展。

1.4.1 在计划经济体制下完成布局（1949—1977 年）

在中华人民共和国成立初期，液气密元件生产基本上属于空白。随着苏联援建的 156 个项目的实施，我国液气密产品开始了为主机配套的进程。

1. 主机企业自行生产配套液气密件

1952 年上海虬江机器厂（上海机床厂前身）研制了我国第一批齿轮泵。第一个五年计划期间，上海机床厂开始生产为平面磨床配套的液压部件，沈阳第一机床厂生产 Γ13 型径向柱塞泵。1954 年上海机床厂生产 Γ12 型定量叶片泵，沈阳第一机床厂开始生产车床液压仿形刀架。1956 年天津锻压机床厂开始生产拖拉机液压悬挂系统，主要用于提升农机具和调节耕深。这一阶段，我国尚未形成液压件专业生产厂，而是形成若干液压件生产车间，如上海、沈阳、长沙等地的机床厂建立了液压车间，以满足本厂产品本身的配套需要。此阶段，液压产品的水平比较低，批量也较小，性能基本是国际 20 世纪 40 年代的水平，连接方式以管式为主，压力在 10MPa 以下，结构笨拙。从事液压的技术人员仅数十人。1952—1961 年的 10 年间累计生产液压件仅 5.3 万件。

1958 年，第一汽车制造厂与吉林工业大学合作，研制成功我国第一台汽车用液力变矩器。同年，青岛四方机车车辆厂、北京工业学院和大连热力机车研究所协作，研制成功我国第一台内燃机车用液力变矩器。

2. 政府主管部门主导行业布局

为满足主机配套的需要，1962 年第一机械工业部（简称一机部）二局成立了自动化元件办公室，1963 年一机部五局（分管矿山、工程机械）成立了液压处，并开始进行液压工业的规划工作。

1963 年，一机部组织开展了全国液压生产调查并成立了专业规划小组，根据机械工业发展的情况，提出建立专业生产厂的建议。根据该建议，一机部采取一系列措施，推进专业液压件生产厂的建立及产业布局。

（1）布局定点液气密生产厂　1959 年天津液压件厂成立，这是我国第一家专业生产液压元件的厂家，后被国家计委、机电部定为液压行业骨干企业和振兴基础件厂之一。

1967 年在北京召开“第二汽车厂自动线配套自动化元件会议”后，一机部二局与上海机电一局研究决定，气源处理件生产由上海红光机械厂承担，这是我国第一家一机部定点气动元件生产厂。

1969 年，我国第一个专业生产机械密封件的厂家——天津机械密封件厂正式成立，专业生产机械密封件产品。

1976 年是机械行业橡塑密封件生产企业走向定点定向专业化生产的开始。一机部批准兴平橡胶厂等 5 家企业为橡胶密封件定点生产厂。

到 1977 年，我国机床、农业机械和工程机械等行业先后建立了 100 多家液气密元件专业生产厂，初步形成了一个独立的液气密产业，年产量超过 100 万件。液压件产品已发展为引进日本技术与自行设计相结合的产品，压力向中、高压发展，液压应用领域进一步扩大。

（2）成立液气密行业的专业科研院所　随着国民经济的快速发展，主机行业迫切需要高质量的液气密产品，为满足主机发展的需求，1959 年，一机部二局委托北京机床研究所和济南铸锻机械研究所组织有关厂、所，联合设计了压力为 7MPa、20MPa、32MPa 三个系列的液压阀和 20MPa、32MPa 两个系列的柱塞泵。1962 年，北京机床研究所和沈阳第一机床厂研制的液压仿形装置，精度达到 ±0.03mm。1962 年试制的起重机用 ZB-64 型轴向柱塞泵通过鉴定。

从 20 世纪 50 年代中期到 70 年代末，机械科学研究院、北京机床研究所、中国农业机械化研究院、天津工程机械研究所、济南铸锻机械研究所、大连组合机床研究所、广州热带机床研究所（后为广州机床研究所，现为广州机械科学研究院）相继成立了液压研究室（组），成为我国液压技术研究与产品开发的技术骨干力量。这些研究院所组织设计并开发市场急需的液压元件，以满足主机配套需要。这些研究院所还被一机部确定为行业技术归口单位，负责各自所在行业的技术标准制修订、产品开发、质量监督及检测等工作。1964 年，我国在合肥通用机械研究所（现为合肥通用机械研究院）正式成立密封研究组，开始系统和有计划地研制、开发机械密封产品，探索机械密封机理，制订机械密封设计规范及产品品种系列化、标准化工作。

（3）教育体系建设和人才培养　从 20 世纪 50 代末期开始，国内大专院校针对国内流体传动人才缺乏的现状，纷纷开设流体传动专业，哈尔滨工业大学、浙江大学、甘肃工业大学、沈阳机电学院、北京航空学院、华中工学院和河北机电学院等院校先后开设流体传动专业或液压传动专业。1961 年哈尔滨工业大学在国内首次培养的流体传动专业毕业生毕业，到 20 世纪 90 年代末我国各大学进行院系和学科专业调整前，共计有 30 多所大学设有流体传动专业，为社会主义建设培养了数以千计的毕业生。

在培养人才的同时，这些院校还开展了基础理论研究，以及承担国家急需的科研工作。

从 20 世纪 60 年代到 1977 年，在一机部的指导下，液气密件生产厂先后建立，科研院所迅速发展，人才培训体系基本形成，液气密行业体系逐步形成，并完成了产业布局。

（4）早期液气密技术引进　20 世纪 60 年代初，时任一机部副部长的周子建亲自选址，确定在山西榆次建立我国第一个液压元件制造基地。1963 年 9 月，时任一机部技术司副司长的陶亨咸，带领中国液压工业考察团赴日本考察，11 月一机部组织开展全国液压生产调查并成立规划小组，提出规划意见书。同年开始筹建我国第一个液压件专业生产厂——榆次液压件厂。1964 年 10 月 13 日，第一机械工业部批准将榆次轴承厂更名为榆次液压元件厂。

中日民间机构通过民间贸易方式为榆次液压件厂成套引进日本产品及制造技术。榆次液压件厂于 1964 年开始与日本油研公司和纺锭公司洽谈引进日本液压元件制造技术，于 1965 年正式签订技术引进合同，从日本油研公司引进了 31 个品种 764 个规格的中高压液压阀，7 个品种 272 个规格的叶片泵，液压缸及蓄能器等，从日本纺锭公司引进了 2 个品种 23 个规格的齿轮泵 / 马达的制造技术，同时进口了成套制造工艺及试验检测设备。1967 年，亚洲规模最大、中国第一个液压件生产基地——榆次液压件厂正式建成投产。该厂的设计任务由一机部第一设计院承担。此后，第一设计院承担液压行业的基建和技改设计任务。

从 20 世纪 70 年代起，上述引进系列产品应用到全国各行业，促进了我国液压技术的推广应用，对我国液压工业产生了重大影响。

在液气密产业布局阶段，液气密行业企业先后为我国第一颗人造地球卫星研制了振动试验台，保证了“东方红”卫星任务的圆满成功；研制了压力为 32MPa、排量为 10 ～ 250mL/r 的 CY14-1A 高压柱塞泵系列、电液伺服阀、电液比例阀；中低压联合设计组完成了 CB-B 型齿轮泵、YB 型叶片泵、ZM 柱塞马达以及方向阀、压力阀、流量阀三大类阀，共计 187 个品种、千余种规格；还研制了大流量高压斜轴泵（排量为 481mL/r，压力为 21MPa）及 32MPa 压力阀（至 1976 年共完成 100 多个品种、3 000 多种规格）。同时，还组织了高压多路阀等液压阀，内曲线液压马达，工程机械、农业机械和冶金设备用液压缸，以及插装阀、比例阀、叠加阀、全液压转向器、摆线马达、快换接头、汽车生产线用气动元件、液力变矩器、液力偶合器、泵用机械密封和釜用机械密封等多个联合设计组，并完成了上述产品的设计、试制和产业化。尽管液气密行业当时的技术水平与国际先进水平相比，差距很大，但已可以为重大技术装备和主机提供配套，为我国工程机械、农业机械、汽车、水利、煤炭、矿山、冶金等领域的发展做出了很大的贡献。

从新中国成立到改革开放前，我国基本完成了液气密产业布局，从事液气密技术研究的科研院所有 8 家，这些院所负责行业的技术归口工作，包括产品开发、产品检测检验、标准制修订、技术咨询、行业发展规划制订、对外技术交流等工作。这些院所为行业发展做出了积极贡献。

国内开设流体传动技术专业的大专院校有 6 所以上，为社会培养了数以千计的人才，这些人才成为液气密行业的骨干力量。从事液气密产品生产销售的企业近 300 家，几乎 100% 是国有企业，隶属于机械、冶金、煤炭、航空、兵器和化工等部门，形成北京、天津、上海、辽宁、山西、山东、贵阳、邵阳等地的产业布局。

1.4.2 在改革开放中发展（1978—2000 年）

1978 年以来，在从计划经济向市场经济转变中，液气密行业发生了显著变化。

1. 国家政策利于液气密行业发展

长期以来，由于受到“重主机、轻配套”的功利思想影响，液气密行业与主机行业相比得不到应有的重视，基础十分薄弱，成为制约主机发展的瓶颈。

随着我国装备制造业技术水平的不断提高，液气密件的发展比主机滞后的矛盾日益突出。有鉴于此，国家采取了一系列促进液气密行业发展的措施。

1982 年，为了推动机械零部件行业的发展，加强对行业的领导，机械工业部正式成立通用基础件工业局。机械工业部将分散在机床、工程机械、农业机械等行业归口的液压、气动、密封行业统一划归通用基础件局管理，从而使液气密行业能与其他主机行业一样，得到应有的规划、投资、引进技术及研发等方面的支持，使液气密工业进入快速发展期。当时液压行业中一机部的直属企业有榆次液压件厂和四平液压件厂。随着改革进程的不断加快，原有直属企业下放，各省、直辖市工业部门开始重视液压工业，北京、上海、辽宁、天津、江苏、山东和湖北等省、直辖市先后成立了液压气动工业公司或总厂等。我国液压行业逐渐形成的规模比较大的企业有榆次液压有限公司、北京华德液压工业集团有限责任公司、上海电气液压气动有限公司、辽宁液压工业有限公司、天津特精液压有限公司、金城集团有限公司和贵州航空液压有限责任公司等，这些企业在我国液压行业中发挥着重要的骨干作用。

为进一步加强机械基础件的发展，1988 年机械工业部成立了基础产品司，后改为机械电子工业部（下称机电部）机械基础产品司。为指导液气密行业振兴发展，该司在 1988—1989 年组织编制了 1990—1995 年的《液压工业振兴纲要》《气动工业振兴发展纲要》《密封件工业振兴发展纲要》，（下称《纲要》）并于 1989 年 5 月正式在全行业发布。《纲要》明确了振兴液气密工业的指导思想、标志、目标，振兴的主要任务和政策措施意见，对液气密行业的发展起到了重要的推动作用。

1989 年我国正式颁布了支持产业发展和技术改造的政策，将液气密行业列为重点支持的行业。

机械基础产品司在大量调查研究的基础上，积极向国家计委、全国人大常务委员会、中国人民政治协商会议和国务院反映机械基础件的重要性、行业现状及振兴措施，得到了国家及政府部门的高度重视。为振兴特定基础机械和基础件，1992 年 10 月，国务院办公厅以国办发〔1992〕55 号文件发布了《转发国家计委、机电部关于振兴特定基础机械和基础件若干措施意见的通知》，通知中明确将液压件中的通用高压液压阀、柱塞泵及马达、中高压叶片泵和马达、中高压齿轮泵、精密高性能液压辅件、液压系统及液力偶合器，气动件中的气动控制阀、气缸、气源处理元件、气动系统及辅助元件，密封件中的橡胶塑料及复合材料密封件、重点工程机械密封件及柔性石墨密封件列为特定基础件。国家计委、机电部又以机械计〔1993〕376 号文转发了该文，并制定了《关于振兴特定基础机械和基础件若干措施意见的实施意见》，推荐了 220 个特定振兴项目名单，其中液压行业 44 个工厂、25 个产品，气动行业 8 个工厂、17 种产品。

1993 年，机械工业部进行机构改革，将机床、仪表、基础产品司合并组成机械基础装备司。1996 年在第八届四次全国人民代表大会上通过的《国民经济和社会发展"九五"计划和 2010 年远景目标纲要》中，将包括液气密产品在内的重要机械基础件列为机械工业发展的四大重点之一。

随着国家工业的发展，主机行业及国家重点工程项目对液气密行业提出了更高、更新的要求，而液气密件的性能、质量、可靠性往往又满足不了主机和重点工程项目的要求，成为主机和重点工程项目提高性能、水平和质量的瓶颈，下力气解决该问题成为政府、主机企业及液气密行业企业的共识。在"六五""七五""八五"技术改造的基础上，1992 年在时任国务院副总理朱镕基亲自关怀下，机械工业部在"八五"技术改造项目的基础上，又编写了"八五"液压件和密封件技术改造补充专项总体方案，并得到国家经贸委等有关部门的同意。该补充专项共有 9 个项目，其中液压件项目有 8 个，实际投入资金 59 420 万元（含外汇 3 049 万美元），并于 1996 年第 2 季度和第 3 季度全部通过国家验收。通过技术改造，这些被改造的重点企业的工艺及装备水平均上了一个台阶，属国内先进水平，部分关键零件的加工工艺和工艺装备水平接近当时的国际水平。这些企业为振兴液压工业发挥了重要作用。

液气密行业"六五""七五""八五"和"九五"发展规划由机械工业部零部件局和基础产品司主导制订，带动了液气密产品的研发和国产化，逐渐形成系列化、标准化、通用化的液气密产品，在为我国各领域主机和重大技术装备配套方面取得明显进步，尤其是在西方国家禁运的领域（诸如航空航天、舰船和军工车辆），国产液气密产品全力支撑了这些领域的发展。

改革开放以后，我国液气密行业从国外引进先进的产品制造技术达 70 余项，并且引进了高精度、高效率的生产设备和测试仪器设备，行业的技术水平和专业化水平进一步提高，缩小了与国外的差距。

建立和健全 ISO9000 质量保证体系成了液气密行业企业的一项重要工作，每家企业都投入了一定的人力、物力和财力，认真地实施该项工作。通过多年的努力，行业内绝大部分中国液压气动密封件工业协会的会员企业都通过了 ISO9000 质量保证体系认证和复查。有些企业还通过了国际认证机构的认可，这有利于其产品打入国际市场。

2. 技术引进卓有成效

改革开放以来，液气密行业从国外引进了先进的产品制造技术、设备和测试仪器仪表。通过这些技术引进并对其消化、吸收，改变了我国液气密行业的面貌，提高了其为主机、工业装备的配套水平。这些引进的技术均由引进企业或后续接产企业进行了消化吸收再创新，对我国液气密产业发展起到了重要作用。

1965 年山西榆次液压件厂引进日本油研公司的全套生产设备，开创了液气密行业技术引进的先河。1981 年北京液压工业公司引进西德曼内斯曼力士乐公司的高压通用液压阀、柱塞泵 / 马达、行星减速机、液压铸件四项技术，进入高端液压元件制造领域，是液气密行业技术引进的成功范例。液压行业先后共引进 43 项先进技术，液力行业引进了英国、德国的液力偶合器技术及日本的液力变矩器技术，气动行业引进了日本、德国的气动制造技术，橡塑密封行业引进了美国的制造技术，机械密封行业引进了日本、德国、美国、英国等国的制造技术。

进入 20 世纪 90 年代以后，由国家主导的成规模的技术引进转为由企业自行技术引进。随着我国液气密行业的迅速发展，我国液气密产品的国际影响力逐步增强。在日益重视知识产权保护的背景下，液气密行业企业也更加注重知识产权保护，在技术引进中，提前预判，避免和化解了很多外贸纠纷。

国际金融危机以来，液气密行业企业尤其是骨干企业，针对国外先进国家对我国企业技术引进的戒备，采取了走出去的战略，直接收购拥有先进技术知识产权的国外企业，并对收购的企业在管理上采取本土化原则，不对其原管理和技术团队做大的改变，避免了由于不同文化引起的国外公司对我国公司的戒备。实践证明，这种方式将是今后我国企业进行技术引进的主要方式之一。

技术引进对促进液气密行业发展，尽快缩小与国外的差距，推动我国成为液气密制造大国起到了至关重要的作用。

1992 年以前，技术引进以政府主导，1993 年以后，技术引进以企业为主体。政府主导的技术引进，国家是主要出资方。在当时以计划经济为主以及市场经济和计划经济并存的年代，政府出资是理所当然的，同时也是因为当时我国液气密企业缺少资金。技术引进以企业为主体后，随着企业实力的增加，企业有能力通过收购国外企业、购买专利及合资合作等方式，获得国外先进技术。

3. 科技进步明显

液气密行业经过技术引进、技术改造，行业技术水平得以提升，在为国家重点工程和主机配套的过程中，取得了多项科技成果。

1991—1999 年液气密行业共获机械工业部科技进步奖 42 项，其中一等奖 3 项，二等奖 23 项，三等奖 16 项，详见表 1-5。

表 1-5　1991—1999 年液气密行业获机械工业部科技进步奖项目

序号	项目名称	主要完成单位	获奖年度	获奖等级
1	高压齿轮泵引进技术的消化与吸收	长江液压件厂	1991	二等奖
3	G5-20、G20-30、G30-31 系列高压齿轮泵	天津液压机械集团公司	1991	二等奖
4	CBN 型齿轮泵可靠性研究	洛阳拖拉机研究所	1991	二等奖
6	液压元件和系统 CAD 软件系统	北京机械工业自动化研究所	1992	一等奖
7	装载机液压系统研究	天津工程机械研究所	1992	二等奖
8	等接触应力凸轮式低速大转矩柱塞液压马达的设计理论	浙江省机电设计研究院、国营九二五厂、杭州叉车总厂	1993	二等奖
9	高水基液及油液通用型液压阀及其系统	西安重型机械研究所、西安交通大学、浙江象山液压件二厂	1993	二等奖
10	典型叉车液压系统攻关研究	北京起重运输机械研究所等	1993	二等奖
11	32MPa 电反馈电液比例阀	北京液压件厂	1993	二等奖
12	高压液压叠加阀新品种开发	榆次液压件有限公司、大连组合机床研究所	1993	二等奖
13	平整机 AEC 液压系统	大连液压件有限公司、鞍钢设计院、鞍钢冷轧厂	1993	二等奖
14	焦炉机械液压系统研制	大连液压件有限公司	1993	三等奖
15	YC12 及 YC25 型手持式液压锤	天津工程机械研究所、长治液压件有限公司	1993	三等奖
16	CDA4-F15 多路换向阀	北京起重运输机械研究所、浙江临海麵牛厂	1993	二等奖
17	柱销式高性能叶片泵研究与开发	榆次液压件有限公司	1993	三等奖
18	GE 系列中高压液压阀	广州机床研究所	1993	三等奖
19	高性能叶片泵设计理论研究	甘肃工业大学	1993	二等奖

（续）

序号	项目名称	主要完成单位	获奖年度	获奖等级
20	K/VT Ⅱ -01 型飞机牵引车	中国农业机械化研究院液压技术研究所	1994	一等奖
21	GOA90F 行走减速机	北京液压公司行星减速机厂	1994	二等奖
22	CBZb 型浮动轴式高压齿轮泵系列	天津工程机械研究所、济南液压泵厂、青州液压件厂	1995	二等奖
23	TLF 型同轴流量放大器	中国农业机械化研究院液压技术研究所、镇江液压件厂有限公司	1995	三等奖
24	CBN-G300 系列高压齿轮泵	淮阴机械总厂	1996	二等奖
25	154t 矿用自卸车关键液压气动元件国产化研究	北京机械工业自动化研究所、广东液压泵厂、上海液压件一厂、阜新气动元件厂、湘潭电机厂	1996	三等奖
26	超高压性能试验台	天津工程机械研究所	1996	二等奖
27	DY25A 液压打桩锤	天津工程机械研究所、江苏省东台机械厂	1996	三等奖
28	推土机工作阀开发与研制	榆次液压件有限公司	1996	二等奖
29	数控机床典型液压系统模块化设计制造研究	广州机床研究所	1996	二等奖
30	加工中心典型液压系统模块化设计制造研究	大连组合机床研究所、保定液压件厂	1996	三等奖
31	上海立新液压件厂“八五”技术改造	机械工业部第一设计研究院、上海立新液压件厂	1996	三等奖
32	液压比例同步提升技术应用研究	同济大学	1997	一等奖
33	农机用液压件技术开发	天津液压机械集团（有限）公司	1997	二等奖
34	《液压工程手册》	机械工业部北京机床研究所、北京理工大学、机械工业出版社	1997	二等奖
35	榆次液压件铸造中心“八五”技术改造	机械工业部第一设计研究院、榆次液压件有限公司	1997	三等奖
36	天津液压机械集团“八五”技术改造补充专项农用高压齿轮泵、多路阀项目	机械工业部第一设计研究院、天津液压机械集团公司	1997	三等奖

（续）

序号	项目名称	主要完成单位	获奖年度	获奖等级
37	秦皇岛煤码头二、三期工程液压元件国产化研究	中国机械基础件成套技术公司、榆次液压件有限公司、韶关液压件厂、上海液压件一厂、北京市液压工业公司液压阀分公司	1998	三等奖
38	步进炉与带钢精整及精轧机液压控制系统	大连液压件厂	1998	三等奖
39	工程机械液压元件综合实验台	燕山大学、大庆石化总厂	1998	二等奖
40	液压与气压传动	南京机械高等专科学校、郑州纺织工学院、燕山大学、海门液压件厂、机械工业出版社	1998	三等奖
41	北京市液压工业公司“八五”液压件和密封件技术改造补充专项高压通用液压阀项目	机械工业部第一设计研究院、北京市液压工业公司	1998	三等奖
42	大方、圆坯连铸机液压系统	大连液压件厂	1999	二等奖
43	电磁阀、溢流阀质量上台阶技术攻关	上海立新液压有限公司、北京华德液压工业集团有限责任公司	1999	二等奖
44	50 系列新型压力阀	北京华德液压工业集团有限责任公司、中国机械基础件成套技术公司	1999	三等奖

上述科技成果对国家重大工程和主机发展起到了重要的支撑作用，有些成果到现在为止仍起着重要作用。如中国农业机械化研究院液压技术研究所获得一等奖的 K/VTII-01 型飞机牵引车，在空军、海航等领域得到了广泛应用，在其技术基础上研发的航母用飞机牵引车，在辽宁号航母上发挥了重要作用。

4. 经济体制改革

在计划经济体制下，液气密行业受资金、技术、人员及设备等条件的限制，企业产品重复，资源浪费严重，总体技术水平远落后于国际水平。

改革开放以后，三资企业、民营企业大量涌现，国有企业经过兼并、重组和改制，到 2004 年，国有企业、三资企业和民营企业形成了三足鼎立的局面。又经过 15 年的发展，国有企业绝大多数改制为民营企业，民营企业队伍迅速壮大，三资企业稳步扩充。据统计，在中国液压气动密封件工业协会的会员单位中，国有企业数量占行业企业数量的比例略高于10%，外资企业占比稍低于10%，民营企业占比略高于80%。少数国有企业经过股份制改造，形成大的企业集团，如北京华德液压工业集团公司、太重榆次液压股份公司和中航力源液压股份公司等。一批从当年的“缺技术、缺资金、缺设备、缺人才”的乡办、校办企业发展起来的民营企业，经过改革开放风雨的洗礼，逐步成长为大型企业集团，如安徽中鼎（控股）集团。国有企业集团和民营企业集团构成了行业的中坚力量，他们经历40年改革开放的锤炼，历风雨而不倒，成为行业的领军企业。

液气密行业8所研究院所分别由事业单位改制为大型科技企业，按照市场规则参与市场竞争。这样，科研院所为行业服务的职能被取消了，使液气密行业发展受到直接影响。

从哈尔滨工业大学1961年首届流体传动与控制专业毕业生毕业到2000年，全国有30余所大学开设了流体传动与控制专业，培养了数千名毕业生，他们已成为行业发展的重要力量。大学专业调整以后，许多大学取消了流体传动与控制专业，代之以自动化或机电一体化专业，使得企业招不到流体传动与控制专业的毕业生，这对行业发展影响极大。

1.4.3 高速发展阶段（2001—2018年）

改革开放以来，我国连续实施了振兴东北老工业基地、西部大开发、京津冀协同发展一体化、长三角一体化、长江经济带、粤港澳大湾区等区域发展战略，走新型工业化道路，促进可持续发展。我国在加入WTO以后，逐渐打破了西方国家的封锁和束缚，工业现代化进展迅速，液气密行业随之也获得快速发展。

1. 液气密行业发展被列为国家发展战略

进入21世纪以来，在国家拉动内需、开发中西部地区、振兴东北老工业基地和积极的财政政策支持下，我国国民经济始终保持快速稳定健康的增长态势，我国液气密工业得到了快速发展。2006年，《国务院关于加快振兴装备制造业的若干意见》发布后，我国装备制造业快速发展，取得了显著成绩。尽管《国务院关于加快振兴装备制造业的若干意见》中确定的16大领域中没有明确提到液气密行业，但是由于装备制造业对液气密产品的迫切需求，推动了我国液气密行业的发展，使其在为重大装备国产化配套中发挥了明显的作用，取得了历史性进步。

为了应对2008年国际金融危机，2009年国务院发布了《装备制造业调整和振兴规划》，2011年工业和信息化部发布了《机械基础件、基础制造工艺和基础材料产业发展十二五规划》（简称《三基规划》），以及工程机械、农业机械等主机行业及专项“十二五”发展规划，2014 年工业和信息化部发布了《关于加快推进工业强基的指导意见》，极大地促进了液气密行业的发展，市场需求和国家政策成为液气密行业发展的推进剂和压舱石。

《装备制造业调整和振兴规划》（下称《规划》）提出，坚持发展整机与提高基础配套水平相结合。努力实现重大技术装备自主化，带动基础配套产品发展。提高基础件技术水平，开发特种原材料，扭转基础配套产品主要依赖进口的局面。提升四大配套产品制造水平，夯实产业发展基础。重点发展大功率电力电子元件、功能模块，大型、精密轴承，高精度齿轮传动装置，高强度紧固件，高压柱塞泵 / 马达，液压阀，液压电子控制器，液力变速器，气动元件，轴承密封系统，橡塑密封件等。

《规划》的发布，标志着我国装备制造业发展战略的重大调整，对液气密行业发展起到了巨大的引领作用，推动了液气密行业企业加大技术改造力度，促进各级政府加力支持液气密行业的发展，为液气密行业实施创新驱动战略指明方向，作为《规划》的重要组成部分——装备制造业技术进步和技术改造投资方向（2010 年）列出了液气密行业需要发展的 16 项产品。2012 年，工业和信息化部、科学技术部、财政部、国务院国有资产监督管理委员会联合发布《重大技术装备自主创新指导目录》（2012 年版），其中列入多项液气密产品。2019 年，财政部、工业和信息化部、保监会等公布《首台（套）重大技术装备推广应用指导目录（2019 年版）》，其中列入 20 项液气密产品。

2015 年，国务院发布关于印发《中国制造 2025》的通知（国发〔2015〕28 号），2016 年，工业和信息化部发布了与《中国制造 2025》配套的《工业强基工程实施指南（2016—2020 年）》。

制约液气密产品质量和性能的因素很多，其中最主要的因素从硬件讲上是工艺和材料，从软件上讲是管理。2014 年，工业和信息化部联合中国工程院、国家质检总局开展了“工业强基战略研究”，围绕核心基础零部件和元器件、关键基础材料、先进基础工艺、产业质量技术基础和共性创新体系建设 5 个方面，对机械、航天、航空、轨道交通、船舶及汽车等 13 个重点行业进行了专题研究，明确了“基础零部件和元器件、基础材料、基础工艺、技术基础”即工业“四基”发展的 318 个重点方向和 39 项标志性项目，提出了“链式”解决、“一揽子”推进等发展路径。2016 年二期战略研究工作启动，围绕重点领域“一条龙”推进路线图、专精特“小巨人”企业培育、公共创新平台建设、产业质量基础示范应用、数据平台建设及运行机制和综合与政策5个专项开展研究。

液气密行业要以《中国制造2025》为行动纲领，以促进行业创新发展、提质增效为中心，以加快新一代信息技术与行业产品、制造技术融合为主线，以推进行业智能制造和高端突破为主攻方向，以满足主机装备配套需求为目标，从根本上扭转关键基础件受制于人的局面，实现液气密行业提质增效、由大到强的转变。2016年，工业和信息化部发布了《工业强基工程实施方案指南（2016—2020年）》及《工业强基工程实施方案验收评价工作细则》，国家制造强国建设战略咨询委员会名义发布《工业“四基”发展目录》（2016年版）等。通过几年努力，基本形成了一个较为完善的制度和规划支撑体系，为工业强基工作奠定了制度基础。

党的十八大以来，针对产业链存在的关键瓶颈环节，初步建立了工业强基工程的常态化、长效化机制。实施工业强基工程，以技术创新突破“四基”制约，补齐制造业发展短板，多领域核心基础零部件（元器件）取得重要突破，部分关键基础材料产品和技术填补了国内空白，先进基础工艺取得了较快发展，产业技术基础体系进一步完善，切实解决了重点产业发展、重大整机装备等国家战略需求急、国外限制垄断重、前瞻发展要求高的四基“卡脖子”问题，为制造强国建设打下了更加坚实的基础。

地方工信主管部门和行业协会不断创新思路和方法，着力推进“四基”产品的示范应用。从2014年起，连续三年组织工业强基工程示范应用项目，推进了近50项重点应用。

工业强基工程共安排支持核心基础零部件（元器件）59项，涉及120个项目，总投资约169.2亿元，这些项目的成果突破了一系列困扰我国制造业发展的共性问题，提升了我国的工业发展质量。

从2013年起，工业和信息化部即按年度编制“工业强基专项行动实施方案”，并连续四年纳入“6+1”行动计划。2014年，工业和信息化部发布《关于加快推进工业强基的指导意见》，提出了工业强基的原则、目标、发展重点和主要任务。2017年，工业和信息化部实施工业强基工程重点产品、工艺“一条龙”应用计划，工程机械高压液压泵、多路阀、马达“一条龙”应用计划关键配套件产品链条环节示范企业见表1-6，工程机械高压液压泵、多路阀、马达“一条龙”应用计划示范项目见表1-7。

表1-6 工程机械高压液压泵、多路阀、马达“一条龙”应用计划关键配套件产品链条环节示范企业

序号	产业链环节	整体式多路阀	高压轴向柱塞回转马达、行走马达	开式轴向柱塞双泵
1	高品质铸件	大连远景铸造有限公司	中航力源液压股份有限公司	青州海盾液压机械有限公司
2	材料热处理和表面处理		江苏恒立液压股份有限公司	烟台艾迪液压科技有限公司
3	阀杆及阀芯硬度控制	江苏恒立液压股份有限公司		
4	关键零部件加工技术	江苏恒立液压股份有限公司	青岛力克川液压机械有限公司	山东泰丰智能控制有限公司
5	配套高性能弹簧	杭州弹簧有限公司		
6	配套密封件	安徽库伯密封技术有限公司		
7	控制技术	江苏国瑞液压机械有限公司		山东泰丰智能控制有限公司
8	产品标准制定	北京机械工业自动化研究所	北京机械工业自动化研究所	北京机械工业自动化研究所
9	试验检测技术、评估方法及设备	江苏恒立液压股份有限公司	中航力源液压股份有限公司	山东泰丰智能控制有限公司
10	整机应用企业	徐工集团工程机械股份有限公司、山东临工工程机械有限公司、国机重工集团常林有限公司		

表1-7 工程机械高压液压泵、多路阀、马达“一条龙”应用计划示范项目

序号	项目名称	申报单位
1	挖掘机专用高压柱塞泵和多路控制阀项目	江苏恒立液压股份有限公司
2	高端挖掘机用高压柱塞泵、多路阀的产业化项目	山东泰丰智能控制股份有限公司
3	中大吨位（挖掘机）高端整体多路阀铸件关键技术研发及产业化项目	大连远景铸造有限公司
4	高端液压件生产技术改造及扩产建设项目	烟台艾迪液压科技有限公司
5	高端轴向柱塞式液压泵、马达及整体式多路阀精密铸件产业化项目	中航力源液压股份有限公司

（续）

序号	项目名称	申报单位
6	高端工程机械泵、阀、马达一条龙项目	徐工集团工程机械股份有限公司
7	高端液压件研发与产业化建设项目	山东临工工程机械有限公司
8	高精密液压铸件产业化项目	青州海盾液压机械有限公司
9	工程机械液压马达“一条龙”配套建设项目	杭州弹簧有限公司
10	工程机械液压马达“一条龙”生产线改造提升项目	青岛力克川液压机械有限公司
11	可变换压力补偿方式的电液比例多路控制阀项目	江苏国瑞液压机械有限公司
12	20吨级液压挖掘机、30吨级液压挖掘机项目	国机重工集团常林有限公司

2. 产业集群快速发展

为落实国家一系列发展基础件的指导性文件的精神，促进地方液气密企业的发展，地方政府有关领导深入企业调研、视察，并对企业发展中的问题予以高度重视，尤其是对地方产业集群的发展更是特别关注。

辽宁省阜新市政府按照辽宁省委、省政府规划，把阜新液压产业基地打造成辽宁省装备制造业配套产业基地和阜新市经济转型主导产业，围绕“一个产业、一个新区”的战略，加大了液压产业基地的基础设施建设和招商引资工作力度，并初步取得成效。

四川泸州高性能液压件产业化基地是以四川长江液压件有限责任公司为龙头、以集成控制技术为发展方向、以优势产业链为纽带、以产业集群发展带动区域经济发展和产业结构升级换代的国家高新技术产业化基地。

山西省《装备制造业调整和振兴规划纲要》明确提出，要以榆次液压集团有限公司为龙头，整合周边液压企业，通过自主创新，引进技术和合作开发，建设具有国际水平的液压工业国家示范基地，使其成为山西省五大支柱产业之一，到2015年示范基地产值达50亿元以上。

浙江省奉化市政府对当地气动产业群发展加大扶持力度，促进了当地气动产业发展，使气动产业群进一步壮大，仅奉化气动协会已拥有112家会员，宁波亚德客自动化工业有限公司、宁波佳尔灵气动机械有限公司、宁波索诺自动化设备有限公司、奉化星宇电子有限公司、宁波光华气动工业有限公司、宁波利达气动成套有限公司及奉化朝日液压有限公司等被认定为国家高新技术企业。奉化地区企业逐步从家族企业走向企业家族，气动产业集群检测中心初步竣工，为建成气动产业基地奠定了基础。“十二五”期间，奉化市政府大力推进液气密行业多个产业集群的集聚发展和结构调整，逐步实现专业化经营，使产业集群的产销额达到全行业的 30% 以上。

2009 年，科技部以国科高发〔2009〕695 号文发出通知，认定阜新国家液压装备高新技术产业化基地、泸州国家高性能液压件高新技术产业化基地为“2009 年度国家高新技术产业化基地”。

3. 液气密行业承担国家重大科技项目，促进行业技术进步

在落实上述政策过程中，液气密行业得到了国家多项政策的支持，承担了国家科技支撑计划、装备制造领域技术改造、科技成果转化项目、“863 计划”、“971 计划”，获得国家财政、土地、融资和能源等支持。2010 年装备制造领域技术改造项目见表 1-8，2011—2012 年科技成果转化项目见表 1-9 ～表 1-10。

表 1-8　2010 年装备制造领域技术改造项目

序号	项目名称	企业名称	行业类别	项目建设内容
1	大型液压挖掘机用液压缸生产线技术改造	张家口长宇工程机械液压油缸有限公司	工程机械	新征土地面积 70 000m²，建设机加工车间、热处理车间及其配套设施，建筑面积共计 26 000m²；购置数控车床、井式炉、深孔镗床等国内先进设备 325 台（套），实现年产大型液压挖掘机用液压缸 6 000 支的生产能力。该项目一期工程已竣工，完成技改投资 12 000 万元，形成年产大型液压挖掘机用液压缸 2 500 支的生产能力
2	年产 15 000 件工程机械高压液压控制阀产业化项目	马鞍山市沪宁工程机械设备制造有限公司	工程机械	自主研制开发了一整套先进的工艺路线（铸造、机械加工、装配、测试等）。铸造采用高温树脂砂造型 / 制芯工艺和电化学清砂工艺，采用国际一流铸造生产线和热处理流水线。新增立式(卧式)加工中心、数控车削中心、熔炼炉、精密无心磨、三坐标测量机及热处理设备等先进设备 104 套。新建主要生产车间面积 4 608m² 及配套公用动力设施等。项目达产后，将形成年产 15 000 件 GCV-70、GCV-100、GCV-160、GCV-300 系列高压液压控制阀的生产能力

（续）

序号	项目名称	企业名称	行业类别	项目建设内容
3	年产 4 000 台减速机和 8 000 支液压缸技改项目	蚌埠市行星工程机械有限公司	工程机械	项目总占地面积 3 581m^2，主要对原有生产线进行技术改造，扩大产能，提高产品附加值。购置成套减速机、液压缸等生产和辅助设备，新建一条无尘装备线和一条金属加工生产线，项目达产后形成年产 4 000 台减速机和 8 000 支液压缸的生产能力
4	年产 6 万台高压液压泵（含马达）、20 万件高压液压阀等关键液压元件产业化技术改造	徐州徐工液压件有限公司	工程机械	引进刮削辊光机、磨床等设备，购置精密数控加工中心、自动抛光机、超声波清洗机、高精度试验及检测设备、自动化装配线等国产设备，新征土地面积 10 万 m^2，新建建筑物面积 32 000m^2，改造后既可为徐工集团的主机配套，也可为工程机械行业提供智能、可靠、高效、环保的液压元件
5	大功率节能液力偶合器传动装置项目	济南柴油机股份有限公司	内燃机	根据市场需求及企业实际情况，采用自主研发技术，利用现有土地和厂房，新建试验间面积 2 657m^2，购置栋梁龙门五面体加工中心等主要生产设备 43 台及检测、检验等辅助生产设备 51 台，形成年产液力偶合器传动装置 920 台（套）的生产能力
6	年产 30 万套大中功率拖拉机液压提升装置技改项目	山东弘宇机械有限公司	农业机械	采用自主知识产权技术，新建铸造、热处理、机械加工、装配生产线一条，壳体柔性加工线 6 条，购置立式加工中心、卧式加工中心等国产设备 83 台（套），新建厂房面积 56 720m^2
7	年产 6 万台（套）300-600 型高压柱塞泵生产线改造项目	江苏咸中石油机械有限公司	石化	采用国内先进的机械动力和液压动力相结合的新工艺，购置数控磨床、数控车床、加工中心等设备 286 台（套），改造厂房及生产用房、新建科研楼等建设面积 50 000m^2，对 300-600 型高压柱塞泵生产线进行改造。改造后，形成年产 300-600 型高压柱塞泵 6 万台（套）的生产能力
8	液压产品加工制造生产线改扩建项目	阜新安联液压有限公司	液压	购置立式加工中心、精密磨床、数控车床、卧式加工中心、超声波清洗机、试验台等生产检测设备 36 台（套），组建液压产品加工制造生产线，采用国内技术，项目达产后，可形成年产齿轮泵件 20 万件的生产能力，进一步提高产品质量和性能，满足市场需求

（续）

序号	项目名称	企业名称	行业类别	项目建设内容
9	自卸式变频电驱动修井平台液压系统项目	辽宁北辰液压气动有限公司	液压	该项目采用企业自主研发的具有自主知识产权的技术，居国内领先地位，填补了国内空白。项目建成后，年产 150 台自卸式变频电驱动修井平台液压系统。项目共购置各类设备 69 台（套），主要包括龙门数控火焰切割机、立式车床、落地式镗床等
10	yd-xx 导弹运输车及 zz-xx 转载车液压系统项目	阜新伟光液压气动有限公司	液压	该项目采用企业自主研发的具有自主知识产权的专利技术，达到国内领先水平。项目建成投产后，年产 yd-xx 导弹运输车及 zz-xx 转载车液压系统 240 套。购置液压管路清洗机、液压板料折弯机、外圆磨床等生产设备和检测设备共计 59 台（套）
11	年产 5 000 件液压系统组合阀技改项目	浙江美通机械制造有限公司	液压	项目利用公司原有厂房，新增激光切割机、数控火焰切割机、加工中心、数控折弯机、喷丸机及焊机等生产设备 36 台，形成年产 5 000 件液压系统组合阀的生产能力
12	新建年产 16.5 万台（件）新型液压泵和液压阀技改项目	浙江高宇液压机电有限公司	液压	利用现有土地新建生产车间、综合楼面积 12 315m²，购置数控立式加工中心等生产设备 50 台（套）及产品性能试验台等检测实验设备 25 台（套），并新增变配电等公用设施，形成年产 16.5 万台（件）新型液压泵和液压阀的生产能力
13	高压液压阀、大功率液力偶合器调速装置生产线改造项目	金乡县强力机械有限公司	液压	改造建设精加工车间、总成装配车间面积 7 000m²，物流仓库面积 3 000m²，总建筑面积 10 000m²；采用液压元件制造技术，购置五轴加工中心、六工位数控车床、数控镗床等先进的数控加工设备和光谱仪、三坐标测量机、金相检测设备、材料试验机、液力偶合器调速装置整机性能试验台等检测设备共计 66 台（套）
14	年产 300 套节能型稀油、乳化液润滑系统生产线技改项目	启东市南方润滑液压设备有限公司	液压	通过国际引进和国内合作创新的途径，实施技术改造项目，计划购置国产设备 132 台（套），自制非标设备 22 台（套），设备资金投入合计 1 700 万元。同时改建生产及辅助用房面积 5 000m²，投资 900 万元。项目建成后，可形成年产 300 套节能型稀油、乳化液润滑系统的生产能力，预计每年可新增产值 5 100 万元、利税 1 000 多万元

（续）

序号	项目名称	企业名称	行业类别	项目建设内容
15	年产 1 500 件高压液压阀生产线技术改造项目	江苏盐电铸业有限公司	液压	采用高低温高压碳化钨硬密封全焊接固定先进生产工艺，购置拉力试验机 1 台、洛氏／布氏硬度计 2 台、光谱仪 1 台、造型试验检测仪 1 台、湿砂型表面硬度计 1 台、磁粉探伤仪 1 台等，共购置主要生产设备 44 台（套），改造生产厂房面积 10 000m^2，建设 2 条高压液压阀生产线。建成后，形成年产 1 500 件高压液压阀的生产能力
16	提高摆线马达制造质量及能力技改项目	镇江大力液压马达有限责任公司	液压	项目建设地点为该公司已有厂区。采用国外先进摆线加工工艺技术，新增进口设备 3 台及国产设备 21 台，新建厂房面积 2 500m^2，并对水电公用工程设施进行适应性改造，新增摆线马达及其配套产品生产能力 12 万台
17	关键液压件生产线技术改造项目	贵州枫阳液压有限责任公司	液压	该项目主要针对工程液压件生产线进行改造，提高制造技术水平，提升产能。新增加工设备，检测、清洗、试验、计量、焊接设备，以及孔、杆、活塞、端盖精加工、清洗、装配设备共计 34 台（套），并对生产线及厂房工艺布局进行改造
18	工程机械关、主液压件产业化建设项目	北京华德液压工业集团有限责任公司	液压	（1）实施技术升级，更新生产线，购置生产设备 135 台（套），其中工程阀生产新增工艺设备 86 台（套），通轴泵生产新增工艺设备 49 台（套）。 （2）对工程阀和通轴泵使用的建筑内部进行局部调整和必要的改进，涉及面积 6 845m^2，其中工程阀 4 125m^2，通轴泵 2 720m^2。 （3）无新增土地
19	高速大功率系列调速型液力偶合器产业化技术改造项目	广东中兴液力传动有限公司	液压	（1）购置加工中心、试验及检验仪器、高精机加工设备、铸造设备等，并进行设备安装基础建设，特别是高精设备的基础，提高高转速大功率液力偶合器的生产能力。 （2）对高转速大功率液力偶合器技术的研究和工艺研究，重点开展材料工艺、转子的动平衡工艺、热处理工艺等方面的研究。 （3）对生产工艺流程进行合理调整，提高模具制造能力和机加工能力

（续）

序号	项目名称	企业名称	行业类别	项目建设内容
20	中小企业液压缸生产技术改造项目	韶关市赛力乐液压件制造有限公司	液压	（1）购置土地面积为21 300m²，新建重型钢结构高科技厂房及现代化的综合办公及配套大楼，面积为8 000m² （2）购置各种生产设备，包括数控车床、台式加工中心、双梁行车等，设备购置投资约1 070万元 （3）扩建水泥机械配套、矿山特种设备配套、路桥机械配套生产线
21	工程机械用高压柱塞泵/多路阀技改项目	榆次液压集团有限公司	液压	通过采用新技术和新增关键设备，确保柱塞泵产品的配油盘、缸体、柱塞、变量活塞、传动轴、滑靴及多路阀阀杆、阀孔等关键零件的工艺和精度符合要求。形成年产工程机械用高压柱塞泵2万台、多路阀12万件的生产能力，产业技术水平达国际水平
22	大功率液力变速器生产线技术改造项目	贵州凯星液力传动机械有限公司	液压	（1）通过自有技术与国内外先进的生产设备和技术相结合，完善现有生产工艺 （2）购置五轴加工中心、卧式加工中心（进口）、立式加工中心、数控车床等设备12台（套），购置金相检测仪、三坐标测量仪、产品试验台等检测试验设备5台（套），自制生产工装及相关模具及刀具48套 （3）提高产品的生产能力和检测试验能力，最终实现生产线高效生产和检测目标，提高产品质量水平和生产效率
23	高压柱塞式液压泵/马达生产线技术改造项目	中航力源液压股份有限公司	液压	（1）采用该公司现有的高压柱塞方面的变量控制技术，高压、高速、高温条件下的摩擦配对技术，以及离子注入技术和动静压密封技术 （2）购置卧式加工中心、立式加工中心、数控机床、齿轮加工设备等先进、高效设备（含一条磷化生产线）48台（套），其中包括进口卧式加工中心1台及高精度数控内圆磨床1台 （3）利用现有的场地、设备及基础设施，新建厂房面积6 000m²，对现有部分厂房进行适应性修装

（续）

序号	项目名称	企业名称	行业类别	项目建设内容
24	年产 7 000 支大型工程机械液压缸技术改造项目	辽宁岫岩液压油缸有限公司	液压	购置关键工艺装备，包括大孔径滚压工装、数控深孔镗床（T2150）、数控车床（CK7910）、高精度外圆磨床、淬火机床、高压试验台、起重机、涂装线等各种设备 25 台（套）。该项目在现有厂区内建设，不需要新增土地。引进日本小松、美国卡特彼勒技术，并对其消化吸收后自主创新，具有完全自主知识产权，形成年产大型工程机械液压缸 15 000 支的生产能力
25	年产 3 000 件电液伺服阀项目	湖北航奥伺服科技有限公司	液压	采用闭环控制系统技术，以及粗加工生产、精加工生产、零组件调试、装配调试等生产工艺，形成年产 3 000 件电液伺服阀的能力。产品具备控制精度高、响应快、驱动力大等特点，可有效替代进口，满足市场需求。项目新增数控车床、数控铣床、线切割机及数控磨床等设备 85 台。新增用地面积 8 万 m^2，新增建筑面积 1 万 m^2，其中生产厂房面积 7 000m^2
26	年产 3 万支液压缸生产线项目	宜都市西孚机械有限公司	液压	项目占地面积 4 万 m^2，引进先进技术进行革新，新建石油机械、煤机、工程机械用液压缸生产线两条，建设厂房面积 10 700m^2，购置数控机床、深孔镗床、铣床、总动焊机、装配试压线等国内先进设备、仪器 60 余台（套），形成年产 3 万支液压缸的生产能力
27	年产 150 台（套）组合式汽车举升机技改项目	湖北宏力液压科技有限公司	液压	利用该公司雄厚的技术力量及生产设施，采用先进的焊接定位生产工艺，开发了组合式汽车举升机生产技术，建成机械加工—焊接—油漆—装配生产线 1 条。年产组合式汽车举升机 150 台（套），年产值 3 000 万元。购置数控机床、液压机、气体保护电焊机及涂装生产线等设备 30 余台（套），在企业原址上新建生产厂房面积 2 100m^2

（续）

序号	项目名称	企业名称	行业类别	项目建设内容
28	悬浮式单体液压支柱项目	十堰市佳恒液压机械有限公司	液压	新建厂房面积 12 000m^2，购置全数控加工中心 50 台（套），以及与之配套的数控车床、镗床、磨床等 500 台（套）。在充分利用该公司现有的液压缸零部件协作能力和专有技术基础上，通过引进以数控工艺为主体的工艺装备和技术，实现悬浮式单体液压支柱的下料、热处理、数控车削、深孔镗削、镀铬、粗精磨、成形、焊接及装配
29	年产 5 万支高压液压缸技术改造项目	安徽省青阳县华瑞科技有限公司	液压	采用德国克锐拓公司技术生产汽车和工程机械高压液压缸，液压缸内径大于 40mm，工作压力大于 20MPa。改扩建厂房面积 1 000m^2，购置数控机床 12 台、加工中心 5 台、普通机床 13 台。项目建成投产后将新增年产 5 万支高压液压缸的生产能力
30	年产 260 万标米高性能液压管线技术改造项目	漯河市亿博橡胶科技有限公司	液压	对现有液压胶管生产线进行技术改造，改为高性能钢丝缠绕液压胶管生产线。购置设备方案为：引进美国 SPRW250 32/4-COMP 缠绕生产设备 2 套，购置国内配套设备 36 台。采用青岛科技大学的橡胶配方与意大利 OMA 公司的钢丝缠绕胶管骨架层工艺技术。新建厂房面积 7 650m^2。项目建成后可新增年产 260 万标米液压装置用基准件高性能钢丝缠绕液压胶管，实现高性能产品的高效、高质和批量化生产
31	关键装备用橡胶密封件技术改造项目	安徽中鼎密封件股份有限公司	密封	购置关键实验检测及生产设备 266 台（套），其中，进口设备 7 台（套），建主（辅）厂房面积约 5.2 万 m^2 及相关配套设施。全面提升液压阀密封件、高压柱塞泵密封件、液压缸密封件、动力总成系统及传动系统用密封件等产品的耐高温（-40 ～ 150℃）、耐高压（30 ～ 42MPa）、耐各类介质（液压油等）及使用寿命（如旋转密封件台架实验 1 500h 不漏油）等性能，提高产品的国内外市场占有率

（续）

序号	项目名称	企业名称	行业类别	项目建设内容
32	重大装备关键密封元件研发及产业化技术改造项目	广州机械科学研究院	密封	形成年产高性能橡胶、橡塑复合、聚氨酯、聚四氟乙烯密封件 331 万件，密封胶 2 000t 的生产能力；新增建筑面积 25 297m^2，其中生产面积 6 372m^2，研发和检测面积 14 768m^2；新增设备仪器 163 台（套），其中进口设备 17 台（套）；采用当代先进技术，完成五大类、数十种新技术和新产品的研发；可为装备制造业重点工程、重点产品的基础件配套

表 1-9　2011 年科技成果转化项目支持单位名单

序号	项目承担单位	项目名称
1	北京华德液压工业集团有限责任公司	工程机械用高压轴向柱塞泵 / 马达关键技术成果转化项目
2	榆次液压集团有限公司	高频响电液伺服阀和比例阀技术
3	上海电气液压气动有限公司	高压轴向柱塞泵 / 马达国产化关键技术成果转化项目
4	宁波天生密封件有限公司	核电装备所需核级阀门及设备密封技术与产品产业化
5	宁波大港意宁液压有限公司	工程机械用高压柱塞泵及液压马达传动装置产业化
6	贵州凯星液力传动机械有限公司	多用途工程机械用液力变速器产业化
7	中航力源液压股份有限公司	农业机械集成型静液压传动装置成果转化

表 1-10　2012 年科技成果转化项目拟支持单位名单

序号	项目承担单位	项目名称
1	榆次液压集团有限公司	工程机械用高压柱塞泵
2	丹东克隆集团有限责任公司	双端面耐高温机械密封装置
3	上海派芬自动控制技术有限公司	工程机械用智能液压电子控制器及系统成果产业化
4	上海立新液压有限公司	工程机械用高性能液压阀产业化

（续）

序号	项目承担单位	项目名称
5	镇江大力液压马达有限责任公司	数字配流智能调速型摆线液压马达的开发与产业化
6	南通华东油压科技有限公司	高档液压元器件铸件铸造工艺技术及产业化
7	苏州宝骅机械技术有限公司	百万千瓦级压水堆核电站用核级石墨密封垫片研制及产业化
8	宁波广天赛克思液压有限公司	面向挖掘机的带负荷传感成套高压液压元件关键技术研究与产业化
9	宁波华液机器制造有限公司	新型电液比例阀技术研究
10	安徽中鼎密封件股份有限公司	汽车发动机冷却系统散热器板式橡胶密封条产业化项目
11	山东常林机械集团股份有限公司	高压柱塞泵／马达和液压阀用铸铁铸造技术产业化
12	山东泰丰液压股份有限公司	高压大流量电液比例阀生产技术产业化
13	山推工程机械股份有限公司	工程机械用液力变速器及其关键零部件技术产业化
14	青岛新材料科技工业园发展有限公司	工程机械液力变速器用高性能聚四氟乙烯油封
15	青岛海力威新材料科技股份有限公司	高速铁路专用 SCM 材料桥梁伸缩缝
16	襄阳航宇机电液压应用技术有限公司	年产 10 000 台电液伺服阀生产线扩建
17	三一重工股份有限公司	工程机械高性能液压电子控制器关键技术研发及产业化
18	四川省宜宾普什驱动有限责任公司	数控轨道板磨床用高速高压闭式系统
19	四川日机密封件股份有限公司	核电站重要泵用机械密封成果转化
20	中航力源液压股份有限公司	履带式起重机用液压泵／马达科技成果转化
21	贵州红林机械有限公司	高压大流量数字开关阀技术成果转化
22	中国运载火箭技术研究院第十八研究所（北京精密机电控制设备研究所）	航天电液伺服阀技术在工业自动化控制领域成果转化项目

1.5 液压液力气动密封行业现状

1.5.1 产业规模

目前，我国液气密行业共有液压、液力、气动、橡塑密封、机械密封与填料静密封 6 个子行业，据不完全统计，行业共有生产、销售、科研、咨询企业 3 000 余家，其中规模以上企业近千家。我国液气密工业从无到有，从小到大，特别是改革开放以后，实现持续高速稳定发展，全行业工业总产值从改革开放初期的 8 亿多元到 2018 年的 1 235 亿元，年均增长 13.43%。液压产品国内市场容量占国际市场销售额的约 29%，保持多年排在世界第二位，气动产品国内市场容量占国际市场销售额的约 27%，保持多年排在世界第一位。我国是世界上唯一一个既能生产核一级密封垫片及石墨材料，又能生产核一级金属密封圈的国家。在世界非轮胎橡胶产品 50 强排行榜中，我国已有两家企业不仅榜上有名，而且自 2011 年后每年都有跨越式提升。

改革开放 40 年来，我国液气密行业已经具有较为完整的生产体系和较强的国际竞争力，能够满足国民经济各领域以及各类主机的配套需求。毋庸置疑，我国已经成为流体传动产品的生产大国。

1.5.2 工业总产值

经过 70 年的努力奋斗，我国液气密企业从无到有，产业规模逐步壮大。改革开放初期，液气密行业工业总产值 8 亿多元，到 2018 年，工业总产值达到 1 235 亿元。年均增长约 13.43%。1999—2018 年液气密行业工业总产值见表 1-11。

表 1-11　1999—2018 年液气密行业工业总产值　　（单位：亿元）

工业总产值	1999 年	2000 年	2001 年	2002 年	2003 年	2004 年	2005 年
液气密行业	36.01	46.21	47.82	72.47	95.92	161.63	194.15
液压行业	22.92	25.24	31.95	45.29	58.50	103.14	116.40
液力行业	2.58	3.44	4.51	11.63	17.39	24.96	10.26
气动行业	2.38	2.24	4.34	4.36	5.82	8.01	31.79
密封行业	8.13	9.29	7.02	11.19	14.21	25.52	35.70
工业总产值	2006 年	2007 年	2008 年	2009 年	2010 年	2011 年	2012 年
液气密行业	294.02	387.78	450.37	477.50	637.00	772.00	843.00
液压行业	161.00	207.62	244.99	269.49	351.00	416.00	445.00

（续）

工业总产值	2006 年	2007 年	2008 年	2009 年	2010 年	2011 年	2012 年
液力行业	12.37	14.09	16.03	16.03	20.00	20.00	20.00
气动行业	52.81	74.05	86.64	79.33	116.00	150.00	165.00
密封行业	67.84	92.02	102.71	112.65	150.00	186.00	213.00

工业总产值	2013 年	2014 年	2015 年	2016 年	2017 年	2018 年
液气密行业	914.00	979.00	1 020.00	1 068.00	1 151.00	1 235.00
液压行业	468.00	488.00	500.00	514.00	554.00	597.00
液力行业	21.00	22.00	22.00	22.00	23.00	25.00
气动行业	180.00	192.00	200.00	210.00	229.00	248.00
密封行业	245.00	277.00	298.00	322.00	345.00	365.00

1.5.3 进出口

我国液气密行业长期依赖进口，到目前为止，进出口逆差规模仍较大。2011 年，进出口逆差达到 33.34 亿美元。改革开放以后，液气密产品开始出口，出口额逐年递升，进出口逆差情况有所缓解。在“十三五”期间，液气密行业发展进入了新常态。行业经济运行呈现前高后低、增速下滑的态势，但液气密出口却持续增长，进出口逆差逐步缩小。2005—2018 年液气密产品进口情况见表 1-12。

表 1-12 2005—2018 年液气密产品进出口情况

项目	2005 年		2006 年		2007 年		2008 年		2009 年	
	金额 / 亿美元	同比增长（%）	金额 / 亿美元	同比增长（%）	金额 / 亿美元	同比增长（%）	金额 / 亿美元	同比增长（%）	金额 / 亿美元	同比增长（%）
进口额	12.83	17.15	14.82	15.42	20.13	35.82	30.05	49.28	28.85	-4.00
其中：液压	8.38	20.91	9.71	15.79	13.66	40.67	21.02	53.88	19.36	-7.89
气动	1.66	32.15	2.14	28.74	2.52	17.75	4.32	71.42	4.94	14.35
密封	2.79	1.28	2.97	6.71	3.95	32.90	4.71	19.24	4.55	3.39
出口额	3.04	34.96	3.76	23.68	5.46	45.21	8.01	46.70	7.06	-11.86
其中：液压	1.00	65.61	1.56	54.78	2.43	55.76	3.99	64.20	2.70	-32.33
气动	0.40	47.89	0.33	-18.01	0.49	48.48	0.63	28.27	1.31	107.94
密封	1.64	16.20	1.87	14.45	2.54	35.82	3.39	33.46	3.05	-10.03

（续）

项目	2010 年		2011 年		2012 年		2013 年		2014 年	
	金额 / 亿美元	同比增长（%）	金额 / 亿美元	同比增长（%）	金额 / 亿美元	同比增长（%）	金额 / 亿美元	同比增长（%）	金额 / 亿美元	同比增长（%）
进口额	38.09	32.03	45.05	18.27	32.97	-26.81	30.06	-8.81	31.40	4.49
其中：液压	28.57	47.57	34.24	19.85	22.72	-33.64	20.12	-11.43	20.30	0.90
气动	4.65	-5.87	5.69	22.37	5.63	-1.05	5.10	-9.40	5.59	9.64
密封	4.87	7.03	5.12	5.13	4.62	-9.77	4.84	4.76	5.51	13.87
出口额	9.06	28.33	11.71	29.25	11.92	1.79	12.87	7.96	14.80	15.04
其中：液压	3.67	35.93	5.02	36.78	5.62	11.95	6.57	16.83	7.73	17.75
气动	1.14	-12.98	1.44	26.32	1.77	22.92	1.74	-1.43	2.32	32.89
密封	4.25	39.34	5.25	23.53	4.53	-13.71	4.56	0.63	4.75	4.30

项目	2015 年		2016 年		2017 年		2018 年	
	金额 / 亿美元	同比增长（%）	金额 / 亿美元	同比增长（%）	金额 / 亿美元	同比增长（%）	金额 / 亿美元	同比增长（%）
进口额	26.91	-14.30	25.98	-3.5	33.58	29.3	39.75	18.3
其中：液压	17.31	-14.70	16.60	-4.1	22.57	35.9	26.61	20.4
气动	4.50	-19.60	4.41	-1.8	5.33	20.7	7.01	24.6
密封	5.10	-7.50	4.95	-2.8	5.68	14.8	6.13	7.5
出口额	14.87	0.45	13.94	-6.2	15.23	9.3	18.01	18.2
其中：液压	7.87	1.80	7.71	-2.0	8.55	11.6	10.85	26.8
气动	2.61	12.50	1.98	-24.1	2.20	14.8	2.37	7.7
密封	4.39	-7.60	4.25	-2.8	4.48	6.5	4.79	7.0

1.5.4 产品产量

据资料介绍，从 1952 年到 1962 年的 10 年间，我国共生产液压元件 5 万多台（件）。1994 年，国家计划委员会、机械工业部印发《机械工业振兴纲要》（下称《纲要》），把液气密行业列为振兴领域。《纲要》提出，液压件行业要重点发展引进技术和自行开发的先进适用的系列产品和液压成套系统。到 2000 年，液压产品品种由 1990 年的 800 种发展到 1 200 种，品种满足率达到 90% 以上，主导产品达到 20 世纪 90 年代初的世界先进水平，实现重大技术装备液压系统的设计和制造以国内为主。

气动元件行业要重点发展高性能、长寿命、机电一体化元件及控制系统，扩大服务领域。到2000年，气动产品品种由1990年的300种发展到1 000种，为重大技术装备及各类主机的品种配套率达80%～90%。

密封件行业要重点发展为液压、气动产品及机床配套的橡胶密封和橡塑组合密封，积极发展机械密封及为重大技术装备配套的特种密封，提高密封件性能、寿命和可靠性，基本满足各类主机的配套要求。

经过液气密行业的努力，上述指标早被突破，现在，我国的液气密产品几乎完全能为各类主机配套，包括最难的核级密封件。液气密行业产能不足的问题得到了有效解决。

1.5.5 科技成果

2011—2018年是液气密行业快速发展的8年。液气密行业努力创建自主创新体系，提高了自主创新能力。各企业在《装备制造业调整和振兴规划》等一系列政策引导下，实施“十二五”“十三五”发展规划，加大研发投入，取得了一批令人振奋的科技成果，促进了行业技术进步，提升了行业企业的核心竞争力。

据中国液压气动密封件工业协会统计，2006—2018年液气密行业获得10项国家科学技术奖，其中，技术进步奖一等奖1项，技术发明奖二等奖2项，技术进步奖二等奖7项。

2006—2018年液气密行业获得国家科学技术奖项目见表1-13。

表1-13　2006—2018年液气密行业获得国家科学技术奖项目

项目名称	主要完成人	获奖等级	获奖时间	主要完成单位
高性能多通道空气动力负载模拟器系列	焦宗夏、王少萍、华清、尚耀星、崔明山	技术发明奖二等奖	2006年	北京航空航天大学
冷带轧机高精度液压厚度自动控制（液压AGC）系统关键技术及应用	王益群、姜万录、方一鸣、张齐生、张伟、李久彤、陈刚、陈东宁、刘涛、高英杰	技术进步奖二等奖	2009年	燕山大学
深海极端环境探测与采样装备技术	陈鹰、杨灿军、顾临怡、叶瑛、李世伦、金波	技术进步奖二等奖	2009年	浙江大学、杭州电子科技大学

（续）

项目名称	主要完成人	获奖等级	获奖时间	主要完成单位
高压轴向柱塞泵/马达国产化关键技术	李斌	技术进步奖二等奖	2011年	上海电气液压气动有限公司
高可靠先进液压系统新技术及其在现代军机、民机和航天器中的应用	焦宗夏、王少萍、黄佑、常真卫、陆清、李树立、李成功、尚耀星、刘红梅、刘永光	技术进步奖二等奖	2011年	北京航空航天大学、中国航空工业集团公司成都飞机设计研究所、中航力源液压股份有限公司、中国商用飞机有限责任公司上海飞机设计研究院
核电站密封新技术、新产品及应用	励行根、王晓江、宋炜、蔡仁良、牛艳颖、陈宝成、李江、励洁、励勇、辛培梅	技术进步奖二等奖	2011年	宁波天生密封件有限公司、中国核电工程有限公司
盾构装备自主设计制造关键技术及产业化	杨华勇、洪开荣、张闵庆、韩亚丽、魏建华、杨磊、李建斌、龚国芳、黄圣、谢海波、张志国、刘振宇、黄健、陈馈、应群伟	技术进步奖一等奖	2012年	浙江大学、上海隧道工程股份有限公司、中铁隧道集团有限公司、中铁隧道装备制造有限公司、杭州锅炉集团股份有限公司
高速重载工程机械大流量液压系统核心部件	易小刚、刘永东、陈兵兵、侯刚、孙丹、贺电	技术进步奖二等奖	2014年	三一集团
飞机电液自馈能制动装置与防滑控制新技术	焦宗夏、尚耀星、刘劲松、黄佑、王鸿鑫、王红玲	技术发明奖二等奖	2017年	北京航空航天大学、西安航空制动科技有限公司、中国航空工业集团公司成都飞机设计研究所、中国商用飞机有限责任公司上海飞机设计研究院、西安航空制动科技有限公司
气动元件关键共性检测技术及标准体系	蔡茂林、石岩、王涛、许未晴、樊尚春、路波、虞启辉、杜丙同、张连仁、吴科峰	技术进步奖二等奖	2017年	北京航空航天大学、国家气动产品质量监督检验中心、北京理工大学、北京爱索能源科技股份有限公司、无锡气动技术研究所有限公司、浙江亿日气动科技有限公司

2001—2018年液气密行业获中国机械工业科学技术奖100项，其中，一等奖12项，二等奖37项，三等奖51项，详见表1-14。

表1-14　2001—2018年液气密行业获中国机械工业科学技术奖项目

序号	项目名称	完成单位	获奖时间	获奖等级
1	齿轮净化技术研究	天津特精液压股份有限公司、天津工程机械研究院	2001年	二等奖
2	5m×6m双水平向地震模拟液压振动台研制	北京机械工业自动化研究所	2001年	三等奖
3	CBGA中高压齿轮泵	榆次液压有限公司	2003年	三等奖
4	CSP薄板坯连铸机大包托臂液压缸改进与国产化	韶关市力士乐液压缸厂、广州珠江钢铁有限责任公司	2003年	二等奖
5	浆池液位控制系统	大连液力机械有限公司、江西铜业集团公司	2003年	二等奖
6	电液力矩负载模拟器关键技术研究	德兴铜矿精尾综合厂、江铜技术中心矿山部、北京航空航天大学	2004年	二等奖
7	非圆齿轮行星轮系液压马达	北京非圆时代科技有限公司	2004年	二等奖
8	A6VG107HA斜轴式高压变量马达	北京华德液压工业集团有限责任公司	2004年	二等奖
9	集成控制轻型液压柱塞变量泵	贵州力源液压股份有限公司	2004年	二等奖
10	磁链追踪型注塑机变频控制装置	宁波华液机器制造有限公司	2004年	二等奖
11	PQ10-20/140-125比例压力流量复合阀	北京华德液压工业集团有限责任公司	2004年	三等奖
12	2FRE10-10/16型二通比例调速阀	北京华德液压工业集团有限责任公司	2004年	二等奖
13	磁悬浮快速列车轨道梁加工用液压同步顶升系统的研制	机械科学研究院、上海千斤顶厂	2004年	二等奖
14	三峡工程450t、500t门机抓梁液压系统	四川长江液压件有限责任公司	2005年	三等奖
15	开关液压源及基于该原理的深海水压型能量供给系统	浙江大学流体传动及控制国家重点实验室、国家海洋局第二海洋研究所、杭州电子科技大学	2006年	一等奖

（续）

序号	项目名称	完成单位	获奖时间	获奖等级
16	高集成柱塞式变量液压泵、马达	贵州力源液压股份有限公司	2006 年	二等奖
17	电液比例方向阀	宁波华液机器制造有限公司	2006 年	三等奖
18	XXXCL 调速型液力偶合器	大连液力机械有限公司	2006 年	三等奖
19	DB2U10 ～ 30…-50B/ 型两级电液先导溢流阀	北京华德液压工业集团有限责任公司	2006 年	三等奖
20	HD-M-SED10-10/ 型直推式电磁球阀	北京华德液压工业集团有限责任公司	2006 年	三等奖
21	CBTDH-F ＊＊系列高压低噪声齿轮液压泵	合肥长源液压件有限责任公司	2007 年	二等奖
22	大型起重运输机械网络化电液比例控制关键技术及其系列产品应用	北京航空航天大学、郑州大方桥梁机械有限公司	2007 年	二等奖
23	电液换挡阀	贵州枫阳液压有限责任公司	2007 年	二等奖
24	05 泵控装置	北京华德液压工业集团有限责任公司	2007 年	二等奖
25	FP-L15E 分配器	合肥长源液压件有限责任公司	2007 年	三等奖
26	A7VDRF 限压式溢流恒压变量泵	北京华德液压工业集团有限责任公司	2007 年	三等奖
27	负载传感比例控制液压多路阀阀体	南通华东液压铸业有限公司	2008 年	二等奖
28	V-A6V250EP/V-A6V250EP 型液压变量泵 / 马达	北京华德液压工业集团有限责任公司	2008 年	三等奖
29	QF28 型全负荷传感多路换向阀	四川长江液压件有限责任公司	2008 年	三等奖
30	轿车车身伺服仿形自动喷涂系统	北京机械工业自动化研究所	2008 年	三等奖
31	高可靠飞机液压能源管路系统关键技术研究	北京航空航天大学、成都飞机设计研究所、贵州力源液压股份有限公司	2009 年	一等奖
32	高压轴向柱塞泵 / 马达国产化关键技术	上海电气液压气动有限公司	2009 年	一等奖

（续）

序号	项目名称	完成单位	获奖时间	获奖等级
33	天线起竖及方位锁定液压系统	北京机械工业自动化研究所	2009 年	二等奖
34	高效节能的减压阀流量特性测量新技术	北京理工大学	2009 年	二等奖
35	高精度数控机床节能环保液压系统	广州宝力特液压密封有限公司	2009 年	三等奖
36	调速换向阀	贵州枫阳液压有限责任公司	2009 年	三等奖
37	混凝土搅拌运输车关键液压元件 HD-V90HW 和 HD-A2F80W2M2	北京华德液压工业集团有限责任公司	2009 年	三等奖
38	液压动力转向液的开发及应用	中国石油化工股份有限公司润滑油研发（北京）中心	2010 年	三等奖
39	手动先导阀	贵州枫阳液压有限责任公司	2010 年	三等奖
40	高强度低变形精密液压铸件产品	大连远景铸造有限公司	2010 年	二等奖
41	ZBHD125 液压柱塞泵	北京华德液压工业集团有限责任公司	2010 年	二等奖
42	大流量（80 通径）双主动电液比例插装式节流阀	山东泰丰液压股份有限公司	2011 年	二等奖
43	BME 高速配流摆线液压马达	镇江大力液压马达有限责任公司	2011 年	二等奖
44	液压油清洁性能研究及高清洁度液压油的生产工艺研究	中国石油化工股份有限公司润滑油研发（北京）中心、中国石油化工股份有限公司长城润滑油分公司	2011 年	三等奖
45	CBZTC 系列齿轮油泵	合肥长源液压股份有限公司	2011 年	三等奖
46	HD-4WRKE10/16/25/32…-3X/ 型先导式比例换向阀	北京华德液压工业集团有限责任公司	2011 年	三等奖
47	微型摆线四五齿全液压转向器关键技术开发及产业化	镇江液压件厂有限责任公司	2011 年	三等奖
48	多瓣瓦型液压全自动板材压印机	燕山大学	2011 年	三等奖

（续）

序号	项目名称	完成单位	获奖时间	获奖等级
49	《液压工程师技术手册》（第1版）	燕山大学、化学工业出版社	2011年	三等奖
50	静压传动及智能化控制关键技术研究与应用	山推工程机械股份有限公司	2012年	二等奖
51	液压驱动平地机关键技术研究及应用	三一重工股份有限公司、长安大学	2012年	二等奖
52	HD-VSO80低噪声通轴式轴向柱塞变量泵	北京华德液压工业集团有限责任公司、北京机械工业自动化研究所	2012年	三等奖
53	盾构机系列液压缸研制开发	浙江省机电设计研究院有限公司、浙江华昌液压机械有限公司	2012年	三等奖
54	22t挖掘机正流量液压系统	山东中川液压有限公司	2013年	二等奖
55	YZQ型液压调速制动器	北京起重运输机械设计研究院、北京华德液压工业集团有限责任公司	2013年	三等奖
56	特大型液压缸系列开发	四川长江液压件有限责任公司	2013年	三等奖
57	高压大流量比例阀关键技术研究及应用	北京华德液压工业集团有限责任公司、燕山大学、北京航空航天大学、浙江大学、北京机械工业自动化研究所	2015年	一等奖
58	高压轴向柱塞泵/马达设计与测试关键技术及应用	浙江大学、中航力源液压股份有限公司、北京华德液压工业集团有限责任公司	2015年	一等奖
59	TLCF025-DBEM-1X高压大流量先导控制插装式比例溢流阀系统研究	山东泰丰液压股份有限公司	2015年	二等奖
60	高精密液压铸件——挖掘机专用整体式多路阀阀体	江苏恒立高压油缸股份有限公司	2015年	二等奖
61	KD-A4VS（L）O 250/355 重载（高转速增压）变量柱塞泵	佛山市科达液压机械有限公司、广东科达洁能股份有限公司	2015年	二等奖
62	液压式大负载双波冲击试验系统研制	上海交通大学、北京机械工业自动化研究所、海军装备研究院	2015年	二等奖
63	APV型工程机械负载敏感多路阀	徐州徐工液压件有限公司	2015年	三等奖

（续）

序号	项目名称	完成单位	获奖时间	获奖等级
64	大型及行走式工程机械关键密封技术研究	广州机械科学研究院有限公司、清华大学	2015 年	三等奖
65	DL**-*20 系列电液、手控多路阀	合肥长源液压股份有限公司	2015 年	三等奖
66	核电站反应堆压力容器主密封件成套技术自主开发及应用	宁波天生密封件有限公司等 6 家单位	2016 年	一等奖
67	气动元件关键共性技术检测	北京航空航天大学	2016 年	一等奖
68	综采智能高效大流量集成系统	北京天地玛珂电液控制系统有限公司	2016 年	一等奖
69	电液伺服比例插装阀技术开发	山东泰丰液压股份有限公司	2016 年	二等奖
70	107 系列低噪声全液压转向器	镇江液压股份有限公司	2016 年	三等奖
71	负载传感与压力补偿电液比例多路阀	江苏国瑞液压机械有限公司	2016 年	三等奖
72	自动化油液检测与智能质量控制系统	广州机械科学研究院有限公司	2016 年	三等奖
73	大型工程运输车辆机电液创新设计及工程应用	燕山大学、秦皇岛天业通联重工科技有限公司、连云港天明装备有限公司、江苏海鹏特种车辆有限公司、秦皇岛燕大一华机电工程技术研究院有限公司	2017 年	一等奖
74	液压多路换向阀关键技术及应用	江苏恒立液压科技有限公司	2017 年	一等奖
75	高速列车客室侧门系统核心技术研发及产业化	南京康尼机电股份有限公司、南京工程学院、南京康尼电子科技有限公司	2017 年	二等奖
76	TFA15VSO175 系列恒压恒功率电比例高压柱塞泵的研发和产业化	山东泰丰液压股份有限公司	2017 年	二等奖
77	大型液粘调速离合器高效节能关键技术研究及应用	江苏大学	2017 年	二等奖
78	装载机转向负荷敏感流量放大阀关键技术研究及应用	广西柳工机械股份有限公司	2017 年	二等奖
79	高压开关用碟簧储能液压操动机构技术的研究及应用	平高集团有限公司、河南平高电气股份有限公司	2017 年	三等奖

（续）

序号	项目名称	完成单位	获奖时间	获奖等级
80	综采工作面扇形区自移式回撤特种液压支架的研究及应用	神华宁夏煤业集团有限责任公司矿山机械制造维修分公司	2017 年	三等奖
81	高频加载伺服振动液压缸	天津优瑞纳斯液压机械有限公司	2017 年	三等奖
82	具有海况自适应变阻尼特性的漂浮式高效稳定海浪发电装置及示范应用	山东大学	2017 年	三等奖
83	低扭矩、低逸散阀用填料	浙江国泰密封材料股份有限公司	2017 年	三等奖
84	飞机液压系统综合试验分布式测试系统	中航工业第一飞机设计研究院	2017 年	三等奖
85	5.5 ～ 40t D 系列液压挖掘机自主化技术研究与应用	徐州徐工挖掘机械有限公司	2017 年	三等奖
86	1 ～ 3t 液力叉车变速箱试验台建设及其扩展应用	安徽合力股份有限公司	2017 年	三等奖
87	工程机械液力传动系统高效节能功能集成技术与应用	北京理工大学、湖北航天技术研究院特种车辆技术中心	2018 年	一等奖
88	高端陶瓷密封环成套技术开发及应用	宁波伏尔肯陶瓷科技有限公司、合肥通用机械研究院有限公司、清华大学	2018 年	一等奖
89	小型挖掘机用斜盘式轴向柱塞变量泵关键技术及应用	江苏恒立液压科技有限公司	2018 年	二等奖
90	高效节能汽车起重机成套液压元件研发及产业化	圣邦集团有限公司、徐州重型机械有限公司	2018 年	二等奖
91	工业机器人末端气控系统	深圳市恒拓高工业技术股份有限公司	2018 年	二等奖
92	汽车 AMT 变速器智能化在线检测试验设备	北京机械工业自动化研究所有限公司、北京工业大学	2018 年	二等奖
93	面向重大装备需求的高性能机械密封及其测试技术研究与应用	南京林业大学、江苏华青流体科技有限公司、江苏益通流体科技有限公司	2018 年	三等奖
94	大型工程机械 YB310 液力变速器的研发与应用	杭州前进齿轮箱集团股份有限公司	2018 年	三等奖
95	比例控制二通动态阀	山东泰丰智能控制股份有限公司、山东大学	2018 年	三等奖
96	高精度数字液压缸同步控制系统在水轮机筒形阀中的应用	北京亿美博科技有限公司、天津亿美博数字装备科技有限公司	2018 年	三等奖

（续）

序号	项目名称	完成单位	获奖时间	获奖等级
97	核电用大型液压阻尼器研制	上海核工程研究设计院有限公司、常州格林电力机械制造有限公司	2018 年	三等奖
98	智能化重载工程机械多通道回转装置制造关键技术及应用	江苏大学、江阴市长龄机械制造有限公司	2018 年	三等奖
99	106 电控系列全液压转向器	镇江液压股份有限公司	2018 年	三等奖
100	起重机负载敏感多路阀开发及其上车液压系统匹配应用	广西柳工机械股份有限公司	2018 年	三等奖

液气密行业获得其他政府奖及社会奖见表 1-15。

表 1-15　液压行业获得其他政府奖及社会奖

序号	项目名称	完成单位	获奖等级	获奖时间	授奖单位
1	CYJKZ 型手扶式插秧机液压控制装置	杭州精工液压机电制造有限公司	金奖	2014 年	中国农业机械工业协会
2	SL-YMQ10 模块化复合控制集成装置	湖州生力液压有限公司	零部件产品金奖	2014 年	中国农业机械工业协会
3	农业机械集成型静液压传动装置	中航力源液压股份有限公司	贵州省科技进步奖二等奖	2011 年	贵州省人民政府
4	某型主液压泵组件研制	中航力源液压股份有限公司	航空科学技术奖三等奖	2012 年	中国航空工业集团公司
5	高端大吨位工程机械用 140 ～ 160mL/r 锥柱塞液压泵、马达	中航力源液压股份有限公司	中航科技进步奖三等奖	2013 年	中国航空工业集团公司
6	农业机械集成型静液压传动装置	中航力源液压股份有限公司	中航科技进步奖二等奖	2013 年	中国航空工业集团公司
7	1-50199 船舶液压大型马达泵体	华东油压机械制造有限公司	江苏机械工业科技进步奖二等奖	2010 年	江苏省机械工业联合会
8	YHZH-2000 整体柜架下拉式液压机	华东油压机械制造有限公司	江苏机械工业科技进步奖三等奖	2010 年	江苏省机械工业联合会
9	SY-CY14-1E 低噪音高压柱塞泵	邵阳维克液压股份有限公司	湖南省科学技术进步奖三等奖	2010 年	湖南省人民政府

（续）

序号	项目名称	完成单位	获奖等级	获奖时间	授奖单位
10	甲板吊机的液压回转系统	邵阳维克液压股份有限公司	湖南省专利奖三等奖	2014年	湖南省人民政府
11	北京奥运会、残奥会开（闭）幕式技术系统研究与应用	总装备部工程设计研究总院、四川长江液压件有限责任公司等	北京市科学技术奖一等奖	2011年	北京市人民政府
12	特大型液压缸系列开发	四川长江液压件有限责任公司	四川省科学技术奖三等奖	2012年	四川省人民政府
13	高可靠性工程机械液压缸关键技术研究及应用	徐州徐工液压件有限公司	科技创新奖一等奖	2012年	淮海科学技术奖委员会
14	QJ型架桥用起重机液压系统	徐州徐工液压件有限公司	徐州市科学技术进步奖三等奖	2010年	徐州市人民政府
15	百吨级履带起重机多级双推液压缸	徐州徐工液压件有限公司	徐州市科学技术进步奖三等奖	2010年	徐州市人民政府
16	高可靠性工程机械液压缸关键技术研究及应用	徐州徐工液压件有限公司	徐州市科学技术进步奖三等奖	2012年	徐州市人民政府
17	13～70t履带式液压挖掘机液压缸研发及产业化	徐州徐工液压件有限公司	徐州市科学技术进步奖三等奖	2013年	徐州市人民政府
18	千吨级四缸同步联动锁止伸缩液压缸	徐州徐工液压件有限公司	徐州市科学技术进步奖三等奖	2014年	徐州市人民政府
19	百吨级履带起重机多级双推液压缸	徐州徐工液压件有限公司	江苏科学技术进步奖三等奖	2010年	江苏省机械工业联合会
20	QAY500t全地面起重机六缸拉销互锁式油缸	徐州徐工液压件有限公司	江苏科学技术进步奖二等奖	2011年	江苏省机械工业联合会
21	HRM型立式辊磨机变载液压缸	徐州徐工液压件有限公司	江苏科学技术进步奖二等奖	2011年	江苏省机械工业联合会
22	XR型旋挖钻机倾缸	徐州徐工液压件有限公司	江苏科学技术进步奖二等奖	2011年	江苏省机械工业联合会
23	桥梁设备悬挂液压缸	徐州徐工液压件有限公司	江苏科学技术进步奖二等奖	2011年	江苏省机械工业联合会
24	高可靠性工程机械液压缸关键技术研究及应用	徐州徐工液压件有限公司	江苏科学技术进步奖一等奖	2013年	江苏省机械行业协会

（续）

序号	项目名称	完成单位	获奖等级	获奖时间	授奖单位
25	多芯管浮动式伸缩液压缸	徐州徐工液压件有限公司	江苏科学技术进步奖二等奖	2013年	江苏省机械行业协会
26	抗偏移支腿液压缸	徐州徐工液压件有限公司	江苏科学技术进步奖三等奖	2013年	江苏省机械行业协会
27	千吨级四缸同步联动锁止伸缩液压缸	徐州徐工液压件有限公司	江苏科学技术进步奖一等奖	2014年	江苏省机械行业协会
28	APV型工程机械负载敏感多路阀	徐州徐工液压件有限公司	江苏科学技术进步奖二等奖	2014年	江苏省机械行业协会
29	组合配重液压缸	徐州徐工液压件有限公司	江苏科学技术进步奖三等奖	2014年	江苏省机械行业协会
30	超大吨位防后倾液压缸	徐州徐工液压件有限公司	江苏科学技术进步奖三等奖	2014年	江苏省机械行业协会
31	QAY500t全地面起重机六缸拉销互锁式油缸	徐州徐工液压件有限公司	江苏省专利项目金奖	2010年	江苏省机械行业协会、江苏省知识产权局
32	XR型旋挖钻机倾缸	徐州徐工液压件有限公司	江苏省专利项目优秀奖	2011年	江苏省机械行业协会、江苏省知识产权局
33	HRM型立式辊磨机变载液压缸	徐州徐工液压件有限公司	江苏省专利项目优秀奖	2012年	江苏省机械行业协会、江苏省知识产权局
34	D型旋挖钻机加压缸	徐州徐工液压件有限公司	江苏省专利项目优秀奖	2013年	江苏省机械行业协会、江苏省知识产权局
35	双螺距螺纹防松型挖掘机动臂液压缸	徐州徐工液压件有限公司	江苏省专利项目优秀奖	2013年	江苏省机械行业协会、江苏省知识产权局
36	新型高压自减振挖掘斗杆液压缸	徐州徐工液压件有限公司	江苏省专利项目优秀奖	2013年	江苏省机械行业协会、江苏省知识产权局
37	抗偏移支腿液压缸	徐州徐工液压件有限公司	江苏省专利项目金奖	2014年	江苏省机械行业协会、江苏省知识产权局
38	单缸插销液压缸	徐州徐工液压件有限公司	江苏省专利项目优秀奖	2014年	江苏省机械行业协会、江苏省知识产权局

（续）

序号	项目名称	完成单位	获奖等级	获奖时间	授奖单位
39	千吨级四缸同步联动锁止伸缩液压缸	徐州徐工液压件有限公司	江苏省专利项目优秀奖	2014 年	江苏省机械行业协会、江苏省知识产权局
40	多芯管浮动式伸缩液压缸	徐州徐工液压件有限公司	江苏省专利项目优秀奖	2014 年	江苏省机械行业协会、江苏省知识产权局
41	基于轻量化技术的泵车液压缸	徐州徐工液压件有限公司	江苏省专利项目优秀奖	2014 年	江苏省机械行业协会、江苏省知识产权局
42	高可靠性装载机液压缸	徐州徐工液压件有限公司	江苏省专利项目优秀奖	2014 年	江苏省机械行业协会、江苏省知识产权局
43	APV 型工程机械负载敏感多路阀	徐州徐工液压件有限公司	江苏省专利项目金奖	2015 年	江苏省机械行业协会、江苏省知识产权局
44	基于浮动自调节式组合缓冲技术的抓料机液压缸	徐州徐工液压件有限公司	江苏省专利项目优秀奖	2015 年	江苏省机械行业协会、江苏省知识产权局
45	紧凑型气动阀岛	宁波华液机器制造有限公司	最佳设计产品奖	2013 年	宁波市人民政府
46	KPM 阀制造工艺研究及应用	柳州柳工液压件有限公司	广西重工业优秀工艺工装成果奖一等奖	2010 年	广西壮族自治区工业和信息化委员会
47	盾构推进电液控制技术及装备	浙江大学	高等学校技术发明奖一等奖	2010 年	教育部
48	复杂装备与工艺工装集成数字化设计关键技术及系列产品开发	浙江大学	国家科技进步奖二等奖	2011 年	国务院
49	高速高舒适性曳引电梯关键技术研究及产业化开发	浙江大学	浙江省科学技术奖一等奖	2010 年	浙江省人民政府
50	高性能轴向柱塞泵/马达设计关键技术及应用	浙江大学	高等学校科学进步奖二等奖	2013 年	教育部
51	流量放大阀	镇江液压股份有限公司	优秀奖	2013 年	江苏省知识产权局

（续）

序号	项目名称	完成单位	获奖等级	获奖时间	授奖单位
52	负荷传感集成阀型全液压转向器的开发与产业化	镇江液压股份有限公司	三等奖	2012年	镇江市科技局
53	超低输入转矩全液压转向器	镇江液压股份有限公司	国家重点新产品	2013年	科学技术部
54	四五齿微型摆线全液压转向器	镇江液压股份有限公司	国家重点新产品	2011年	科学技术部
55	中国液压液力气动密封工业年鉴（2010）	中国液压液力气动密封工业协会	出版物奖二等奖	2012年	中国石油化学工业联合会
56	自行火炮液压气动元件综合测试设	北京理工大学	全军科技成果奖二等奖	2006年	国防科工委
57	液压及燃气舵机的动、静态性能测试系统	北京理工大学	三等奖	2006年	国防科工委
58	飞机制动系统半物理仿真平台	北京航空航天大学	航空科学技术奖二等奖	2009年	国防科工委
59	航空液压系统多传感器信息融合故障诊断研究	北京航空航天大学	国防科学技术奖二等奖	2008年	国防科工委
60	容错计算机网络系统综合可信性研究	北京航空航天大学	航空科学技术奖二等奖	2008年	国防科工委
61	单机架冷带轧机高精度液压厚度自动控制（AGC）系统研制	燕山大学	科技进步奖一等奖	2008年	河北省人民政府
62	大极板铅电解精炼新工艺及装备集成创新技术	昆明理工大学	科技进步奖一等奖	2008年	云南省人民政府
63	带钢平整关键技术研究及成套设备研制	燕山大学	科技进步奖一等奖	2009年	河北省人民政府
64	交流液压系统物理模拟与仿真研究及工程应用	燕山大学	科技进步奖二等奖	2009年	河北省人民政府
65	开路式柱塞泵系列理论的创新与发展	燕山大学	科技进步奖二等奖	2008年	河北省人民政府
66	小波混沌弱信号检测及信息融合技术研究	燕山大学	科技进步奖三等奖	2006年	河北省人民政府

（续）

序号	项目名称	完成单位	获奖等级	获奖时间	授奖单位
67	区域可持续发展控制系统研究	燕山大学	科技进步奖三等奖	2008 年	河北省人民政府
68	大功率运载火箭煤油伺服机构测试系统	上海敏泰公司	科技进步奖三等奖	2008 年	上海市人民政府
69	舰用蒸汽动力装置经济性改进提高研究	宁波天生密封件有限公司	全军科技进步奖二等奖	2008 年	国防科工委
70	核级密封材料开发及密封寿命可靠性研究	浙江国泰密封材料股份公司	科学技术进步奖二等奖	2008 年	教育部
71	新型超低硫石墨编织盘根密封件开发技术研究	浙江国泰密封材料股份公司	科学技术奖三等奖	2007 年	上海市人民政府
72	核级舰船用高强石墨/金属复合垫片开发及密封技术研究	浙江国泰密封材料股份公司	国防科学技术奖三等奖	2006 年	国防科工委
73	低蠕变聚四氟乙烯密封板垫制造技术	浙江国泰密封材料股份公司	科学技术奖二等奖	2009 年	中国建筑材料工业协会
74	大型伺服比例控制液压系统成套装置	四川长江液压件有限公司	科技进步奖三等奖	2005 年	四川省人民政府
75	QF28 型全负荷传感多路换向阀	四川长江液压件有限公司	科技进奖步奖三等奖	2008 年	四川省人民政府
76	YZ 大型伺服比例控制液压系统成套装置	四川长江液压件有限公司	高新技术创新产品奖	2009 年	四川省人民政府

2010—2016 年，中国液压气动密封件工业协会评选出液气密行业技术进步奖（优秀新产品奖）共计 293 项，其中，特等奖 1 项，一等奖 31 项，二等奖 104 项，三等奖 157 项。35 家企业获得液气密行业 2010—2013 年技术创新先进单位称号。

1.5.6 产业技术基础建设

1. 技术标准体系

在长期的实践中，液气密行业充分认识到技术标准对行业发展的重要性，由于液气密产品是标准化、系列化、通用化的产品，因此，液气密行业更加迫切地需要建立技术标准的行业组织。

在政府相关部门的支持下，1979 年我国正式成立了全国液压气动标准化技术委员会，秘书处挂靠在北京机械工业自动化研究所，中国科学院院士雷天觉任主任委员。同年该委员会成为国际标准化 ISO/TC131 的正式成员国，还派出代表团参加在英国召开的国际标准化组织工作会议。从此，我国液压气动行业标准化工作与国际标准化工作紧密结合起来。根据行业发展需要，先后成立了液压标准化技术委员会和气压传动与控制分技术委员会。液压标准化技术委员会秘书处挂靠在北京机械工业自动化研究所，气压传动与控制分技术委员会秘书处挂靠在无锡气动技术研究所。之后，相继建立了污染控制标准化分技术委员会和密封分技术标准化委员会。

机械工业部机械密封标准化技术委员会和机械电子工业部填料静密封标准化技术委员会分别于 1985 年、1989 年成立，两个标委会秘书处挂靠单位设在合肥通用机械研究所。2008 年成立全国填料与静密封标准化技术委员会（TC350）和全国机械密封标准化技术委员会（SAC/TC491）

1992 年机械电子工业部批准成立了机械工业橡胶塑料密封标准化技术委员会，秘书处挂靠单位设在广州机床研究所。

液气密行业标准化组织建设进一步加强。液气密行业现有全国标准化组织 3 个，即全国液压气动标准化技术委员会、全国填料与静密封标准化技术委员会（TC350）和全国机械密封标准化技术委员会（SAC/TC491）。全国液压气动标准化技术委员会下设 4 个分标委会：液压、气动、密封装置和液压污染控制分技术委员会。

液气密行业的全国性标准化组织在标准制修订过程中，对标准立项、组织实施、审查审批起到重要作用，为液气密行业技术进步做出了突出贡献。

各标准化技术委员会负责组织机械工业液压、气动、橡胶塑料密封、机械密封、填料和静密封的标准的制修订、行业标准及其审查和国家标准的预审等工作。各标准化技术委员会做了大量的标准制修订工作，使液气密行业一直有标可循、有标可依，对液气密产品的标准化、系列化、通用化起到极大的推动作用。

中国液压气动密封件工业协会大力推进技术标准的制订工作，组织了 21 家自产液压铸铁件的液压元件企业和专业生产液压铸铁件的企业共同制定了《液压铸铁件技术条件》标准，该标准对提高液压铸铁件的质量具有约束和规范作用。

中国液压气动密封件工业协会组织液压、液力、气动、密封行业专业分会，会同业内 30 余位专家，参加了《国家职业分类大典》的修订工作。根据液气密行业发展的实际情况，提出“液压液力气动密封件制造工”的新增职业，并对该职业定义进行描述。《国家职业分类大典》在“液压液力气动密封件制造工”的职业下，有 4 个并不限于 4 个工种，即“液压元件和系统制造工”“液力元件制造工”“气动元件制造工”和“机械密封件制造工”。2014 年经机械工业职业技能鉴定中心审查定稿，于 2015 年完成最后专家评审。

中国液压气动密封件工业协会与中国工程机械工业协会共同发布团体标准 4 项，即《轴向柱塞泵实验室可靠性试验规范》《液压泵 + 多路换向阀联合台架可靠性试验方法研究》《挖掘机回转马达台架可靠性试验方法研究》及《液压挖掘机 液压系统可靠性试验方法研究》。

2. 建立国家液气密元件产品质量监督检测中心

1985 年，机械工业部成立机械部机械密封件及柔性石墨密封件产品质量监督检测中心，挂靠在合肥通用机械研究所。

1986 年，经机械工业部批准，成立了国家液压元件产品质量监督检测中心，挂靠在北京机械工业自动化研究所，同时批准挂靠中国农业机械研究院、北京机床研究所、天津工程机械研究所、广州机床研究所、大连组合机床研究所建立分中心，负责全国和工程机械、农业机械、机床等行业用液压元件产品的质量监督和检测。

1987 年，正式成立了机械工业部气动元件产品质量监督检测中心（挂靠在无锡气动技术研究所）和分中心（挂靠在济南铸锻机械研究所）。

1989 年，成立机械电子工业部橡胶密封件产品质量监督检测中心，挂靠在广州机床研究所。

上述质量监督检查中心的成立，使液气密行业有了权威的产品检测机构，对产品质量的提升起到积极作用。同时，这些检测中心还为行业企业做了大量的服务，包括咨询、人员培训、技术交流等，得到了企业的认可。

根据国家标准化改革的总要求，企业要成为标准化工作的主体。液气密行业企业高度重视标准化工作，积极参与行业标准化工作。目前液气密行业标准几乎全部由企业制修订，液气密企业已经成为技术标准制修订的主体。

液气密行业现有全国液压气动标准化技术委员会、全国机械密封件标准化技术委员会和填料与静密封标准化技术委员会，负责行业标准制修订工作，中国液压气动密封件工业协会开展团体标准的制定工作。

3. 自主创新体系建设

在相关政府主管部门的指导下，液气密行业企业积极开展产学研用的自主创新体系建设，自主创新能力不断增强，国际影响力不断增大，积极走出去参与国际竞争。

经过多年建设，我国液气密行业现有国家级液压技术工程技术中心和橡塑密封工程技术研究中心，国家液压产品质量监督检测中心及5个分中心，机械工业橡塑密封工程研究中心，机械工业机械密封工程研究中心，国家流体传动与控制重点实验室，机械工业橡塑密封重点实验室，机械工业流体动力传输技术重点实验室，机械工业重大技术装备润滑液压技术设备工程实验室。详见表1-20～表1-21。

表 1-20　国家级检测中心、工程中心、重点实验室

序号	名称	建设单位
1	流体动力及机电系统国家重点实验室	浙江大学
2	国家电液控制工程技术研究中心	浙江大学
3	国家橡塑密封工程技术研究中心	广州机械科学研究院有限公司
4	国家级企业工程技术中心	榆次液压有限公司
5	国家级企业工程技术中心	安徽中鼎密封件股份有限公司
6	国家级企业工程技术中心	通用机械研究院企业技术中心、
7	国家级企业工程技术中心	北京天地玛珂电液控制系统有限公司技术中心
8	国家液压元件质量监督检验测试中心	北京机械工业自动化研究所
9	国家气动产品质量监督检验中心	宁波产品质量检验技术研究院
10	国家冶金重型机械产品质量监督检验检测中心（含液压）	中国重型机械研究院有限公司
11	国家铸造锻压机械产品质量监督检测中心（含液压）	济南铸造锻压机械研究所有限公司
12	国家能源核电站核级设备研发中心核级静密封实验室	苏州宝骅机械技术有限公司
13	液压振动与控制教育部工程研究中心	安徽惊天液压智控股份有限公司、安徽工业大学

表 1-21　行业检测中心、工程中心、重点实验室

序号	名称	建设单位
1	机械工业液压元件质量监督检测中心（北京）	中国农业机械化研究院
2	机械工业工程机械及液压件产品质量监督检测中心（天津）	天津工程机械研究院
3	机械工业机械密封件及柔性石墨密封件产品质量监督检测中心	中国合肥通用机械研究院有限公司

（续）

序号	名称	建设单位
4	机械工业组合机床液压元件产品质量监督检测中心	大连组合机床研究所
5	机械工业机床液压元件产品质量监督检测中心	广州机械科学研究院有限公司
6	机械工业润滑工程技术研究中心	广州机械科学研究院有限公司
7	机械工业橡塑密封工程研究中心	广州机械科学研究院
8	机械工业机械密封工程技术研究中心	中国合肥通用机械研究院有限公司
9	机械工业液压传动与控制工程研究中心	北京华德液压工业集团有限责任公司
10	机械工业重大技术装备润滑液压技术设备工程实验室	四川川润股份有限公司
11	机械工业橡塑密封重点实验室	广州机械科学研究院
12	机械工业流体动力传输技术重点实验室	燕山大学
13	机械工业工程机械液压传动与控制技术重点实验室	徐工集团
14	机械工业环保密封工程研究中心	南京艾志机械技术有限公司

1.5.7 企业兼并重组

十几年来，液气密行业企业走向世界，参与国际竞争，开始收购国外企业，国际化的脚步越来越快。江苏恒立液压股份有限公司、安徽中鼎（控股）集团及国内主机企业如徐工集团、潍柴动力股份有限公司等企业收购了国外的液压、密封企业，提升了国产液气密件的技术水平。

2011 年江苏恒立高压油缸股份有限公司在上海证交所上市，2015 年四川日机密封件股份有限公司在创业板上市。至此，液气密行业有 3 家在主板上市的公司，即安徽中鼎密封件股份公司、中航力源液压股份公司（贵州力源液压股份公司）和江苏恒立高压油缸股份有限公司。三家公司加快资产重组、兼并、收购，融资力度加大。其他企业也在加紧股份制改制，筹备上市。

（1）中航力源液压股份公司（贵州力源液压股份公司） 2010 年 10 月 15 日，中航力源液压股份公司（下称力源液压）与世界 500 强企业、全球最大的工程机械企业——卡特彼勒公司签订了合资合作协议，确定在无锡成立业务为液压泵 / 马达装配试验的合资企业，这为力源液压进入卡特彼勒公司主机 OEM 市场及拓展国内主机应用领域、提升技术与管理水平搭建了新平台，彼勒公司也标志着力源液压在践行中航工业集团“国际化开拓，产业化发展”的发展战略上又迈出成功的一步。

2010 年 4 月 6 日，力源液压与江苏省苏州相城经济开发区签订了总投资为 10 亿元的投资协议，建设工程机械配套液压件、农业机械配套液压件及国家级液压件研发中心项目。此举标志着力源公司向融入地方经济圈迈出实质性的一步。2014 年 8 月，该项目通过中国航空工业集团有限公司组织的专家组评审。

该项目的落成，使力源液压可以充分利用江苏省苏州市独有的地理区域位置和工业用地、税收优惠、人才引进、配套资金等方面的资源优势，进一步扩大公司液压产业发展空间，快速做大做强液压产业。同时，也将对当地的产业转型升级发挥有力的带动作用。

（2）安徽中鼎密封件股份有限公司　近几年来，安徽中鼎密封件股份有限公司（简称中鼎股份）的国际化进程呈逐渐加快的趋势，先后收购整合了欧美多家拥有先进技术的企业，在海外成立了研发中心，同时进入全球采购平台。2011 年中鼎股份收购美国库伯公司，之后在美国成立了中鼎股份旋转密封工程技术研发中心；2012 年中鼎股份收购美国 Acushnet 公司，该公司在航空航天、石油、天然气（含页岩气）、工程机械、汽车用高端密封件等领域拥有丰富的生产经验和广阔的市场。同时中鼎股份还在国外建立中鼎股份往复密封工程技术研发中心，并在国内建设中鼎股份密封材料技术研发中心和中鼎股份密封技术及应用研发中心，以逐步推进中鼎股份建设高端密封件国际化的研发和生产基地的发展战略。

2014 年，中鼎公司成功收购生产高端密封件的德国 KACO 公司，投资总额为 1.8 亿雷亚尔（约合 8 000 万美元）。

德国 KACO 公司成立于 1914 年，是世界著名的特种橡胶密封件研发生产企业，是密封技术的全球领军企业，拥有多项革命性专利，产品销售区域遍布 40 多个国家和地区。旗下现有 6 家工厂，分别分布在德国、奥地利、匈牙利和中国，并在法国、英国和日本设立 3 个技术服务办公室。德国 KACO 公司为大众、克莱斯勒、福特、保时捷、奥迪、宝马、布加迪、中国一汽、戴姆勒、通用、特斯拉、沃尔沃、博世、博格华纳及采埃孚等全球知名厂商配套，被全世界最重要的制造商公认为高端密封件（含电动车和新能源汽车用密封件）产品的领军供应商，目前拥有超过 200 个由世界主要的汽车制造商颁发的质量奖项和证书。

收购德国 KACO 公司大幅提升了中鼎股份产品的品质和生产效率，显著增强了公司的研发创新能力，从而提升了公司的盈利能力和经济效益。

2015 年 2 月，中鼎股份斥资 9 500 万欧元（约合 1.035 亿美元）并购德国企业 WEGU 公司 100% 的股权，这一跨国资本并购，使我国企业进入了汽车用高端减振产品市场。

德国 WEGU 公司在抗振降噪技术方面具有世界领先水平，其主要产品有排气降噪阻尼系统、动力系统降噪阻尼器等，为宝马等世界顶级汽车品牌配套，具有较强的盈利能力，拥有成熟的产品技术工艺和重要的客户资源。此次收购显著提高了中鼎股份在降噪系统领域的技术水平，特别是在电动汽车静音降噪方面的技术水平，实现了替代进口，扩大出口。

（3）江苏恒立高压油缸股份有限公司　2012 年，江苏恒立高压油缸股份有限公司（简称恒立液压）通过上海联合产权交易所，取得了上海电气集团持有的上海立新液压有限公司 30% 的国有股股权和该企业其他股东持有的 30% 的股份。2013 年 4 月 26 日，新设公司名称定为常州立新液压有限公司，其注册资本 6 亿元，股东及出资比例为：恒立液压出资 57 000 万元，出资比例为 95%；上海立新液压有限公司出资 3 000 万元，出资比例为 5%。

2013 年 5 月，恒立液压拟用超募资金 5.96 亿元投资建设高精密液压铸件项目。项目达产后将实现年营业收入 4.4 亿元，所得税后投资回收期为 7.55 年。

截至 2014 年 2 月末，恒立液压已在该项目上投入资金 3.16 亿元，主要用于厂房建设、土地及设备购置，至 2014 年第 4 季度达到试运行条件。同时，新产品液压泵、液压阀的研制也在抓紧推进之中。

恒立液压自 2013 年起逆周期投资液压泵、液压阀项目，推进产业转型升级。根据投资规划，公司将总计投资 15 亿元，形成年产 2 万台挖掘机用高压柱塞泵、2 万件液压多路阀、199 万件通用高性能液压控制阀和 1 万件电液比例伺服阀的能力，目前该项目进展顺利。本次变更募投计划符合该公司战略规划，有利于公司合理分配资源，推进公司产业转型战略。

2015 年 11 月，恒立液压以 1 370 万欧元收购德国哈威控股有限公司持有的 InLine 公司 93.90% 的股权，以及 Andreas Gonschior 公司持有的 InLine 公司 6.10% 的股权，实现持有 InLine 公司 100% 的股权。并与德国哈威控股有限公司拟在研发、采购、销售、品牌、股权等方面进行全方位战略合作。

液气密行业除在主板上市的企业外，还有多家企业在新三板上市。

1.5.8 两化融合

我国液气密行业企业的电子商务、网络生产制造、网络消费、网络服务还处在起步阶段，一些核心骨干企业已开始在网上订货，但是在网上订货的数量还不多，一些小企业还没有自己的网站，产品订货方式主要还是销售人员面对面签订供销合同。网络化制造和服务工作基本没有开展，这与当前网络技术发展水平存在很大差距，需要下大力气解决。

电子商务、网络生产制造、网络消费、网络服务等服务业蓬勃发展，逐步成为国民经济新的增长点。技术创新加速社会专业化分工，为网络信息化服务业提供了广阔的发展空间。基于网络的交易服务、业务外包服务、信息技术外包服务规模逐渐扩大，模式不断创新，必然推动液气密行业加快技术进步，液压气动密封技术与网络信息化融合，必将成为液气密行业新的经济增长点，不断推动行业向集约化、高效率、高效益、可持续方向发展。

液气密行业最鲜明的特点是对新技术的融合能力，它可迅速吸收最新技术并为其所用。“十一五”到“十三五”期间，我国液压行业继续保持快速增长，经济总量持续扩大，行业企业发展为网络信息化的发展奠定了坚实的经济基础并提供了广阔的市场空间。随着全面建设小康社会进程的加快，市场经济体制进一步完善，推进经济增长方式转变和结构调整的力度继续加大，对发展电子商务、网络生产制造、网络消费、网络服务的需求更加强劲。全球范围内资源、市场、技术、人才的国际竞争愈加激烈，进一步激发了企业应用网络信息技术的主动性和积极性，电子商务、网络生产制造、网络消费、网络服务发展的内在动力持续增强，使行业企业进一步认清网络信息技术对行业发展的重要性，网络信息技术将为液气密行业中小企业实现跨越式发展奠定良好基础。在网络信息技术的内在和外在需要的共同作用下，液气密行业应用电子商务、网络生产制造、网络消费、网络服务的能力将逐步提高。

1. 网络信息化是液气密行业中小企业自主创新体系建设的发展平台

网络信息化建设是液气密行业自主创新体系建设的核心内容之一。中国液压气动密封件工业协会的工作重点是推进行业企业自主创新体系建设，引导行业企业加快自主创新体系建设步伐，特别是深化基于网络的研发设计、生产制造、现代物流、财务管理等生产经营性业务，紧密结合液气密行业特点，创新交易模式，深度开发和充分利用信息资源，发展面向行业、区域、企业及消费者的第三方交易及相关信息增值服务。

行业企业自主创新体系建设离不开国际市场，推广电子商务、网络生产制造、网络消费、网络服务在国际贸易与经济合作中的应用，在国际贸易中加强电子商务、网络生产制造、网络消费、网络服务等公共服务，更好地利用国内国外两个市场、两种资源，强化我国液气密行业的国际竞争优势。

行业企业自主创新体系建设的关键是培育人才。开展在线培育人力资源、管理咨询、技能培训等辅助性业务，稳步推动信息技术外包服务。

行业企业自主创新体系建设必须实行产学研结合，积极开展液压气动密封技术与网络信息技术的应用研究，提高原始创新能力。集成现有资源与技术力量，建立以市场为导向、产学研相结合的工程化研究开发机制，开展共性关键技术攻关、技术验证与系统集成，加快技术成果应用转化，强化技术咨询和人才培训服务，提高集成创新和引进消化吸收再创新能力。企业要紧密结合行业特点和应用需求，加强模式创新、管理创新和技术创新的融合。

中国液压气动密封件工业协会积极与面向行业并具有一定规模的电子商务企业进行交流，进而实现合作，共同建设供应链管理服务平台，探讨合作开发适合液气密行业的 ERP、CAD/CAE/CAT/CAPP 等应用软件的可能性，发展行业公共信息服务，推进企业间电子商务、网络生产制造、网络消费、网络服务应用。积极筹备建设面向液压气动密封行业中小企业的信息服务平台，开展信息发布、采购销售和信息系统外包等服务业务，期望借此降低行业中小企业信息化成本，提高中小企业网络信息技术的应用水平。

网络信息化成为行业企业自主创新体系建设发展平台。网络信息化势必推动企业自主创新体系建设，相应地也推动了行业企业的创新和发展，有力地提高行业企业生产力水平。

2. 企业信息化建设不断深入

企业的发展、竞争能力和管理能力的提升都离不开信息的共享和畅通，打破内部的各种信息壁垒，对企业的各种信息资源进行整合和调配，建立信息化平台，是企业信息化建设的主要目标。我国液气密行业的信息化建设在 2005—2009 年的五年间得到较快发展，企业在信息化建设方面加大投入力度，不断总结经验，逐步提高了自身的信息化水平。据不完全统计，2006—2009 年，液气密行业在信息化建设方面的投入平均年增 27.8%，2009 年投入资金约 3 700 万元，计算机拥有量比 2006 年增加约 40%，达到 13 000 台。行业骨干企业实现了计算机辅助设计（CAD）、计算机辅助工艺设计（CAPP）、计算机辅助工程（CAE）和计算机辅助制造（CAM），无纸化设计基本实现，虚拟设计、制造、试验技术开始应用，信息化使行业竞争力不断提高。

从2010年以来，液气密行业企业积极开展智能生产装配线、智能车间的建设，并取得明显的进步，对于提升产品一致性、稳定性、耐久性和可靠性起到重要作用。

1.6 未来展望

经过70年的发展，我国液气密行业取了得历史性进步，成为国家重点工程和重大技术装备配套的基本力量之一，这是包括政府有关部门、全体液气密行业从业人员努力奋斗的结果。

当今，液气密行业正朝着智能化、数字化、网络化、芯片化方向发展，为液气密行业解决“卡脖子”产品问题提供了支撑。在以习近平总书记为核心的党中央领导下，液气密行业将在落实“五大发展理念”及实施“十三五”规划的过程中，继续努力奋斗，为打破高端液气密产品长期依赖进口的局面做出不懈努力。

第2章

液压行业现状及发展趋势分析

液压工业是装备制造业的基础性产业之一，产业链条长，是技术密集、资金密集、人才密集的行业，是各类主机装备行业产业升级、技术进步的重要保障和国家综合实力的集中体现，是我国从制造大国向制造强国转变成功与否的标志性产业之一。

液压行业产品品种规格繁多，量大面广，广泛应用于国民经济各领域的各类主机产品和技术装备，为航空航天、兵器装备、冶金矿山、石油化工、电力能源、信息电子等重大技术装备，为农业机械、工程机械、建筑机械、汽车、机床、船舶、轻工机械、塑料机械、医疗机械、工业自动化设备等各类主机装备进行配套。

2.1 液压行业现状

2.1.1 产业规模

目前，我国液压元件生产企业共有 1 000 多家，其中规模以上企业 300 多家。据中国液压气动密封件工业协会不完全统计，2015 年 90 家重点联系企业拥有固定资产净值 86 亿元，从业人员近 5 万人。

1. 工业总产值

据中国液压气动密封件工业协会统计，2018 年，液压行业重点联系企业完成工业总产值 224.4 亿元，同比增长 21.4%；完成工业销售产值 216.4 亿元，同比增长 18.6%，产销率为 101.2%，完成累计订货额 240.6 亿元。液压行业经济运行呈平稳增长态势。

2. 产品进出口情况

据中国机械工业联合会汇总的海关统计数据：2018 年，液压产品进口 26.61 亿美元，同比增长 20.4%；液压产品出口 10.85 亿美元，同比增长 26.8%。贸易逆差为 15.76 亿美元。

3. 产品产销存情况

目前，我国液压行业已经成为世界制造大国。2018 年，我国液压元件产量达到 1 613 多万台（件），是 1952—1962 年产量之和的 300 多倍。2018 年液压行业重点联系企业液压产品产、销、存情况见表 2-1。液压产品构成比例如图 2-1 所示。

表 2-1　2018 年液压行业（84 家）重点联系企业液压产品产、销、存汇总

产品名称	生产量	销售量	库存量
液压元件 /（台 / 件）	16 136 116	15 464 906	2 744 594
其中：液压泵 / 台	5 332 560	5 055 804	1 164 388
液压马达 / 台	1 239 202	1 236 553	103 327
液压阀 / 件	5 801 582	5 468 285	1 084 027
液压缸 / 支	2 562 211	2 497 586	288 167
其他液压件 /（台 / 件）	1 200 561	1 206 678	104 685
液压系统及装置 / 套	220 477	221 733	20 988
液压机具 / 台	426	475	14
液压附件 /（台 / 件）	98 273 090	95 853 714	11 508 052

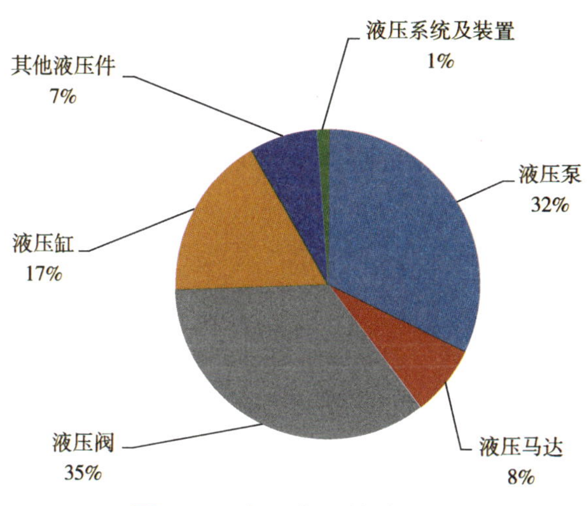

图 2-1　液压产品构成比例

2.1.2　为重大装备配套情况

2005—2018 年，我国装备制造业迅猛发展，液压行业企业为重点工程和重大技术装备自主化做出了突出贡献，在这个过程中企业自身也得到了长足的发展。行业企业自主创新能力进一步加强，产品结构日趋合理，发展方式也开始发生转变，企业效益越来越好。

液压行业重点企业以市场需求为导向，承担了国家“863”计划、科技支撑计划、产业技术成果转化计划、火炬计划和省级科技攻关计划、重点技术创新计划、科

技成果推广计划、重大科技专项计划及信息化建设计划项目，取得显著成绩。

液压行业企业为我国重大装备和重点工程提供了大量的元件和系统，满足了主机配套要求，取得重大技术突破。

1. 为航空航天工程提供配套

例如：为苏—27、歼 10 等机型提供了液压柱塞泵/马达，用于神箭系列火箭、神舟系列飞船和嫦娥工程提供的液压元件以及火箭发射架液压系统，是国产液压元件和系统在国家重大装备上应用的成功范例，证明了国产液压元件为国家重大工程项目配套的能力和水平。

酒泉航天基地火箭发射架液压系统全部是国内液压公司设计、制造。迄今为止，酒泉航天基地火箭发射塔架保证了神舟系列发射任务的圆满完成。

在我国首颗探月卫星“嫦娥一号”的发射任务中，国产的“057 工程 3 号工位平台、电摆杆液压系统及液压缸”因性能稳定、工作可靠受到中国西昌卫星发射中心表彰。西昌卫星发射中心 3 号塔发射架液压系统及 2 号塔液压系统均为国内企业设计制造。

2. 为舰船提供液压元件和相关系统

舰船用液压元件和系统为国内最新型军舰配套，提高了舰船的使用寿命、可维修性和可靠性。

3. 为大型水利工程提供配套

国内企业已完成长江三峡二、三期工程的启闭机、提船机等大型液压控制系统近 30 套。完成其他水工项目，如清江隔河岩水利枢纽，九龙江水利工程，云南澜沧江小湾、糯扎渡、景洪水电站，湖北清江水布垭电站，重庆乌江彭水水电站，广西红水河龙滩水电站，湖北丹江口水电站，以及贵州北盘江光照水电站等水利工程用升船机和启闭机液压系统的设计和制造、调试、安装等工作。

4. 为大型冶金设备提供液压元件和系统

我国冶金设备的液压系统已经由国内企业研制，国产液压系统、密封件等已广泛应用于宝钢、鞍钢、武钢、攀钢等国内冶金企业生产的各种轧机上，如鞍钢 2150 热连轧机、1850 热连轧机、1500 平整机、4 300 ～ 5 500mm 宽厚板轧机、连轧管机组，东日照钢厂 2150 轧机，津西钢厂 H 型钢轧机，一重集团 900mm 轧机，以及山东富伦钢厂 1 000mm 热连轧阀台等。

燕山大学在单机架液压 AGC 控制系统中，研发了具有高稳定性的多环协调控制技术、液压 AGC 控制系统故障诊断等综合控制技术，可在普通中宽带四辊轧机上生产出带厚差达 ±2μm 的精密带钢，使国产单机架液压 AGC 控制系统的控制精度达世界领先水平。

5. 液气密产品在北京奥运会、残运会上扬威

液气密行业为 2008 年北京奥运会和残奥会提供了大量产品，如由国内多家企业承制的奥运火炬塔液压控制系统，开幕式梦幻地球举升液压系统，闭幕式记忆塔举升液压系统，残奥会开幕式白玉盘四季翻转液压系统，残奥会闭幕式舞台背景翻转自动控制系统，并为奥运场馆和设施提供了大量的产品。液气密行业为举世瞩目的 2008 年北京奥运会和残奥会开（闭）幕式获得极大成功做出了重大贡献，展示了我国液气密行业的整体实力和水平。

6. 重点改造项目产业化能力超过设计纲领

国家“八五”液压件与密封件补充专项中的重点项目高压通用液压阀的设计生产纲领为 35.62 万件，2010 年产出超 100 万件，超出设计纲领 181%。

国家“九五”双加技术改造项目液压泵 / 马达的设计生产纲领为 1.2 万台，2010 年产出超过 5.0 万台，超出设计纲领 317%。

7. 高速铁路架桥成套特种装备

为高速铁路架桥研发了 900t 运梁车和 900t 提梁机。其中，900t 运梁车整车由车架、悬架、枕梁、动力仓及驾驶室组成，能够配合多种形式的铁路客运专线架桥机完成协同作业。运梁车的驱动、转向、悬架和支腿等操作均采用电液比例控制，驱动采用闭式液压回路，解决了运梁车行走过程中轮胎差速、差力和发动机匹配等问题；转向、悬架和支腿等采用闭心式负荷传感液压系统，使系统结构紧凑，可控性好，节能，并在此基础上开发了基于 CAN 总线的电气控制系统、自动辅助驾驶系统、遥控操作系统、定位和防撞故障诊断系统，使其具有较高的智能化水平。900t 运梁车各项指标达到了国外同类产品的性能指标，整体水平达到世界先进水平

液压行业企业还为国家重大工程和重大技术装备提供了大量的关键液压元件和液压系统，如千吨级超大液压缸，直径 500m 的超大直径球面射电天文望远镜用液压作动缸等。液压行业为重大装备和重点工程配套情况见表 2-2。

表 2-2 液压行业为重大装备和重点工程配套情况

序号	产品名称	工程名称或所属行业	经济效益和社会效益	完成单位
1	液压泵／马达	国家重点武器装备研制	为国家重点武器装备的发展提供有力保障，提升企业产品核心竞争力，达到国内先进水平	中航力源液压股份有限公司
2	精密液压铸件	高强度精密液压铸件建设项目	年产量由 6 000t 增加到 30 000t，铸件机加工能力由 2 000t 增加到 15 000t	江苏力源金河铸造有限公司
3	高端核心液压件	高端、核心液压基础件研发及产业化生产基地建设项目	实现新增利润 21 070 万元，新增销售收入 13 100 万元	力源液压（苏州）有限公司
4	起重机械用复合控制变量马达、L10V 系列轻型变量泵	工程机械	国内先进水平	中航力源液压股份有限公司
5	农业机械用静液压传动装置（HST）	农业机械	国内先进水平	中航力源液压股份有限公司
6	小型液压挖掘机的液压主泵、行走及回转总成	工程机械	国内先进水平	中航力源液压股份有限公司
7	20～30t 级液压挖掘机液压主泵、行走装置和回转装置	工程机械	国内先进水平	中航力源液压股份有限公司
8	大型隧道掘进设备（盾构机）用双向高压大排量液压柱塞变量泵研发	工程机械	国内先进水平	中航力源液压股份有限公司
9	中大吨位履带吊配套的 L8V0140 高压柱塞泵	工程机械	国内先进水平	中航力源液压股份有限公司
10	混凝土机械用的 L11V190 高压柱塞泵	工程机械	国内先进水平	中航力源液压股份有限公司
11	电液伺服阀 CS-RTJ01 产业化专项	上海市军民结合专项	国内先进水平	上海诺玛液压系统有限公司

（续）

序号	产品名称	工程名称或所属行业	经济效益和社会效益	完成单位
12	超高压大流量电液比例伺服二通插装阀项目	2015年工业转型升级强基工程	经济效益：项目完成后年产量可达到500台。社会效益：解决了中国二重8万t模锻液压机核心配套件的战略安全问题，摆脱了美国Oilgear公司的技术封锁。解决了先导伺服及比例技术和超高压阀体材料问题	上海诺玛液压系统有限公司
13	旋挖钻电子控制系统	京沪、京哈等高铁建设项目	国内领先	派芬自控（上海）股份有限公司
14	定向钻控制系统	数字化定向爆破钻及数据采集平台	可替代进口、填补国内空白	派芬自控（上海）股份有限公司
15	超大吨位履带起重机电子控制系统	最新一代核电工程建设项目	国内领先	派芬自控（上海）股份有限公司
16	石油钻机钻杆电液控制系统	国家重大技术装备研制项目	国内领先	派芬自控（上海）股份有限公司
17	南水北调中线一期工程总干渠漳河北—古运河南	南水北调	国内领先	邵阳维克液压股份有限公司
18	南水北调中线一期工程总干渠陶岔—黄河南	南水北调	国内领先	邵阳维克液压股份有限公司
19	南水北调中线一期工程总干渠沙河南—黄河南宝丰郏县段	南水北调	国内领先	邵阳维克液压股份有限公司
20	南水北调配套工程团城湖调节池工程	南水北调	国内领先	邵阳维克液压股份有限公司

（续）

序号	产品名称	工程名称或所属行业	经济效益和社会效益	完成单位
21	南水北调中线一期工程总干渠陶岔—黄河南新增谭寨、张村分水口液压启闭机	南水北调	国内领先	邵阳维克液压股份有限公司
22	PVBQA液压泵、MFBQA液压马达及液压缸	重点型号武器装备	国内领先	邵阳维克液压股份有限公司
23	北京奥运会开幕式主火炬平移及竖立液压缸	国家重大项目	国际先进水平	四川长江液压件有限责任公司
24	北京残奥会开幕式“白玉盘四季翻转”液压控制系统	国家重大项目	国际先进水平	四川长江液压件有限责任公司
25	北京奥运会闭幕式“记忆之塔”升降液压控制系统	国家重大项目	国际先进水平	四川长江液压件有限责任公司
26	北京奥运会开幕式“蓝色梦幻地球”升降液压控制系统	国家重大项目	国际先进水平	四川长江液压件有限责任公司
27	旋挖钻机液压缸	工程机械	国内先进水平	四川长江液压件有限责任公司
28	重型盾构机液压缸	工程机械	国内先进水平	四川长江液压件有限责任公司
29	为上海世博会配套液压缸（缸径360mm、单级行程10.2m）	国家重大项目	国内先进水平	四川长江液压件有限责任公司
30	国庆60周年阅兵式部队装备的液压元件和群众游行北京市彩车的液压缸	国家重大项目	国际水平	四川长江液压件有限责任公司

（续）

序号	产品名称	工程名称或所属行业	经济效益和社会效益	完成单位
31	宝鸡石油机械公司2 000t提升设备静载试验装置液压控制系统	石油石化	国内领先	四川长江液压件有限责任公司
32	上海磁悬浮轨道梁运架一体机液压控制系统	国家重大项目	国际水平	四川长江液压件有限责任公司
33	酒泉航天基地、西昌卫星发射中心、太原卫星发射中心的卫星（导弹）发射塔架平台和电摆杆液压控制系统	国家重大项目	国际水平	四川长江液压件有限责任公司
34	国家电网亚洲最大输电线1 000kV杆塔试验站液压加荷控制系统	国家重大项目	国际水平	四川长江液压件有限责任公司
35	酒泉“神舟号”飞船发射塔架液压系统及改造	酒泉卫星发射中心**工程	国际水平	四川长江液压件有限责任公司
36	西昌2#发射塔架液压系统及改造	西昌卫星发射中心**工程	国际水平	四川长江液压件有限责任公司
37	西昌“嫦娥”探月卫星3#发射塔架液压系统及改造	西昌卫星发射中心**工程	国际水平	四川长江液压件有限责任公司
38	特长大型液压缸	上海世博会/重大装备	国内领先	四川长江液压件有限责任公司
39	海南文昌发射塔架液压系统	海南文昌卫星发射中心**工程	国际水平	四川长江液压件有限责任公司
40	电液控制液压系统	武汉“汉秀剧场”/重大装备	国际先进水平	四川长江液压件有限责任公司
41	液压综合试验台	中联国家混凝土机械工程技术研究中心/重大装备	国内领先	四川长江液压件有限责任公司

（续）

序号	产品名称	工程名称或所属行业	经济效益和社会效益	完成单位
42	50～200t旋挖钻机行星减速机及其液压传动装置	石油石化	国内领先水平	宁波大港意宁液压有限公司
43	50～200t履带起重机行星减速机及其液压传动装置	工程机械	国内领先水平	宁波大港意宁液压有限公司
44	动力转向泵	为阅兵式检阅车红旗轿车配套	国内领先水平	阜新德尔汽车转向泵有限公司
45	集成阀块及液压站	中国二重8万t模锻液压机	经济效益明显，技术水平已经达到国际先进水平。该技术已经产业化推广	山东泰丰液压股份有限公司
46	二通插装阀、电液比例二通插装阀及伺服液压缸	80MN热成型液压机	该技术已经在多台大型液压机上应用，技术水平已达到国内领先水平	山东泰丰液压股份有限公司
47	二通插装阀、电液比例二通插装阀及伺服液压缸	125MN航天钛合金锻件快锻造液压机	该技术已经在多台大型液压机上应用，技术水平已达到国内领先水平	山东泰丰液压股份有限公司
48	二通插装阀及电液比例二通插装阀	飞机尾翼成型精密等温锻造液压机	该技术已经在多台大型液压机上应用，技术水平已达到国内领先水平	山东泰丰液压股份有限公司
49	二通插装阀及电液比例二通插装阀	高铁整体箱体成型挤压机	该技术已经在多台大型挤压机上应用，技术水平已达到国内领先水平	山东泰丰液压股份有限公司
50	二通插装阀、电液比例二通插装阀及伺服液压缸	350MN铝型材挤压机	该技术已经在多台大型挤压机上应用，技术水平已达到国内领先水平	山东泰丰液压股份有限公司
51	二通插装阀及电液比例二通插装阀	350*21000大型船用数控卷板液压机	该技术已经在多台大型挤压机上应用，技术水平已达到国内领先水平	山东泰丰液压股份有限公司
52	滤油器	中联3 200t履带起重机	国内先进水平	黎明液压有限公司
53	滤油器	徐工XE4000履带式挖掘机	国内先进水平	黎明液压有限公司

（续）

序号	产品名称	工程名称或所属行业	经济效益和社会效益	完成单位
54	滤油器	徐工 ET110 型步履式挖掘机	国内先进水平	黎明液压有限公司
55	滤油器	徐工 DE400 矿用自卸车	国内先进水平	黎明液压有限公司
56	滤油器	徐工 1 200t 全地面起重机	国内先进水平	黎明液压有限公司
57	滤油器	徐工 3 600t 履带起重机	国内先进水平	黎明液压有限公司
58	滤油器	徐工 12 ～ 28m 高空作业车	国内先进水平	黎明液压有限公司
59	滤油器	中联重科环卫机械	国内先进水平	黎明液压有限公司
60	液压系统	200t 操作机液压系统	国内先进水平	北京华德液压工业集团有限责任公司
61	液压系统	河北某型钢液压系统	国内先进水平	北京华德液压工业集团有限责任公司
62	HD-MWVL25-1X 型多路阀	为 70t 汽车起重机配套	国内先进水平	北京华德液压工业集团有限责任公司
63	液压系统	河北某 850 轧机液压系统	国内先进水平	北京华德液压工业集团有限责任公司
64	HD-MWVL25-1X 型多路阀	为旋挖钻机配套	国内先进水平	北京华德液压工业集团有限责任公司
65	HD-HCF370 型缓冲阀	为中型挖掘机配套	国内先进水平	北京华德液压工业集团有限责任公司
66	HD-A6V200 HD1D 变量马达	为 260t 和 300t 履带式起重机配套	国内先进水平	北京华德液压工业集团有限责任公司
67	HD-VSO80DR	为船舶减摇鳍系统配套	国内先进水平	北京华德液压工业集团有限责任公司

（续）

序号	产品名称	工程名称或所属行业	经济效益和社会效益	完成单位
68	液压系统	山东 1580 热轧机组液压系统	国内先进水平	北京华德液压工业集团有限责任公司
69	HD-MWVL36-1X	为 260t 履带起重机配套	国内先进水平	北京华德液压工业集团有限责任公司
70	HD-XMV170HM 行走变量马达及 HD-HMF180CM 回转定量马达	为中型挖掘机配套	国内先进水平	北京华德液压工业集团有限责任公司
71	HD-A2FE107+BVD20 定量马达	为履带式起重机配套	国内先进水平	北京华德液压工业集团有限责任公司
72	液压系统	东北三冷轧高强钢工程镀锌液压气动系统	国内先进水平	北京华德液压工业集团有限责任公司
73	提升机械电液比例集成系统产业化技术开发	国家“十五”科技攻关计划	国内领先水平	北京华德液压工业集团有限责任公司
74	高性能柱塞泵关键技术研究	国家“十一五”科技支撑计划	国内领先水平	北京华德液压工业集团有限责任公司、浙江大学、华中科技大学、北京机械工业自动化研究所
75	数字控制的液压泵、液压阀出厂试验台	技术改造	国内先进水平	北京华德液压工业集团有限责任公司
76	计算机控制液压多路阀性能测试系统与液压阀疲劳试验监控系统	技术改造	国内先进水平	北京华德液压工业集团有限责任公司、北京航空航天大学
77	低噪声舰船设备用高性能闭路传动高压轴向柱塞泵	舰船	国内领先水平	北京华德液压工业集团有限责任公司、北京机械工业自动化研究所

（续）

序号	产品名称	工程名称或所属行业	经济效益和社会效益	完成单位
78	清雪车液压系统	清雪车	国内先进水平	北京华德液压工业集团有限责任公司
79	水采机液压系统	煤矿采掘机械	国际水平	北京华德液压工业集团有限责任公司
80	4 300～5 500 mm宽厚板轧机液压系统	鞍钢宽厚板轧机	国际水平	北京华德液压工业集团有限责任公司
81	防暴路障产品研制	防暴防恐设备	国内先进水平	北京华德液压工业集团有限责任公司
82	液压混合驱动技术研究	市政车辆	国内先进水平	北京华德液压工业集团有限责任公司
83	电液控制及配套技术研究与应用	国家“十一五”科技支撑计划	国内先进水平	榆次液压集团有限公司、北京航空航天大学、北京机械工业自动化研究所
84	贵州北盘江光照水电站启闭机液压系统	贵州北盘江光照水电站	国内领先水平	榆次液压集团有限公司
85	南水北调水源工程湖北丹江口水电站启闭机液压系统	南水北调水源工程湖北丹江口水电站	国内领先水平	榆次液压集团有限公司
86	广西红水河龙滩水电站表孔启闭机液压系统	广西红水河龙滩水电站	国内领先水平	榆次液压集团有限公司
87	重庆乌江大唐国际彭水水电站表孔启闭机液压系统和升船机承船厢液压系统	重庆乌江大唐国际彭水水电站	国内领先水平	榆次液压集团有限公司

（续）

序号	产品名称	工程名称或所属行业	经济效益和社会效益	完成单位
88	湖北清江水布垭电站启闭机液压系统及升船机液压系统	湖北清江水布垭电站	国内领先水平	榆次液压集团有限公司
89	云南澜沧江华能公司小湾、糯扎渡、景洪水电站启闭机液压系统	云南澜沧江华能公司小湾、糯扎渡、景洪水电站	国内领先水平	榆次液压集团有限公司
90	小湾水电站泄洪中孔液压启闭机液压系统	小湾水电站	国内领先水平	榆次液压集团有限公司
91	三峡地下电站快速闸门启闭机液压系统	三峡地下电站	国内领先水平	榆次液压集团有限公司
92	中冶莱钢大方坯连铸机液压系统	莱钢大方坯连铸机	国内先进水平	榆次液压集团有限公司
93	攀成钢精密轧管机组液压系统	攀成钢精密轧管机组	国内先进水平	榆次液压集团有限公司
94	洛阳中冶压砖机液压系统	洛阳中冶压砖机	国内先进水平	榆次液压集团有限公司
95	本溪钢铁公司1780热轧机液压系统	本溪钢铁公司热轧机	国内先进水平	榆次液压集团有限公司
96	鞍钢鲅鱼圈1580平整机液压系统	鞍钢鲅鱼圈平整机	国内先进水平	榆次液压集团有限公司
97	4300宽厚板轧机液压系统	鞍钢宽厚板轧机	国内先进水平	榆次液压集团有限公司
98	三一重工TQ190C型平地机行走系统分集流阀	三一重工平地机	国内先进水平	浙江海宏液压科技股份有限公司
99	大型客车变速器4D180电液操纵阀	大型客车变速器	国内先进水平	浙江海宏液压科技股份有限公司
100	安徽合力30装载机变速器BZ030电液操纵阀	吉利汽车变速器、安徽合力30装载机变速器	国内先进水平	浙江海宏液压科技股份有限公司

（续）

序号	产品名称	工程名称或所属行业	经济效益和社会效益	完成单位
101	吉利汽车变速器 7DCT 电液操纵阀	吉利汽车变速器	国内先进水平	浙江海宏液压科技股份有限公司
102	常林小松 30 装载机工作系统 YF25 多路阀	常林小松 30 装载机	国内先进水平	浙江海宏液压科技股份有限公司
103	30/50 装载机工作系统 DFS—32/25 系列多路阀	30/50 装载机	国内先进水平	浙江海宏液压科技股份有限公司
104	50 以上装载机变速器 4WG200 电液操纵阀	50 以上装载机变速器	国内先进水平	浙江海宏液压科技股份有限公司
105	常林 50 装载机变速器 4DZ50 电液操纵阀	常林 50 装载机变速器	国内先进水平	浙江海宏液压科技股份有限公司
106	美国 Buyer Products CoMPany 公司自卸车用 WJ20 AH-01 多路阀	自卸车	国内先进水平	浙江海宏液压科技股份有限公司
107	安徽合力 4.5-10 叉车工作系统用 CDB2—F20X 多路阀	安徽合力 4.5-10 叉车	国内先进水平	浙江海宏液压科技股份有限公司
108	小型和中型挖掘机多路阀	玉柴重工	国内先进水平	浙江海宏液压科技股份有限公司
109	工程机械、农业机械、专用设备等专用液压件，包括齿轮泵、三联齿轮泵、四联齿轮泵、多路阀、蓄能器、液压缸、振动泵、振动马达、提升阀等	叉车、压路机、专用汽车、装载机、平地机、小型挖掘机、起重机、非开挖钻机	为安徽合力、浙江杭叉的叉车、柳工集团、中联重科、厦工集团、河北三河新宏昌的专用汽车、山东福田雷沃国际、江苏沃得、河南一拖（洛阳）和郑州中联的稻麦联合收割机配套	安徽合肥长源液压件有限公司
110	宝钢罗泾工程配套大中型液压系统	宝钢罗泾工程	国内先进水平	上海立新液压有限公司

（续）

序号	产品名称	工程名称或所属行业	经济效益和社会效益	完成单位
111	宝钢 3 号宽厚板连铸机液压系统	宝钢连铸机	国内先进水平	上海立新液压有限公司
112	液压操控河道割草保洁机械	用于上海河道清除杂草	国内领先水平	上海立新液压有限公司
113	H 型自升式塔式起重机液压系统	工程机械	国内领先水平	徐州徐工液压件有限公司
114	TY 型水电设备用多功能接力器液压缸	工程机械		徐州徐工液压件有限公司
115	百吨级履带起重机多级双推液压缸	工程机械		徐州徐工液压件有限公司
116	百吨级起重机四缸拉销互锁式液压缸	工程机械		徐州徐工液压件有限公司
117	卧式垃圾压实机液压系统	环保机械		徐州徐工液压件有限公司
118	船舱口盖液压系统	舰船		徐州徐工液压件有限公司
119	等推力多级液压缸	工程机械		徐州徐工液压件有限公司
120	900t 铁路架桥机液压系统	铁路筑路设备		徐州徐工液压件有限公司
121	车载防喷作业机	胜利油田重点项目	国内领先水平	阜新驰宇有限公司
122	150MN 自由锻造水压机及配套设备关键技术研究	锻压机械	国际水平	燕山大学机械工程学院
123	80t 分体式煤矿运输车	采煤设备	国内领先水平	燕山大学机械工程学院
124	100t 自行式全液压载货车	运输设备	国内领先水平	燕山大学机械工程学院
125	900t 运梁车、900t 提梁机	铁路筑路设备	国内领先水平	燕山大学机械工程学院
126	50MN 自由锻造水压机分析与设计	锻压机械	国内领先水平	燕山大学机械工程学院

（续）

序号	产品名称	工程名称或所属行业	经济效益和社会效益	完成单位
127	22MN 快锻液压机组开发研究	锻压机械	国内领先水平	燕山大学机械工程学院
128	1500 平整机液压 AGC 系统、弯辊系统的测试与分析	冶金机械	国内领先水平	燕山大学机械工程学院
129	1 200mm 虚拟冷轧机分析	冶金机械设计方法	国内领先水平	燕山大学机械工程学院
130	宝钢 2030 虚拟连轧机系统	冶金机械设计方法	国内领先水平	燕山大学机械工程学院
131	云南铜业股份有限公司智能化电液控制铜电解阳极自动生产线	有色金属冶炼	国内领先水平	昆明理工大学流体控制工程研究所
132	铜陵有色金属集团公司铅电解机电液成套设备	有色金属冶炼	国内领先水平	昆明理工大学流体控制工程研究所
134	新疆鑫岩科工贸公司铜电解阳极平整、铣耳机组	有色金属冶炼	国内领先水平	昆明理工大学流体控制工程研究所
135	云南驰宏锌锗股份有限公司铜电解阳极平整、矫耳机组	有色金属冶炼	国内领先水平	昆明理工大学流体控制工程研究所
136	云南铜业股份有限公司铜电解阴极自动生产线	有色金属冶炼	国内领先水平	昆明理工大学流体控制工程研究所
137	云南驰宏锌锗股份有限公司铅电解阴、阳极特种吊具	有色金属冶炼	国内领先水平	昆明理工大学流体控制工程研究所
138	云南驰宏锌锗股份有限公司铅电解阴极特种吊具	有色金属冶炼	国内领先水平	昆明理工大学流体控制工程研究所
139	云南驰宏锌锗股份有限公司铅电解阳极特种吊具	有色金属冶炼	国内领先水平	昆明理工大学流体控制工程研究所

（续）

序号	产品名称	工程名称或所属行业	经济效益和社会效益	完成单位
140	云南驰宏锌锗股份有限公司电铅阴极清洗、抽棒、堆垛机	有色金属冶炼	国内领先水平	昆明理工大学流体控制工程研究所
141	云南驰宏锌锗股份有限公司电铅残阳极洗涤生产线	有色金属冶炼	国内领先水平	昆明理工大学流体控制工程研究所
142	全数字液压集成式筒形阀同步控制系统	水力发电	国际领先水平	北京亿美博科技有限公司、天津亿美博数字装备科技有限公司

2.1.3 科技成果

自20世纪60年代以来，国家一直将液压、液力、气动、密封等重要基础件技术和产品列为重点支持发展的产品和关键技术。自20世纪80年代以来，液压行业通过大量引进国外先进技术并加以消化吸收，逐渐步入自行开发阶段。特别是近十余年来，液压行业坚持机电液气一体化发展方向，借助于微电子技术、信息化、自动控制技术、摩擦磨损技术、润滑技术，以及新材料新工艺成果，加大产品开发投入，加快产品开发速度，液压新产品新技术不断涌现，硕果累累。

1. 盾构装备自主设计制造关键技术及产业化

浙江大学杨华勇院士领衔的“盾构装备自主设计制造关键技术及产业化”项目获得国家科技进步奖一等奖。盾构装备是地铁、公路、铁路、水利和国防等基本建设急需的重大装备，其关键技术难度高、附加值大，反映了一个国家装备制造业的水平。项目围绕盾构装备掘进失稳、失效和失准三大难题，攻克了盾构装备自主设计制造关键技术，研发出土压、泥水和复合三大类盾构系列产品，形成了自主设计制造能力，实现了产业化。揭示了密封舱压力分布规律，发明了密封舱压力动态平衡控制方法，突破了多系统协调控制技术，研制了相应控制系统，提高了界面稳定性，解决了因界面失稳导致地面塌陷的难题；提出盾构载荷顺应性设计方法，据此研制出刀盘刀具、推进及驱动等子系统，使掘进中突变载荷对装备的冲击减少了30%以上，保护了关键部件，解决了因载荷突变导致系统失效的难题；提出基于盾构姿态预测的推进控制方法，可实时预测盾构位姿变化趋势，调整液压缸分区控制，发明了盾构推进压力 / 流量复合纠偏技术，研制出盾构推进系统，解决了因掘进方向失准造成盾构掘进偏离设计轴线的难题。

该项目已获授权发明专利 77 项，软件登记 16 项，制定国家及行业标准 2 项，发表 SCI/EI 论文 190 篇，专著 3 部。项目成果孵化和支撑了上海隧道、中铁隧道和中铁装备国内自主设计制造盾构装备的三大龙头企业，盾构装备的主要性能指标达到或超过国际同类产品，替代了进口产品，并出口新加坡、印度、马来西亚、泰国等国家。完成了北京、上海、广州、香港等 26 个城市，300 多个地铁、公路、铁路等各类隧道工程的施工，取得了显著的经济和社会效益，推动了我国大型掘进装备制造业的科技进步，实现了盾构产业的跨越式发展。

2.“中国天眼”中的液压技术

（1）“中国天眼”的基本情况　500m 口径球面射电望远镜（Five-hundred-meter Aperture Spherical Telescope，简称 FAST）被誉为“中国天眼”，位于贵州省黔南布依族苗族自治州平塘县克度镇大窝凼，是国家重大科技基础设施。FAST 由我国天文学家南仁东于 1994 年提出构想，历时 22 年建成，2016 年 9 月 25 日落成启用，建成后的航拍效果图如图 2-2 所示。FAST 射电望远镜由中国科学院国家天文台主导建设，具有我国自主知识产权，是世界上最大单口径、最灵敏的射电望远镜，其综合性能是著名的美国阿雷西博射电望远镜的十倍，将在未来 20 ～ 30 年内保持世界一流地位。

图 2-2　FAST 射电望远镜航拍图

“中国天眼”的主要科学目标如下：

1）观测至宇宙边缘的中性氢，重现宇宙早期图像。

2）建立脉冲星计时阵，参与未来脉冲星导航和引力波探测。

3）主导国际甚长基线干涉测量网，获得天体超精细结构。

4）进行高分辨率微波巡视，检测微弱空间信号，搜寻地外文明。

5）参与子午链工程，提高非相干散射雷达双机系统性能。

6）深空通信能力延伸至太阳系外缘行星，提高卫星数据接收能力 100 倍。

“中国天眼”的空间目标为：空间飞行器的测控与通信；脉冲星计时阵和自主导航；非相干散射雷达接收系统；高分辨率微波巡视。

截至 2019 年 8 月 28 日，FAST 已发现 132 颗优质的脉冲星候选体，其中有 93 颗已被确认为新发现的脉冲星。FAST 将在基础研究领域，如宇宙大尺度物理学、物质深层次结构和规律、复杂系统运行维护等方向提供发现和突破的机遇，也将在日地环境研究、国防建设和国家安全等方面发挥不可替代的作用。其建设推动了众多高科技领域的发展，提高了我国相关企事业单位的原始创新能力、集成创新能力和引进消化吸收再创新能力。

（2）“中国天眼”中的液压技术　“中国天眼”的三大主要创新之一是其可主动调整的反射面系统，它使这颗观天“巨眼”不仅具有世界上最大的 500m 口径，还可以根据观测需求来调整反射面面形及观测角度，首次实现了反射面的主动变化，这是“中国天眼”的各项技术指标领先世界的重要原因。而反射面的主动调整所凭借的执行机构便是应用了液压技术而设计的液压促动器。

“中国天眼”500m 口径的主动反射面系统由圈梁、反射面单元、主索网、下拉索、促动器及地锚等构成。主索网安装在格构式环形圈梁上，有 2 225 个连接节点，在索网的节点上装有约 4 450 个反射面单元，每个节点下方连有相应的下拉索和促动器，促动器通过连接底座与地锚连接，形成了完整的主动反射面系统，从而实现实时控制下形成瞬时 300m 口径抛物面的功能，促动器作为独立执行设备，一端与地锚上的连接底座及销轴连接，另一端与索网下拉索下端耳板及销轴连接，其结构示意图如图 2-3 所示。

图 2-3 FAST 主动反射面系统结构示意图

为实现对 FAST 主动反射面的面形调整，促动器应满足以下功能要求：

精确定位功能：促动器在指标要求的工作载荷下应能平稳运动，并在定位精度指标范围内精确定位。

自锁功能：对于机械式促动器，当断电时促动器在全行程范围内都必须具备机械自锁功能。

位置反馈功能：在运行期间，促动器应具备实时的位置反馈功能。

过载保护功能：当载荷达到额定工作载荷的 1.5 倍时，促动器应该能够实现过载保护。

限位功能：促动器应具有限位功能，将促动器的运动控制在行程范围内。

环境防护功能：促动器防护设计应能满足现场环境和使用寿命的要求。

随动功能：当促动器的电气或机械部件出现故障无法正常运动时，促动器的伸缩执行部件应能随载荷的变化而运动。

为满足以上使用要求，在设计之初，FAST 工程研究人员进行了广泛的方案征集与试验验证，其中设计方案主要分为两类，一类为机械式促动器，一类为液压促动器。机械式促动器主要包含电动机和机械传动机构，电动机可选方案为三相异步电动机、伺服电动机、步进电动机；机械传动机构可选方案为滚珠丝杠、梯形丝杠和蜗轮蜗杆等。经过理论分析与可靠性试验验证发现，机械式促动器多发电动机烧毁、控制器过流、丝杠磨损或腐蚀、蜗杆断裂或胶合等故障，故障率较高，无法满足 FAST 促动器严苛的工作要求。在促动器方案选取过程中，既要考虑它是否能够实现基本的运行模式（换源、跟踪、速扫描、保位和随动），又要考虑促它的可靠性、可维护性、寿命等，同时还要控制它的成本造价。在对比分析了多种方案后，最终择了由液压缸、独立油源及电控系组成的一体式液压促动器方案。

与机械式促动器相比，液压促动器有以下明显优势：

1）定位性能好。从负载的影响看，用在闭环系统中，位置误差较小。

2）响应速度高。与机械式促动器相比，液压促动器的响应速度较高，能高速起动、制动与反向，同时其力矩 - 惯量比也较大，因而其加速能力较强。

3）调速性能好。能在很宽的范围内无级调速，操纵控制方便，可实现大范围无级调速。

4）安全性好。运动部件少，没有齿轮、链条和电气触点等，即使超负荷也很容易通过溢流阀加以控制，而机械式促动器则不易实现。

5）适应性强。液压传动的各种元件可根据需要方便、灵活地进行布置，不像机械传动那样要求驱动部件与从动部件的位置必须保持固定，液压系统可通过液压软管传递动力，受位置限制较小。

6）可自润滑。运动部件少、磨损小且能自身润滑，有利于散热和延长元件的使用寿命。一般采用矿物油为工作介质，相对运动面可自行润滑，使用寿命长。

7)效率高、运行成本低。液压系统结构简单体积小，相关的动力传输的成本低，而且动力和阻力损耗也相对较小。简易和紧凑、系统经济节能、单位功率的重量轻、力矩 - 惯量比大，系统在使用过程中可最大程度降低功率损耗。

8）平稳性好、惯性小。液压系统在运行过程中易于保持平稳和安静，使振动保持在最低程度。运动惯性小、反应速度快，当突然过载或停车时，不会发生大的冲击。

FAST 液压促动器采用高度集成的电液控制系统，将油箱、阀块、阀、电动机、控制系统以及其他组件集成到一起，组成集成式液压动力单元并与液压缸安装在一起，通过调整电动机转速，控制液压泵流量，实现液压缸的伸出、缩回、差动、小负载随动及有源和无源保压功能。

（3）创新成果及应用　液压促动器的可靠性直接关系到 FAST 观测工作的可靠性。为此，国家天文台与燕山大学赵静一团队就 FAST 液压促动器关键液压元件的可靠性寿命评估及节能试验装置的研发、液压促动器可靠性增长及液压促动器群系统的可靠性可视化等项目展开深入合作，并取得了有价值的研究成果（国家自然科学基金联合基金项目及6项合作专项）。

1）新型液压促动器。新型液压促动器方案采用无阀的液压系统，使用交流异步电动机的变频调速实现变速运动。由交流异步电动机驱动双向定量泵，通过将无杆腔油液压回蓄能器来拉回拉索。活塞杆伸出时停泵，将比例溢流阀设定到低压，活塞杆在拉索拉力和蓄能器推力的作用下伸出。

该系统优点如下：

①新型液压促动器设计时采用“无阀”概念，即尽可能地减少液压阀的使用。这样可减少系统在使用过程中由于接口过多而造成的泄漏，并且能够减少由于油流经过液压阀时产生的热量，减小管道冲击、噪声。

②新型液压促动器结构简单，安装与维护方便。

③由于液压阀数量的减少，阀的体积、重量大幅度减小，且阀块中的孔道数目减少，液压阀块的加工更加方便省时，进而使阀块的生产成本大幅下降。另外，与阀块相连接的阀的数目减小，整个阀块连接体的体积减小，所以空间因素对其的影响减小，使得系统布置起来更加方便。

④液压缸无杆腔一端与液压蓄能器相连接，在液压缸的活塞杆需要动作时，由于蓄能器的存在，使得系统响应时间更短、反应更加灵敏。

⑤元件的减少，使电气布置更灵活，更易于控制，提高了电气的可靠性，从而提高了整个工作系统的可靠性。

⑥该装置在油箱以及液压缸缸体上设置了排气装置，有效减小系统工作过程中产生爬行等现象。

新型液压促动器可推广至集中式液压系统的分布式改造，优势有：可以在极大程度上简化系统管路、线路布置，提高系统可靠性，同时大大减少安装时间；可满足在小空间内输出大功率的需求；具有更快的、持之以恒的驱动速度；由于是订制产品，易与客户设备集成；可快速替换，避免了长时间停车；保养要求大幅降低，可靠性强，可消除潜在泄漏点；经实践验证，在多种恶劣工况下运行良好，使用寿命更长久；减少液压油的需求量；减少零件数目和库存量；具有更低的安装成本和生命周期成本。

2）可靠性增长研究。FAST液压促动器作为单体机电液集成式结构，系统自身具有极强的耦合关系，若单个或多个支链发生故障，对相邻区域的结构强度及面形精度将产生不利影响，进而影响到天文望远镜的正常观测。目前，个别液压促动器在多次试验及使用过程中分别出现了液压促动器爬行、噪声过大、齿轮泵过热、电动机温度高等现象，影响整个 FAST 的工作。为了验证改造方案的效果及可行性，发现故障原因，为今后液压促动器的运行维护提供建议，以便提高系统工作的可靠性，因而开展了液压促动器的可靠性增长研究。

液压促动器可靠性增长研究主要包括以下内容：

①根据促动器原理微调方案，对促动器阀块进行加工改造。

②根据促动器液压系统图设计新阀块并加工。

③设计加工促动器加载试验平台。

④对改造后的促动器原理进行验证试验。

研究团队自主设计并制造了负载试验平台，固定负载为 6t。负载试验平台如图 2-4 所示。

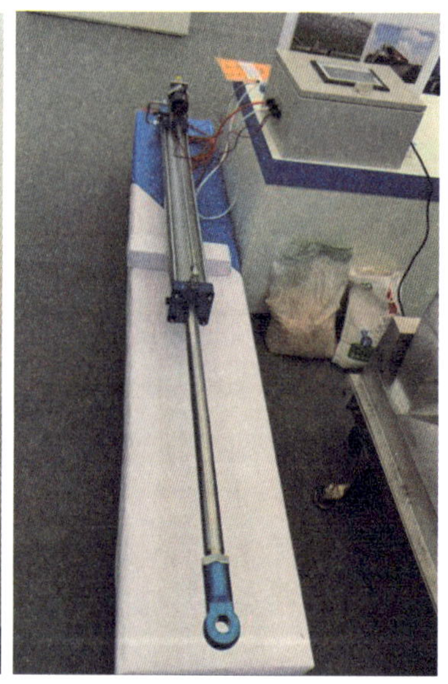

图 2-4　新型液压促动器及负载试验平台

将液压促动器置于模拟工作环境的应力条件下进行试验，选取可靠性增长模型并制订相应的可靠性增长试验计划，确定增长目标，跟踪试验进程并进行改进。根据试验数据绘制实际可靠性增长曲线并与计划曲线进行对比，对液压促动器进行可靠性增长评价。

该研究方法可用于类似系统的可靠性增长研究。

3）健康数据可视化。FAST 位于贵州山区，属于亚热带季风性湿润气候，降水多、湿度大，对于长期在露天环境工作的设备要求较高。FAST 主动反射面系统结构复杂，规模巨大，是典型的局部大规模复杂机电液一体化系统，为保证 FAST 的可靠运行、完成既定的科学目标，与望远镜同步设计施工完成了主动反射面健康监测系统，对主动反射面的工作环境、结构、整体变形、液压促动器进行实时监测，主要监测内容见表 2-3。

表 2-3　主动反射面健康监测系统监测内容

序号	监测对象	监测内容	用途
1	环境	风速、风向、温度	指导观测时间
2	结构	圈梁牵索板节点位置	健康安全监测
3	促动器	油温、油压、位置、下拉索拉力	健康安全监测
4	节点	节点位形	面形状态监测

3. 数字液压技术

由于普通液压元件的控制精度有限，为了满足主机不断提高的性能要求，人们发明了伺服阀和比例伺服阀，为液压元件和系统的精确控制带来了新的方法。但它们是靠电磁力工作的，而电磁力是模拟量，很难被精确量化，造成控制系统复杂，算法复杂，价格昂贵，限制了它们的大规模推广和应用。

计算机技术和数字技术不断发展，液压技术必然要与它们相结合，这是发展方向。为此，人们对液压数字化技术进行了广泛的研究，相继推出了二进制阀、高速开关阀、增量式数字阀等。由于种种原因，这些产品始终未能推向市场，对数字液压技术的研究也陷入了困境，但同时这也是难得的机会。

（1）全程数字液压技术的原理　以数字液压缸为例，它以计算机发出的数字脉冲信号驱动步进电动机（或伺服电动机），步进电动机带动阀芯旋转，阀芯的头部带有螺母副，在螺母副的作用下产生轴向运动，从而打开阀口，高压油进入液压缸，驱动液压缸运动，运动的活塞杆带动安装在上面的丝杆螺母副，推动丝杆旋转，再通过阀芯上的螺母副将阀芯推回原位关闭阀口，形成速度反馈和位置反馈，从而实现了能够精确跟踪计算机发出的数字脉冲信号，脉冲信号的频率就是液压缸速度，脉冲总数就是液压缸的行程，一一对应。控制了由数字脉冲信号控制的步进电动机就控制了液压缸，将液压缸变成了步进电动机的功率放大器，从而彻底解决了液压元件从诞生以来就无法实现指哪打哪的精确速度控制和位置控制难题。

在研制成功数字液压缸的基础上，为了满足各种使用要求，又相继研制了新的数字液压元件。这些元件基本上都保持了即装即用免调试这个特质，尤其是新发明的电反馈数字伺服系统，包括液压缸、数字伺服阀、传感器、控制器等，采用新的控制理论实现了即装即用免调试，从而简化了液压系统，大大扩展了液压的应用领域。

（2）数字液压技术的优势　数字液压技术与传统伺服液压技术相比，具有明显的优势：数字液压技术不需要复杂的算法和高速采样要求，省去了昂贵的电子控制系统，降低了对阀的频响要求，结构简单，无特殊材料要求，加工工艺简化，调试参数方便，维护容易，价格低，速度调节范围广，实现了丝米级的定位精度，实现了即装即用免调试，从而大大简化了液压系统。特别是数字液压技术可以方便地实现数字化、网络化、智能化，进一步扩大了液压的应用领域。数字液压马达、数字变量泵、数字多路阀等产品的实物照见图 2-5。

a）数字液压马达

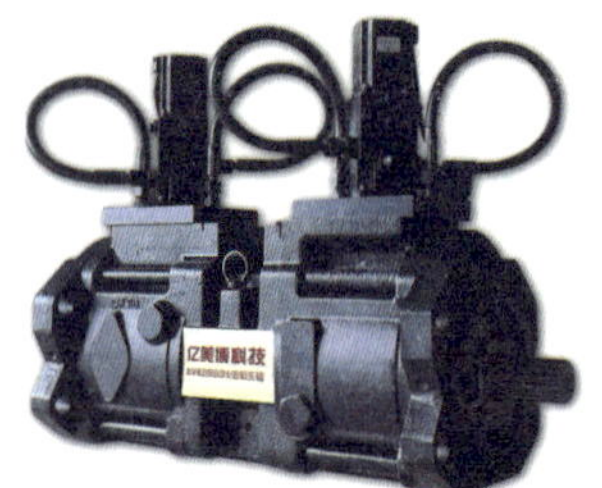

b）数字变量泵

c）数字多路阀

图 2-5　数字液压马达、数字变量泵、数字多路阀

（3）数字液压技术的应用成果　数字液压产品在各领域接受了严格的应用考核，结果如下：

1）1989 年，在航天部“东风 XX”装弹机构上获得成功应用并列装部队，一直使用至今。

2）2000 年，在海军 X 潜艇六自由度训练模拟器上获得成功使用，一直使用至今。

3）2010 年，在青岛海洋所海底钻探设备中获得成功使用。

4）2010 年，在中海油 6 000m 深井测量装置上获得成功使用。

5）2013 年，在溪洛渡 77 万 kW 巨型水轮机上获得批量使用，代替了世界知名液压公司的产品，并于 2017 年完成了验收，达到国际先进水平。

6）2017 年，在冶金领域中的 20 辊轧机上获得成功应用，轧制出了 0.049mm 的超薄矽钢片。

数字液压技术的一些应用实例如图 2-6 ～图 2-9 所示。

图 2-6 东电 77 万 kW 的数控筒形阀

图 2-7 20 辊轧机的全数字 AGC 控制系统

图 2-8 东风 XX 装弹机构的数控系统

图 2-9 海军 X 潜艇训练模拟器

（4）数字液压技术的发展前景　数字液压技术在我国的发展过程十分艰辛，它从 30 年前在航天和冶金领域获得成功应用直到今天，已被证明具有极高的可靠性和极大的优势。它具有几乎免调试和免维护的特质，精确的速度控制和位置控制精度，以及极为便宜的价格和极高的性价比，可以广泛应用到上至航空航天，下至深海机器人，以及冶金、机械、石油、采矿、建筑、工程机械、农业机械和军事装备等各领域，促进这些领域的技术进步。数字液压技术也是这些重大装备自动化、智能化、网络化升级的基础之一。在某种意义上说，数字液压技术实现了我国液压技术的换道超车，意义十分重大而深远。

4. 三峡升船机中的液压控制技术

三峡升船机为国内首次采用齿轮齿条爬升平衡重式的垂直升船机，过船规模为3 000吨级，最大提升总质量达1.55万t，最大提升高度为113m。三峡升船机具有提升高度大、提升质量大、上游通航水位变幅大和下游水位变化速率快的特点，是当今世界上技术难度和规模最大的升船机。在没有先例和参考标准的情况下，太重集团榆次液压工业有限公司和升船机的总体设计单位长江设计院、承船厢主体的制造单位武汉船舶公司等单位紧密合作，大胆创新，攻坚克难，实现液压控制技术与升船机运转程序的完美结合，保证了升船机运行高效、满足恶劣工作环境的要求，即使受到外界极端情况的影响，也能安全可靠地使设备保持锁定或正常运行状态。设备制造完成后，经三峡现场联合调试验证，完全满足工况要求。2016年9月，三峡升船机进入试通航阶段。2017年7月，三峡升船机液压控制系统获中国液压气动密封件工业协会2017年液压液力气动密封行业技术进步奖二等奖。

下面就三峡升船机中应用的液压控制技术介绍如下：

（1）驱动机构液气弹簧　液气弹簧机构是船厢驱动系统中小齿轮支承系统的组成部分，位于每套驱动设备的横向中心线上，具有传递小齿轮载荷、适应塔柱和船厢变形从而保持小齿轮与齿条精确啮合及限制小齿轮载荷等功能。

液气弹簧液压缸作为液气弹簧机构的组成部分被设计为双活塞液压缸，液压缸的两个有杆腔与高位补油油箱连接，无杆腔通过液压管路同蓄能器相连。通过调节液压缸无杆腔和蓄能器中的压力可以给驱动机构的小齿轮调定一个预张力，以限制小齿轮过载。在事故状态下，船厢的全平衡状态被破坏，当小齿轮承受的载荷增大到一定值时，监测和控制系统发出停机信号使驱动机构停止运行；当载荷继续增大使液气弹簧承受的载荷超过了预张力时，缸体与活塞杆之间产生竖直方向的相对位移，使船厢与小齿轮之间的相对位置改变，安全机构通过机械轴系统与相邻的驱动机构耦合，二者同步升降，这时安全机构螺纹副间隙将变小，直至间隙完全消失，船厢的不平衡载荷经螺杆传递到螺母柱上，再由螺母柱通过一、二期埋件传递给混凝土结构。

（2）横向导向系统　横向导向装置的作用是对船厢进行横向引导并使船厢中心线始终位于两侧齿条的对称中心线上，同时将船厢上的横向荷载传递到塔柱上。

两套补偿系统布置在船厢底部，位于上、下游端两套导向机构的连线上，由补油液压缸和补油箱等组成，通过管路与导向机构的液压缸连接，用于补偿系统油液的泄漏和油液因温度变化而产生的体积变化。

导向液压缸为双活塞杆式，补油液压缸为单活塞杆式，补油液压缸与两只双活塞杆式导向液压缸的活塞杆直接相连。

（3）对接锁定装置　船厢对接锁定机构的主要作用是在船厢与闸首对接期间承担船厢竖直方向的附加荷载。锁定机构布置在安全机构的正上方，与安全机构共用螺母柱。锁定机构沿船厢纵、横中心线对称布置。

锁定机构主要由旋转锁定螺杆、铰接柱及上、下导向架等组成。旋转锁定螺杆由液压缸缸体且带外螺纹的上、下锁定块和作为液压缸活塞杆的中心轴等部件组成。上、下锁定块之间由 8 根螺杆连接，螺杆两端与锁定块之间装有压缩弹簧，在液压缸的油压卸载后，张开的上、下锁定块在弹簧的作用下自动闭合复位。锁定块外螺纹的螺距与安全机构的相同，上、下锁定块闭合后，其上、下表面成为连续的螺纹面。上、下锁定块分别通过滑键与中心轴连接，中心轴通过滑键带动上、下锁定块转动。中心轴两端分别与上、下锁定块形成两个相互隔离的油腔，通过输入压力油将上下锁定块张开，螺纹副间隙消失后将油路闭锁，封闭的油腔即可承担外载产生的压力，从而达到将船厢锁定在螺母柱上的目的。

（4）承船厢厢门启闭机构　承船厢厢门布置在船厢两端，在两个限制位置上，厢门下部与船厢地板平齐，以使船舶能驶进承船厢内。在承船厢移动期间，厢门用于将承船厢水密性关闭在其关闭位置。驱动液压缸为万向型，位于承船厢两侧的纵向箱子的横截面中。在正常运行期间，两个液压缸都运行。如果一个液压缸失效，则可由一个液压缸来运行（打开和关闭）。仅要求两个液压缸将厢门驱动到检修位置，不要求在从检修位置到关闭位置的移动期间停止。

在承船厢的厢门启闭过程中，液压缸行程检测装置对两个液压缸的位置进行检测，通过比例调速阀进行纠偏。在每支液压缸的有杆腔和无杆腔设置了平衡阀，可使承船厢厢门在启闭过程中能够停在任何位置，同时也可进行防破裂保护，保证油管破裂时液压缸不会失速。

（5）间隙密封机构　间隙密封机构用于建立船舶进、出期间承船厢与上闸首或下闸首之间的临时水密连接。当船舶将进入承船厢时，液压缸将间隙密封机构挤压到闸首门中，间隙被充溢，闸门打开，船舶可进、出承船厢。在船舶通过之后，闸门关闭，间隙密封机构被液压缸后移，承船厢将自由移动到其他闸首。间隙密封机构位于承船厢两端。

驱动液压缸的液压控制回路设有缸旁阀组，缸旁阀组中的平衡阀用来实现间隙密封机构对接期间液压缸的保压闭锁，缸旁阀组中的溢流阀用来防止液压缸过载。在发生地震的情况下承船厢产生纵向位移时，液压缸保压压力达到 25MPa，以确保密封通道不受破坏。

U 形密封框在伸出对接时，利用液压缸上的位置传感器来判断闸首间隙是否被密封，确定机构是否推出到位，是否被异物阻挡。在间隙泄水后，间隙密封机构将退回，由位置编码器对密封框位置进行监控。

（6）防撞装置　防撞装置的任务是防止船舶碰撞承船厢厢门。防撞装置设计成钢丝绳碰撞装置。碰撞装置由配备走道的钢索桁架（梁）、钢丝绳、偏转装置和缓冲液压缸组成。如果船舶行驶进入承船厢过快，或不能在承船厢厢门前适当距离处停住，必须用钢丝绳沿船厢方向上水平拉紧，以吸收船舶的能量，停住船舶，以防止损坏承船厢厢门。

三峡 3 000 吨级升船机液压系统的成功设计制造，为大型升船机液压控制技术的应用积累了宝贵经验。在此基础上，太重集团榆次液压工业有限公司又承制了三峡集团向家坝垂直升船机液压控制系统，各项性能满足使用要求，2018 年 5 月向家坝垂直升船机进入试通航阶段。三峡升船机和向家坝升船机液压控制系统的成功制造，标志着太重集团榆次液压工业有限公司水工行业液压系统的设计制造水平达到于国内领先地位。

5. 新型液压元件

（1）开路式柱塞泵　双端面配油轴向柱塞泵又称为端面配流全开路式轴向柱塞泵。该泵的柱塞是一条管道，即空心柱塞。其工作原理为：柱塞泵通过管状柱塞将吸入的凉油引入泵壳与缸体之间的容腔，给三对摩擦副降温和润滑，实现了自冷却、自润滑及可串联多级进行增压等功能，同时去掉了泄漏回油管路。

由于壳体内部与吸油腔相通，所以泵的吸油口可开在泵壳上的任意部位，而且也可以根据各摩擦副的发热量来分配自冷却油的流量，以便形成最佳的自冷却油流量。还可将泵壳制成笼型，将泵装入油箱内使用。根据该泵的工作原理可以设计出各种新结构的柱塞泵，也可改造斜盘泵和部分斜轴泵。

例如，可将 25CY14-1A 型泵改造为 25KZB 型手动变量泵。改造后的 25KZB 型手动变量泵与传统 CY 型泵的区别为：①吸油空间开放，打破了吸、压油空间相同的传统概念；②采用管状柱塞，打破了柱塞不能做吸油流道的传统概念；③柱塞两端进油，打破了柱塞只能一端进油的传统概念；④去掉了泄漏回油管路，打破了柱塞泵须有 3 条管路的传统概念；⑤具备可串联性，打破了柱塞泵不能串联增压的传统概念。

由于该开路式泵没有泄漏回油管路，故可以实现开路式柱塞泵的串联，并可以增压。如端面配流全开路式轴向双级串联柱塞泵也可以实现多级串联，且串联中的每一级泵也可以实现单独变量。

（2）等宽曲线双定子泵（马达）　等宽曲线双定子泵（马达）是在国内外首次提出并实现的在一个壳体内由两个定子与一个转子组成的泵（马达），形成了多个相互独立、互不相干的多个泵（或多马达）结构，并研发了单滚柱型、双滚柱型、双滚柱连杆型、滑块型等多种结构型式的双定子泵（马达）。根据曲线形状不同又研究发明了单作用、双作用、三作用、多作用等不同形式的双定子泵（马达）。等宽曲线双作用双定子泵（马达）装配图如图 2-10 所示，等宽曲线双作用双定子泵（马达）实验装置管路连接图如图 2-11 所示，不同形状滑块泵实际结构如图 2-12 所示。

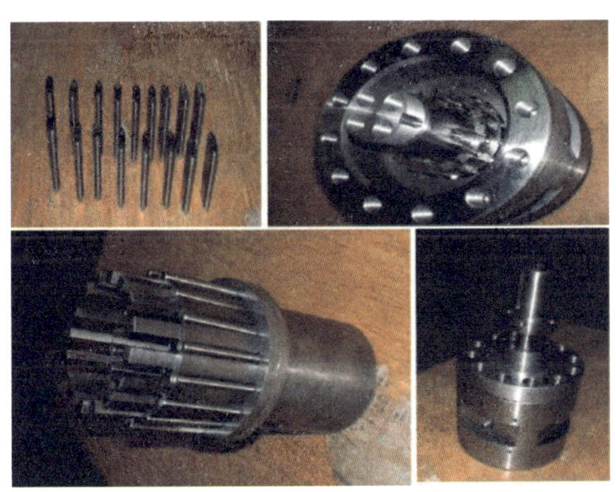

图 2-10　等宽曲线双作用双定子泵（马达）装配图

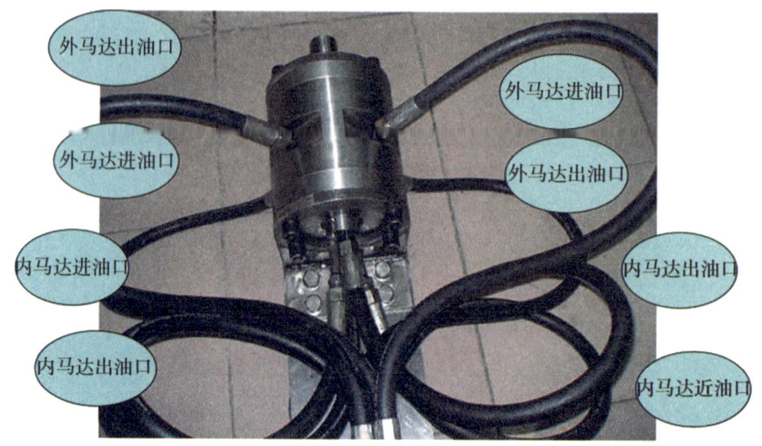

图 2-11　等宽曲线双作用双定子泵（马达）实验装置管路连接图

图 2-12　不同形状滑块泵实际结构照片

（3）双定子摆动液压马达　摆动型双定子多输入马达首次在摆动马达上实现了双定子、多输入、差动连接等特殊功能。该马达是将双定子理论应用于摆动马达而形成的一种新型马达结构，在国内外首次研制成功了在一个壳体内可以形成相互独立的多个内、外摆动马达，可以实现多级定转矩、多级定摆速以及差动连接的多速输出，大大扩展了摆动马达的使用范围。双定子摆动液压马达的主要零部件如图 2-13 所示。

（4）双定子异形滑块轴向柱塞泵（马达）　双定子异形滑块轴向柱塞泵（马达）打破了圆形柱塞的传统习惯，设计了扇形、部分扇形、三角形、梯形、半圆形、半椭圆形等多种形状的柱塞。该柱塞泵（马达）工作时每个柱塞的两端皆能进、出油，对于同一个柱塞，当一端进油时，另一端则出油，相当于在一个壳体内形成了多个相互独立的泵（马达），增加了排量，提高了比功率。双定子三角形滑块轴向柱塞泵（马达）如图 2-14 所示。

图 2-13 双定子摆动液压马达主要零部件

1—外定子 2—转子 3—内定子 4—输出轴 5—左端盖 6—右端盖

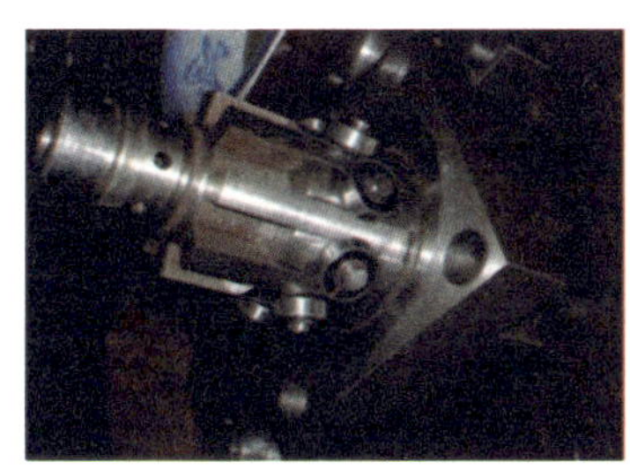

a）内部结构

b）整体装配图

图 2-14 双定子三角形滑块轴向柱塞泵（马达）

（5）双定子凸轮液压泵（马达） 双定子凸轮液压泵（马达）是首次研发的靠凸轮运动而形成的双定子泵，其内部可形成相互独立的多个内泵（马达）与外泵（马达），通过改变内、外泵（马达）的工作方式可实现多级定流量与多级定转矩、定转速的输出，当内、外马达联合工作时，解决了传统凸轮马达工作死点的问题。做马达使用时还研发出了轴转动与壳转动等不同类型，扩大了凸轮型泵和马达的使用范围。双定子凸轮转子叶片泵如图 2-15 所示。双定子三凸起凸轮转子壳转多速马达如图 2-16 所示。

图 2-15　双作用双定子凸轮转子叶片泵

图 2-16　双定子三凸起凸轮转子壳转多速马达

（6）双定子柱塞液压泵（马达）　双定子柱塞液压泵（马达）相当于在原有泵（马达）的基础上增加了一个泵（马达），这两个泵（马达）分别有各自的配流机构，从而有各自独立的进、出油口。当泵（马达）工作时，通过外部阀块来控制泵（马达）的供油，既可以给单个泵（马达）供油，也可以给两个泵（马达）同时供油。这样，增加的这个泵（马达）不仅增大了排量，而且还可输出多种流量和压力（转速和转矩），有很广的应用前景。

轴向力平衡型双定子轴向柱塞泵（马达）的两个相对应的斜盘被称为双定子，通轴被称为转子。该泵（马达）的轴向力平衡，组成它的两个同排量的泵（马达）可分别或联合工作，同理可制成多联柱塞泵。轴向力平衡型双定子轴向柱塞（马达）主要零件如图 2-17 所示。

图 2-17　轴向力平衡型双定子轴向柱塞泵（马达）主要零件

（7）多输出联合配油径向柱塞泵（马达）　多输出联合配油径向柱塞泵（马达）是根据传统柱塞泵（马达）原理设计的新型径向柱塞泵（马达）。该泵（马达）的主要特点有：①该泵（马达）既能实现多个相互独立的输出，也能联合输出；②该泵（马达）的配流轴是有多段偏心部分的偏心轴，且每段的径向均分步偶数个柱塞组，使得每段偏心轴受到的径向力大大降低，从而提高了配流轴的使用寿命和工作性能；③该泵（马达）采用轴配流和阀配流的联合配流方式；④柱塞均为开路式。

（8）齿轮型多输出液压泵（马达）　齿轮型双定子液压泵（马达）是将双定子泵的多输出特点应用于齿轮泵（马达）而形成的一种新型结构。如图 2-18 所示为内外啮合多输出齿轮泵（马达），以做马达使用为例，工作时，高压油由两进油口 b 和 c 进入内、外马达的高压腔，推动齿轮转动，产生转矩、转速，最后，通过共齿轮连接的输出轴输出转速、转矩。该多速马达的内啮合齿轮马达为内马达，外啮合齿轮马达为外马达。内、外马达既可以独立工作又可以联合工作。

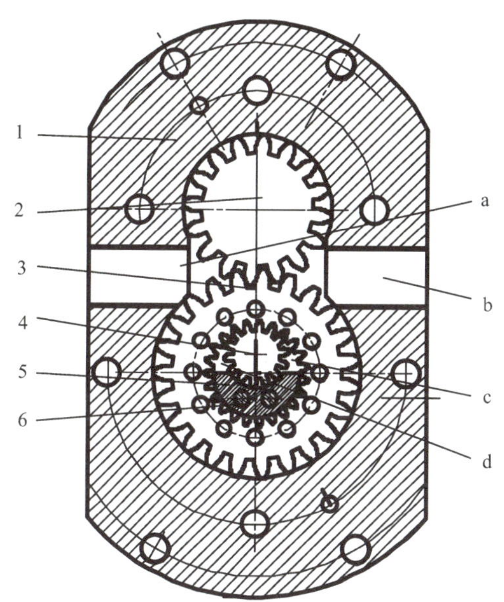

图 2-18　内外啮合齿轮泵（马达）

1—壳体　2—大齿轮　3—共齿轮　4—小齿轮　5—月牙板　6—定位销

（a—外泵（马达）出油口　b—外泵（马达）进油口　c—内泵（马达）进油口　d—内泵（马达）出油口）

（9）力偶液压马达　基于双作用叶片马达转子径向液压力平衡、轴承负荷小的良好受力特性，提出一种力偶液压马达。力偶液压马达在结构上为双作用或多作用形式，其中，多作用形式又分为偶数作用与奇数作用的力偶液压马达，四作用的力偶液压马达如图 2-19 所示。该马达在驱动功率不变的情况下，通过改变输入方式可实现多种转矩和转速的输出。

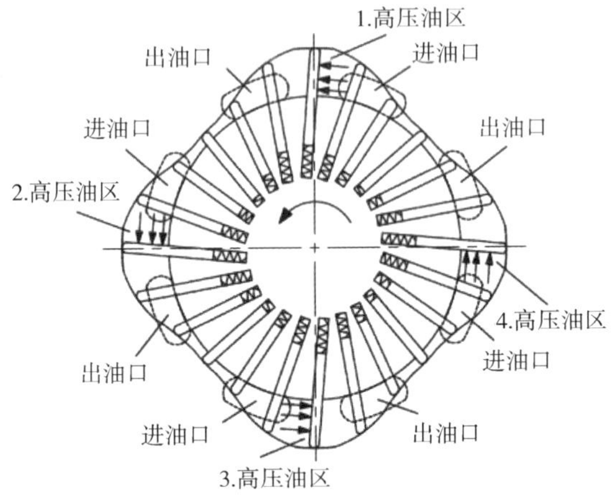

图 2-19　四作用叶片式力偶原理液压马达示意图

三作用叶片式力偶液压马达如图 2-20 所示。叶片数量对于奇数作用力偶液压马达是否能保持以力偶原理进行工作至关重要。

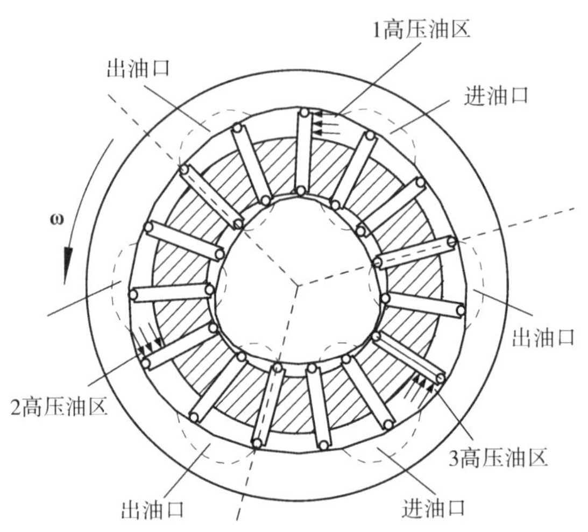

图 2-20　三作用叶片式力偶原理液压马达示意图

（10）多泵多马达传动　多泵多马达传动是以双定子液压泵为动力元件或以双定子液压马达为执行机构而组合形成的一种新型的液压传动方式。这种新型传动方式丰富了液压系统的理论体系，实现了很多过去液压传动不能做到的新功能，为研究多泵多马达传动用控制阀、典型回路等开辟了途径。如图 2-21 所示为多泵多马达液压传动示意图与传动平台。

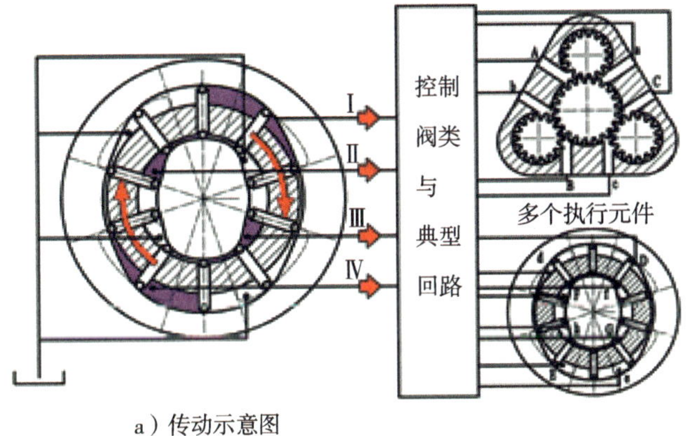

a）传动示意图

b）传动平台

图 2-21　多泵多马达液压传动

（11）液压马达的差动　由于双定子马达的特殊结构，在一个马达的壳体内可以形成排量不相同的内、外马达，向内、外马达同时反向输入相同压力的高压油，由于内外马达的排量不同，所以合力矩不为零，从而可以实现马达的差动连接。

（12）新型液压阀　由于多泵和多速马达有多个输出和多个输入，若使用传统换向阀则需要多个阀组合使用，为了避免系统庞杂，设计了一款电液滑转多路换向阀，它既可用作多泵多马达液压传动系统的专用阀，也可与多泵、多马达在传统液压系统中配套使用。该阀依靠单个主阀芯的滑动与转动实现换向阀 6 个工作位置的切换，共有 6 个工作油口，通过主阀芯滑动完成对不同执行机构的供油，通过主阀芯转动完成正、反向供油；正中位与反中位可实现内、外马达正向或反向同时工作，正左位与反左位可实现外马达正、反向单独工作，正右位与反右位可实现内马达正、反向单独工作。同时，该换向阀亦可用于对双执行机构的方向控制，既可实现任意执行机构的单独工作，又可以实现对两个执行机构同时供油。

由于单作用双定子泵在不使用变量机构的情况下能实现 3 种流量的输出，因此，围绕这一典型特点设计了一款新型流量控制阀。该流量阀既能实现单作用双定子泵输出流量的阶梯式调节，又能实现其流量阶梯间的微调。

6. 液压油的技术成果

液压传动作为现代传动与控制的关键技术，已被广泛应用于工程机械、矿山机械、机床、航空航天等众多领域。液压油作为液压系统的传动介质，对于液压系统的可靠运行起着至关重要的作用，液压油的技术发展在很大程度上影响着液压技术的发展，是液压技术发展的支撑要素之一。液压油的技术成果主要概括为以下几个方面：

（1）长寿命液压油技术　多年来，随着液压技术的不断发展，液压系统向高压力、大功率、重负荷发展的趋势越来越明显，液压装置也不断向着小型化（导致液压油箱体积越来越小）、高压力、高响应速度的方向发展，这就使得液压系统的传动介质——液压油在液压系统中工作时的循环频率越来越高，液压油在液压油箱中的停留时间变得越来越短，液压油的工作温度升高趋势越来越明显，这对液压油高温抗氧化性能及寿命提出了更高的要求。从用户的角度来看，近年来越来越多的客户出于对较高能源效率以及较低运营维护成本的需求，进一步推动了长寿命液压油的发展，用户希望液压油具有更长的换油周期。在世界范围内已有不同品牌的长寿命液压油产品推向市场。通过对液压油基础油和添加剂的不断改良，我国在长寿命液压油的研制和开发领域取得了一次又一次的突破，部分产品已推向市场并获得了良好的应用。

（2）超高压液压系统用液压油技术　在过去几十年中，随着液压技术和设备的制造技术的发展，液压设备的工作效率不断提升，液压设备中液压系统的工作压力也不断获得提高以满足现代液压设备的高性能需求。国际著名的液压元件制造商如博世力士乐、伊顿、派克丹尼逊等，在不断提升其液压元件性能的同时，就应用于其液压元件中的液压油的性能也不断提出新的要求，并制定了相应的油品规格。其中，博世力士乐，作为全球领先的液压设备制造商，在 2013 年宣布其当时执行的 RDE 90220 规格的液压油已不能为当今及未来的移动式和固定式液压设备提供足够的保护，随后，博世力士乐推出了其最新 RDE 90235 规格的液压油，该规格要求应用于其液压元件中的液压油必须通过压力高达 50MPa 的博世力士乐液压泵台架测试。该规范已超越派克丹尼逊现行 HF-0 规格对液压油的要求，是目前液压油性能的最高要求，这也是液压油品规格近数十年来最重要的变化。国内具有较强技术研发能力的润滑油品制造公司，通过技术攻关和配方升级，在超高压液压系统用液压油领域实现了技术突破，已经开发出能够满足博世力士乐 50MPa 液压泵使用要求的液压油产品，并获得了博世力士乐的认证。

（3）超高黏度指数的超低温液压油技术　部分液压设备，尤其是移动能力和机动性较强的工程机械，通常需要一年四季连续工作，并且工作地域非常广，有的甚至需要在北极圈内连续工作，这就需要应用于上述设备中的液压油具有极好的低温性能以保证这些设备在极寒地区的起动性，以及良好的黏温性能以保证设备在正常工作过程中油温较高时的黏度保持能力和油膜保持能力。因此，超高黏度指数的超低温液压油应运而生。我国目前已经成为工程机械的制造大国，并且部分国内大型润滑油产销集团也具备相对比较成熟的超高黏度指数的超低温液压油制造生产能力，使用国产超高黏度指数的超低温液压油的工程机械设备已经工作在极寒甚至北极圈地区。

（4）高清洁度液压油技术　液压系统中的液压阀、液压泵、液压马达等对所用的液压油均会提出相应的清洁度等级要求，以保证其可靠稳定运转。电液伺服阀是电液控制系统的核心和关键元件，它既是电液转换元件，又是功率放大元件，能够把微小的电气信号转换成大功率的液压能（流量和压力）进行输出，电液伺服阀性能的优劣对整个电液系统的影响巨大。电液伺服阀的工作间隙通常为几微米，应用于电液伺服阀中的液压油如果没有较高等级的清洁度，液压油中的颗粒物就会造成卡阀，进而造成液压系统反应迟缓，影响整个设备的可靠性和稳定性。因此，高清洁度液压油在现代液压系统中的需求量越来越多。国内大型润滑油产销集团均具有生产高清洁度等级液压油产品的能力，新出厂的高清洁度液压油产品的清洁度等级通常可以达到 NAS7 级，根据用户的具体需求还可以生产更高清洁度等级的液压油产品。

（5）环境可接受型液压油技术　环境可接受型液压油是指既能够满足相应液压系统的使用性能要求，同时其自身及其消耗产物又具有可生物降解性、无毒性和无生态毒性、可再生性的液压油。目前，在全球使用的润滑产品中，大部分是用矿物型基础油调配而成的传统润滑剂。这类润滑产品不容易被生物降解，除了一部分是由设备运转正常消耗掉或部分回收再利用以外，在设备装拆、润滑油品灌注、设备运转过程中，仍有 4% ～ 10% 的润滑产品由于各种原因流失在环境中。传统润滑产品一旦进入到土壤或含水层等自然环境中，将会对环境造成污染甚至破坏自然环境。目前在使用的众多润滑产品中，液压油所占市场份额较大，同时液压油相对容易造成溢出或泄漏。随着人类环境保护意识的不断增强，环境可接受型液压油的开发受到极大的关注。在欧洲和北美地区，20 世纪 70 年代就开始有力地推进环境可接受型液压油的研究和应用，后续又制定了相应的环保法规来限制部分矿物油型液压油的使用。近年来，我国也相继以动、植物基础油及部分具有可生物降解能力的合成型基础油为原料，研制成功了环境可接受型液压油产品。

（6）食品级液压油技术　随着人们对食品安全的重视和食品工业的发展，食品级润滑剂的使用已经成为一种趋势。目前，美国国家卫生基金会（National Sanitation Foundation，简称 NSF）规定的 H1 类——偶尔与食品接触的润滑剂，是国际上公认的食品级润滑剂分类。食品级液压油广泛应用于包括饮料、乳制品、肉制品、医药、茶叶等诸多细分行业和领域。在欧美等地区和国家，对食品安全的法规和管理方面要求十分严格，食品级液压油的研制和使用已经有近二三十年的经验。在我国，到目前为止，一些领军型润滑油品研发制造企业已经完成食品级系列润滑产品的开发并获得 NSF H1 注册。这些产品涵盖食品级液压油、食品级工业齿轮油、食品级压缩机油、食品级白油、食品级润滑脂、食品级氟醚油等不同品种产品，基本能够满足各类食品包括饮料、乳制品、肉制品加工以及医药等领域的需求。

（7）国内外液压油发展趋势　纵观液压油技术的发展历程，整体来看，一方面，液压油的发展紧随液压元件、液压设备的技术发展而发展，液压元件的技术革新以及液压设备工况苛刻度的不断升级推动了液压油技术的不断发展；另一方面，人们环境保护意识的不断增强以及人们对健康的关注度提高，推进了环境可接受型液压油和食品级液压油的技术发展和产品革新。具体来看，长寿命液压油以及能够满足更高压力液压系统使用的高性能液压油将会得到进一步的发展；能够满足特殊工况需求以及综合性能更加优异的液压油如超低温、超高黏度指数的液压油也会获得更加具体和广泛的应用；环境可接受型液压油和食品级液压油等与环境保护和人类健康密切相关的产品将会持续发展和被人们关注。

（8）国内外液压油技术差距　我国从 20 世纪 60 年代开始研制液压油以来，一方面，从制订和完善液压油标准着手，在结合我国液压系统的实际应用情况的同时，关注国际液压油的标准要求和相关液压元件及液压设备制造企业的规格要求，保证了我国液压油产品与国际的同步发展；另一方面，国内一些大型润滑油（脂）生产制造企业，从液压油产品开发的角度，不断完善液压油的产品线，并结合国内外先进液压技术的发展，不断从产品性能方面填补国内空白，在长寿命液压油、超高压液压系统液压油、超高黏度指数的超低温液压油、高清洁度液压油、环境可接受型液压油及食品级液压油等方面不断实现技术突破，其中，长寿命液压油试验模拟评定的理论使用寿命已突破 10 000h，在苛刻工况下的工程机械上的使用寿命已成功突破 5 000h 的实车验证。我国液压油技术与国际液压油技术保持了同步的发展。

2.1.4 产业技术基础建设

1. 标准化情况

根据国家标准化改革的总要求，企业要成为标准化工作的主体。液压行业企业高度重视标准化工作，积极参与行业标准化工作。目前，液压行业的几乎全部标准均由企业制（修）订，液压企业已经成为技术标准制（修）订的主体。

液压行业由全国液压气动标准化技术委员会负责组织标准的制（修）订工作。中国液压气动密封件工业协会与中国工程机械工业协会合作，开展了团体标准的制定工作。

中国液压气动密封件工业协会大力推进技术标准的制定工作，组织了 21 家液压元件企业兼生产液压铸铁件的企业和专业生产液压铸铁件的企业制定《液压铸铁件技术条件》标准。该标准对提高液压铸铁件的质量具有约束和规范作用。

中国液压气动密封件工业协会组织液压、液力、气动、密封行业专业分会，会同业内 30 余位专家，参加了《国家职业分类大典》的修订工作。根据液气密行业发展的实际情况，提出"液压液力气动密封件制造工"的新增职业，并对该职业定义进行描述。《国家职业分类大典》在"液压液力气动密封件制造工"的职业下，完成了"液压元件和系统制造工""液力元件制造工""气动元件制造工"和"机械密封件制造工"职业标准的制定工作。2014 年经机械工业职业技能鉴定中心审查定稿，于 2015 年完成最后专家评审。

中国液压气动密封件工业协会与中国工程机械工业协会共同发布并实施团体标准 4 项，即《轴向柱塞泵实验室可靠性试验规范》《液压泵 + 多路换向阀联合台架可靠性试验方法研究》《挖掘机回转马达台架可靠性试验方法研究》和《液压挖掘机 液压系统可靠性试验方法研究》。

2. 自主创新体系建设

液压行业创新能力建设情况。国家级和行业级检测中心、工程中心和重点实验室的建设是液压行业创新能力建设的重要体现。国家级检测中心、工程中心及重点实验室见表 2-4，行业检测中心、工程中心及重点实验室见表 2-5。

表 2-4 国家级检测中心、工程中心、重点实验室

序号	名称	建设单位
1	流体动力及机电系统国家重点实验室	浙江大学
2	国家电液控制工程技术研究中心	浙江大学
3	国家级企业工程技术中心	榆次液压有限公司
4	国家级企业工程技术中心	北京天地玛珂电液控制系统有限公司

（续）

序号	名称	建设单位
5	国家液压元件质量监督检验测试中心	北京机械工业自动化研究所
6	国家级企业工程技术中心	合肥通用机械研究院
7	国家冶金重型机械产品质量监督检验检测中心（含液压）	中国重型机械研究院有限公司
8	国家铸造锻压机械产品质量监督检测中心（含液压）	济南铸造锻压机械研究所有限公司
9	国家气动产品质量监督检验中心	宁波产品质量技术检测院
10	液压振动与控制教育部工程研究中心	安徽惊天液压智控股份有限公司、安徽工业大学

表 2-5　行业检测中心、工程中心、重点实验室

序号	名称	建设单位
1	机械工业液压元件质量监督检测中心（北京）	中国农业机械化研究院
2	机械工业工程机械及液压件产品质量监督检测中心（天津）	天津工程机械研究院
3	机械工业组合机床液压元件产品质量监督检测中心	大连组合机床研究所
4	机械工业机床液压元件产品质量监督检测中心	广州机械科学研究院有限公司
5	机械工业润滑工程技术研究中心	广州机械科学研究院有限公司
6	机械工业液压传动与控制工程研究中心	北京华德液压工业集团有限责任公司
7	机械工业重大技术装备润滑液压技术设备工程实验室	四川川润股份有限公司
8	机械工业机械密封工程技术研究中心	合肥通用机械研究院有限公司
9	机械工业流体动力传输技术重点实验室	燕山大学
10	机械工业工程机械液压传动与控制技术重点实验室	徐工集团

液压行业技术创新体系正在逐步形成。液压行业企业十分重视技术中心建设，努力创造条件将本企业的技术中心提升为省级技术中心，力争升格为国家级工程技术中心。

企业申报国家级高新技术企业的积极性很高，有多家企业被授予国家高新技术企业。北京华德液压工业集团有限责任公司、四川长江液压件有限责任公司、力源液压股份有限公司、合肥长源液压有限责任公司、宁波中意液压马达有限公司、苏强格液压有限公司、宁波大港意宁液压有限公司等多家企业为国家级高新技术企业。

液压行业企业积极建立企业计量中心、国家知识产权示范单位、院士工作站及博士后工作站，优势企业已经成为行业人才培养的基地。这不仅有利于本企业的发展，也有利于行业的发展。

液压行业加快两化融合步伐，采用了ERP、CAD、CAM、CAE、CAAP、PDM、BI、OA、HRM等信息化技术手段，采用了三维、协同和仿真分析设计软件，构建了以技术平台为支撑的元件模块化和技术集成系统开发。产品生命周期管理（PLM）得到广泛推广，从产品设计、加工、试验、销售和服务各环节中，实行了网络化协同管理。

液压行业质量管理体系建设进一步加强，QC小组活动持续开展。北京华德液压集团有限责任公司的“降低供徐重A6V80HD1D产品的早期故障率”六西格玛项目组荣获2013年度全国机械工业优秀质量管理小组活动成果一等奖。

液压行业企业在实施创新驱动战略时始终坚持产学研用结合，把产学研用提升到新的层次，技术改造成果突出，使承担国家的各项任务得以顺利完成。北京华德液压集团有限责任公司与北京机械工业液压传动与控制工程研究中心及哈尔滨工业大学合作组建了液压技术联合产学研中心，为公司培养机械工程领域的硕士研究生；与燕山大学展开科技合作；与北京理工大学及派克汉尼汾公司共建了“流体传动与控制实验室”。

3. 自主创新平台建设

为切实落实《机械基础件、基础制造工艺和基础材料产业“十二五”发展规划》（简称《三基规划》），加快解决工程机械用高端液压元件长期依赖进口的要害问题，工业和信息化部装备司会同中国工程机械工业协会、中国液压气动密封件工业协会组织工程机械生产厂、液压件生产厂、科研院所和高校建立了“工程机械高压液压元件与系统产业化及应用协同工作平台”（以下称平台）。

该平台是依据《三基规划》，按照“市场需求驱动，政府引导，行业协会组织协调，工程机械企业、液压元件企业、相关配套件及材料生产企业、科研院所与高等院校自愿参加”的原则，建设的政、产、学、研、用相结合的开放的产业化协同工作平台，是更为完善、更有实效、更有持续性的新型自主创新体系。其功能是以市场为导向，破除主机企业和液压件企业“两张皮”的现状，实现多学科、跨行业、跨部门、全方位的耦合，按照“市场驱动、政府引导、产需对接、项目牵引、产业链联动、重点突破、滚动发展”的原则，以产业化项目和知识产权为纽带，实现行业和企业间的无缝对接，充分利用行业资源，调整产品结构，加快高端液压元件的自主创新和产业化进程。

（1）平台任务及发展目标　平台任务及发展目标见表2-6。

表 2-6 平台任务及

序号	项目名称	技术性能指标
1	新一代挖掘机液压系统的研究	针对 20 ～ 25t 挖掘机，在相同工况和生产率条件下，实现节能≥ 15%。工作压力≥ 35MPa，具有 GPS 定位、远程控制、工况自我感知和分析、故障诊断、自维护、实时监控和多模式功率自动控制功能，负载口独立，单操纵手柄主从控制，具有电子流量匹配控制系统
2	新一代装载机液压系统的研究	针对 5 ～ 6t 装载机，在相同工况和生产率条件下，实现节能≥ 15%。最高压力为 35MPa，具有 GPS 定位、远程控制、工况自我感知和分析、故障诊断、自维护、实时监控和多模式功率自动控制功能
3	高压轴向柱塞泵	（1）20 ～ 25t 挖掘机用轴向柱塞双泵：额定压力 35MPa，最高压力 42MPa，变量方式为功率控制、流量控制、压力控制，自吸下的最高转速≥ 2 360r/min，平均无故障间隔时间≥ 5 000h （2）5～6t 装载机用轴向柱塞泵：额定压力 28MPa，最高压力 35MPa，变量方式为负荷传感；自吸下的最高转速≥ 2 200r/min，平均无故障间隔时间≥ 5 000h
4	轴向柱塞马达和减速机总成	（1）20 ～ 25t 挖掘机用行走总成：额定输出转矩＞ 37 000N • m，最高输出转速 50r/min，液压马达最高使用压力 35MPa，变量方式为二点变量；减速机速比 55.6，平均无故障间隔时间≥ 5 000h （2）20 ～ 25t 挖掘机用回转总成：额定输出转矩≥ 10 500N • m，最高输出转速 90r/min，液压马达额定压力 32.4MPa、最高压力 39.2MPa，减速机速比 20.01，平均无故障间隔时间≥ 5 000h
5	整体式液压多路换向阀	（1）20 ～ 25t 挖掘机用整体式多路阀：额定压力 35MPa（泵侧）、42MPa（执行机构侧），流量＞ 220L/min，控制方式为液压控制、电液控制，功能为负流量控制、正流量控制、与负载压力无关的流量分配控制，平均无故障间隔时间≥ 5 000h （2）5 ～ 6t 装载机用整体式多路阀：额定压力 28MPa（泵侧）、32MPa（执行机构侧），流量＞ 200L/min，控制方式为液压控制、电液控制，功能为负荷传感控制，平均无故障间隔时间≥ 5 000h
6	高压精密液压元件铸件	阀体流道尺寸精度≤ 0.3mm，耐压 35 ～ 42MPa，标准试块孔变形量≤ 0.2μm/10（N • m）；尺寸精度 CT7（外形）、CT6（内腔），表面粗糙度 *Ra* ≤ 12.5，疲劳寿命（测试）＞ 100 万次

发展目标

需突破的关键技术	市场需求
（1）通过虚拟样机设计方法，优化功率匹配方案 （2）研究节能液压系统 （3）研究智能化控制系统：发动机节气门控制、发动机和液压泵与负载之间的匹配控制及自动怠速控制等 （4）智能化功能部件研制	挖掘机的年需求量约20万台，其中20～25t挖掘机占47.5%。“十二五”期间累计需要100万台挖掘机左右，其中20～25t挖掘机约50万台
（1）应用虚拟样机设计方法，研究功率优化匹配方案 （2）研究负荷传感液压系统 （3）液压驱动无级变速器传动与控制系统 （4）智能化功能部件研制	装载机的年需求量约30万台，其中5～6t装载机约占65%。“十二五”期间，装载机的累计需求量约150万台，其中5～6t装载机约需98万台
（1）借助虚拟样机方法，优化产品结构 （2）摩擦副的材料和表面处理技术 （3）壳体等铸件的精密铸造工艺 （4）变量机构变量特性的研究 （5）减振和降噪技术	（1）20～25t挖掘机用轴向柱塞泵的年需求量约10万台，“十二五”期间累计需求量约50万台 （2）5～6t装载机用轴向柱塞泵的年需求量约15万台，“十二五”期间累计需求量约75万台
（1）行走马达、停车制动器、过载阀、制动阀和减速机集成技术 （2）回转马达、过载阀、补油阀、延时阀、防逆转阀和停车制动器集成技术 （3）减速机齿轮材料和表面处理技术的研究 （4）总成的起（制）动特性的研究	20～25t挖掘机用行走总成的年需求量约20万台，“十二五”期间约需100万台；回转总成的年需求量约10万台，“十二五”期间累计需求量约50万台
（1）集成化技术。将直线行走阀、优先阀、再生阀和锁紧阀等集成于阀体内，使其结构紧凑 （2）结构优化。减少压力损失，改善微调特性 （3）主阀芯和阀体孔配合副的加工精度和表面处理工艺研究 （4）主安全阀和二次过载阀的可靠性研究 （5）阀体铸造工艺研究	（1）20～25t挖掘机用整体式多路阀的年需求量约10万台，“十二五”期间累计需求量约50万台 （2）5～6t装载机用整体式多路阀的年需求量约15万台，“十二五”期间累计需求量约75万台
针对20～25t挖掘机用的液压泵、液压马达和整体多路阀用铸件进行攻关 （1）高强度、小变形及良好的疲劳特性的液压铸件铸造技术 （2）铸件内部流道精密成形工艺 （3）泥芯的弯曲变形控制工艺 （4）解决铸件的烧结、披缝、缩孔、疏松、裂纹等缺陷	高压精密液压铸件的年需求量约10万t，为挖掘机和装载机用液压泵、液压马达和整体多路阀配套

序号	项目名称	技术性能指标
7	液压电子控制器	CPU 主频率 150MHz，宽输入电压 9 ～ 48VDC，工作温度 -40 ～ 85℃，防护等级为 IP67，相对湿度为 30% ～ 95%，通信方式为 CAN2.OB，遵循 CAN-open，总线通信协议，接口数量≥ 2 个，电磁兼容性应符合 ISO13766 中的规定，平均无故障间隔时间≥ 5 000h
8	5 ～ 6t 装载机用液压驱动无级变速器	变速器输入功率＞ 160kW，输入转速≥ 2 200r/min，液压泵 / 马达额定压力 30MPa，变速器效率≥ 92%，平均无故障间隔时间≥ 5 000h
9	液压和传动系统及元件试验台	建立多功能柔性化试验平台，满足 20 ～ 25t 挖掘机和 5 ～ 6t 装载机配套的液压元件及系统性能和耐久性试验要求 （1）液压元件试验平台 1）机械驱动装置：最大功率 315kW，转速 600 ～ 3 000r/min，转矩 2 000N · m 2）液压动力源：额定压力 35MPa，最高压力 42MPa，流量 600L/min 3）旋转驱动装置：最大转矩 2 000/50 000N · m，转速 0 ～ 3 000r/min （2）液压铸件可靠性试验台：压力 0 ～ 300MPa，冲击频率 0.5 ～ 1.5Hz，压力上升幅度 100 ～ 550 MPa （3）摩擦磨损试验台：额定压力 35MPa，最高压力 42MPa，转速 0 ～ 3 000 r/min，测量误差 <1 μ m。该试验台还具有金属元素量化分析功能 （4）液压噪声实验室：最低截止频率 63Hz，自由场半径 1.5m，本底噪声 20dB（A），背景噪声的声压级至少比被测声源的声压级低 6dB（A），噪声测量精度 1 级以上 （5）液压驱动无级变速器试验台：电动机功率 200kW，加载电动机功率 200kW，输入转矩 500N · m，输出转矩 5 000N · m （6）液压系统和传动系统试验台：用于 20 ～ 25t 挖掘机和 5 ～ 6t 装载机，对其液压系统、传动系统和控制系统进行模拟试验
10	高压液压阀用比例电磁铁	额定吸力≥ 50N，额定行程≥ 2.8mm，力滞环≤ 3%，电流滞环≤ 3%，额定电流 0.8/1.5A，线性度≤ 1%，重复精度≤ 1%，频响≥ 20Hz，工作压力≥ 2.5/25MPa，防护等级 IP65

（续）

需突破的关键技术	市场需求
（1）针对 20 ～ 25t 挖掘机进行控制系统总体设计 （2）控制器的研制 （3）监控器的研制 （4）无线通信系统的研究 （5）人机界面的设计，具有监控和故障诊断等功能 （6）软件开发	20 ～ 25t 挖掘机和 5 ～ 6t 装载机的年需求量约 25 万套，其他大型工程机械、工程车辆、农业机械和军工设备等的年需求量约 75 万套。“十二五”期间累计需求量约 500 万套
（1）无级变速器结构优化设计 （2）无级变速器用液压泵和液压马达的研制 （3）多模式功率匹配技术 （4）控制系统设计 （5）变速器用油的研究	用于 5 ～ 6t 装载机的无级变速器的年需求量约 15 万台，“十二五”期间累计需求量约 75 万台
（1）载荷谱测试技术的研究 （2）载荷谱数据采集和处理系统的研究 （3）环境试验技术的研究 （4）可靠性实验方法的研究 （5）采用网络技术和总线技术，研究模块化试验装置和模拟加载装置 （6）制定相关标准和评价方法 （7）测试精度达到 A 级	该试验台是液压元件和系统研制开发过程中的技术支撑设备，也是质量保证体系中不可缺少的设备。高等院校、科研院所和生产企业都有需求
（1）结构优化 （2）磁性材料的研究 （3）导套和轴承套等零件加工精度和表面处理的研究 （4）绕制工艺的研究 （5）降低能耗，提高可靠性	比例电磁铁是比例控制液压元件的关键配套件，随着机电液一体化技术的发展，比例液压元件的需求量大幅度增加，年需求量在 50 万台以上

（2）突破一批行业关键共性技术

1）突破整体式多路阀阀体等液压铸件铸造工艺技术。

2）突破液压摩擦副表面减摩处理工艺。

3）提升元件加工工艺、加工装备及检测水平。

4）液压元件在模拟工况载荷谱下台架和装机试验技术。

5）建立液压元件和系统可靠性试验及评价体系。

6）液压系统智能化和节能技术。

2.1.5 产业集群建设

科技部以国科高发〔2009〕695 号文发出通知，认定 2009 年度国家高新技术产业化基地 77 个，其中液压行业有阜新国家液压装备高新技术产业化基地和泸州国家高性能液压件高新技术产业化基地。

2010 年，中国液压气动密封件工业协会第六届一次常务理事会决定，认定阜新液压产业园为阜新国家液压产业集群示范基地、泸州液压产业基地为泸州国家液压产业集群示范基地。2013 年 12 月，中国液压气动密封件工业协会第六届十次常务理事会议决定，认定榆次液压产业基地为第二批国家液压液力气动密封产业集群示范基地。中国液压气动密封件工业协会先后多次就示范基地的发展和建设问题与地方政府沟通协商，希望地方政府加强对产业集群示范基地的指导和支持，促进知识、技术、人才、资金、政策等要素的集聚，为示范基地营造良好的发展环境和政策体系，促进产业基地的产品结构调整和区域经济优化升级。

2.2 国际竞争力分析

2.2.1 液压产业地域分布情况

新中国成立 70 多年来，我国液压工业发展经历了奠基时期（1949—1977 年）、发展时期（1978—2000 年）、高速发展时期（2001 年—现在）。在奠基时期，液压行业企业主要集中在辽宁的沈阳和阜新、北京、天津及山西榆次，四川、上海、贵州也有分布。在发展时期，由于改革开放促进了民营企业的发展和境外资本进入我国的步伐，江苏、浙江、上海及山东地区的液压行业异军突起，迅速发展壮大，数百家企业应运而生，成为我国液压行业的中坚力量。在高速发展时期，在国家科技部和有关地方政府的支持下，液压行业企业通过兼并重组建立了产业集聚区，如辽宁阜新、四川泸州、山西榆次、江苏扬州、浙江宁波、山东青州和广东韶关产业集聚区，每个集聚区集聚了几十家甚至上百家液压企业，成为当地经济发展的重要力量。

2.2.2 我国液压行业国际市场占有率

我国已经成为液压产品的制造大国，我国液压产品的国际市场占有率连续十几年不断提高，已经多年位居世界第二位。2005—2018 年我国液压产品国际市场占有率见表 2-7。

表 2-7 2005 年—2018 年我国液压产品国际市场占有率

年份	2005	2006	2007	2008	2009	2010	2011
销售额 / 亿元	17.35	22.60	28.98	34.32	40.22	57.20	67.14
市场占有率（%）	9.50	11.20	13.08	15.37	26.85	26.92	28.82
年份	2012	2013	2014	2015	2016	2017	2018
销售额 / 亿元	68.25	67.41	69.13	80.49	78.23	84.56	90.82
市场占有率（%）	25.14	26.94	26.22	28.94	29.91	29.92	28.68

2.2.3 国际流体动力产业发展概况

受 2008 年国际金融危机影响，国际液压气动市场明显下降。在 2010—2014 年的五年间，各国受国际金融危机影响程度不同，复苏程度也有所不同，总体而言，国际经济形势复苏较慢，不确定性因素增多。

2015—2018 年，美国由于实施经济宽松政策和鼓励制造业回归，经济复苏明显，液压气动行业出现较快增长。我国液压气动行业在迎来了快速发展期的同时，也开始进入新常态。欧盟国家液压气动行业略有增长，日本增长态势趋弱。国际流体动力工业发展情况表明，流体传动技术不断进步的发展趋势没有改变。

国际工业化国家发展的历史经验证明，一个工业化大国，特别是装备制造业强国，必须首先是流体传动产业的强国。流体传动技术与电子技术、计算机技术、信息技术等融合是装备制造业由大变强和实现工业化水平提升的关键。智能制造是未来流体动力产业发展的核心，谁先突破智能制造，谁就掌握了流体动力产业发展的先机。

2.2.4 国际流体动力产业销售额

国际液压气动产品市场销售额（生产额 - 出口额 + 进口额）及年增长率见表 2-8。

表 2-8　2005—2018 年国际液压产品销售额

年份	2005	2006	2007	2008	2009	2010	2011
销售额 / 亿欧元	182.2	202.3	221.7	223.2	149.7	212.4	233.0
增长率（%）	9.0	11.1	8.3	0.7	-32.9	41.9	9.6
年份	2012	2013	2014	2015	2016	2017	2018
销售额 / 亿欧元	271.4	250.2	263.6	292.1	270.7	282.7	316.6
增长率（%）	16.4	-7.8	5.3	10.8	-19.2	4.4	12.0

2.2.5　国际流体动力产品构成

根据国际贸易委员会（International Statistics Committee，ISC）统计，2018 年国际液压产品销售构成比如图 2-22 所示。

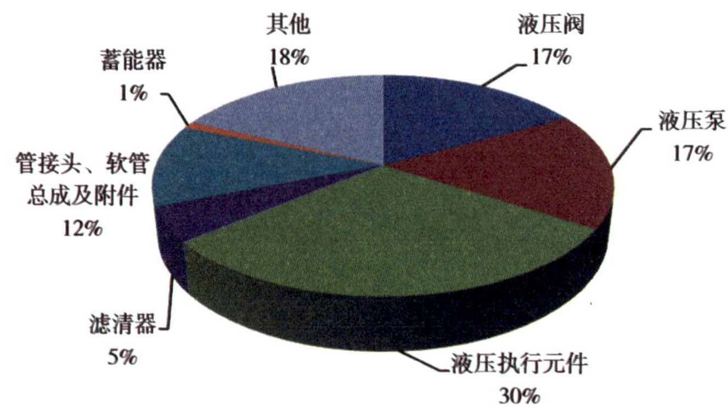

图 2-22　2018 年国际液压产品销售构成比

2.3　世界液压产业技术和产品发展趋势

当前，世界液压产业技术和产品的发展趋势集中在以下几方面。

1. 集成化

液压系统集成化的首要目的是简化和减少用户的工作量，同时最大程度地满足用户的需求，实现低成本的个性化定制。

（1）紧凑液压　紧凑液压的核心部件是螺纹插装阀。作为一种连接形式，螺纹插装阀紧凑、节能。由于技术和历史发展的原因，螺纹插装阀的品种极多，且批量较小，是技术、劳力、资金、管理密集型产品。自 20 世纪 70 年代初开始，螺纹插装阀被广泛采用，经过技术积累阶段、市场接受阶段，至 21 世纪初已进入了收获成果的阶段。

美国伊顿公司在 2003 年公布，其紧凑液压的增长速度是其他液压业务部门的 2 ～ 3 倍。2005—2006 年，世界知名液压公司看好紧凑液压的发展前景，纷纷并购螺纹插装阀专业生产厂。例如，美国派克公司并购了英国 Sterling 公司，德国博世力士乐公司并购了意大利 Oil-Control 集团，美国伊顿公司并购了英国 Integrated 公司，丹麦丹佛斯公司并购了意大利 Comatrol 公司。

2006—2012 年，全世界螺纹插装阀及集成块的年销售额翻了一番，达到了 15 亿美元，到 2016 年已达到了 20 亿美元。

专业生产螺纹插装阀的企业中，世界上规模最大的美国海德福斯公司，2003 年到 2015 年，其销售额从不到 1 亿美元增长到 3.3 亿美元；世界排名第二的美国升旭公司，其税后利润率多年来一直在 15% 以上。

（2）电液作动器　电液作动器（见图 2-23）是由电动机、液压泵、液压阀、油箱、液压缸、传感器组成的一体化装置，只要给它接上电线，它就可以工作。因其功能独立完整，也被称为自治驱动器。

图 2-23　电液作动器

电液作动器一般采用差动缸容积调速回路，因此能效甚高。由于其高度集成，因此可以大大简化主机厂的工作。采用传统的分散型液压系统的时候，主机设计师需要关注液压系统的详细设计，选用液压元件，安排油箱、泵站，布管，等。而如果采用电液作动器，则没有集中的泵站，不需要考虑布管，主机设计师只要关注自己需要的力、动作频率、精度，从产品库中挑选现成的“积木”就可以了。

这有点像应用电动机，装好后接上线就可以用了。电液作动器的试车、操作都和电动机驱动类似，只是更有力更结实而已。对用户而言，液压被在幕后使用，逐渐“隐身”了。

近年来世界各大液压产品制造商都纷纷推出自己的电液作动器产品。

2. 节能

液压行业的节能工作已从多方面展开。如采用容积回路控制差动缸，以避免液阻回路的能量损失；采用变转速调节泵输出的流量，以避开变排量泵在低排量时的低能效；扩大使用蓄能器来回收和储存能量；等等。

3. 轻量化

采用新材料如铝、钛等，结合 3D 打印，以降低液压元件的重量。

碳纤维的强度高、密度低（仅为钢的 40%），持久性和耐蚀性优于钢和铝。用碳纤维制作的液压缸（见图 2-24）轻巧，极受航空航天等应用的青睐。用碳纤维制作的活塞杆，惯量小、响应频率高，特别适宜于试验设备。

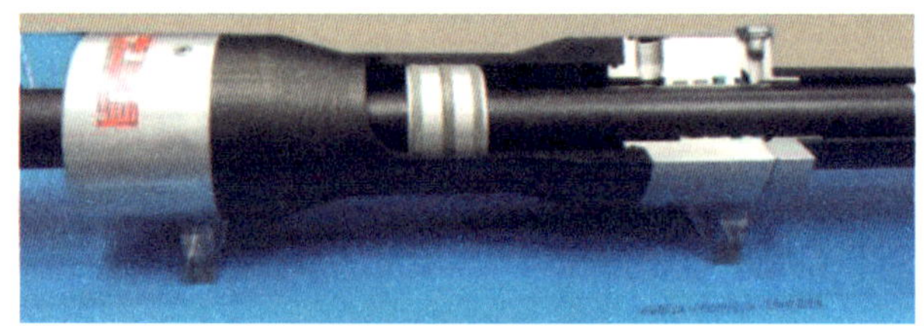

图 2-24　碳纤维液压缸

采用高强度碳纤维缠绕技术制作的蓄能器（见图 2-25），其壳体重量可降到原来的 1/10 ～ 1/2。

图 2-25　碳纤维缠绕蓄能器

4. 液压驱动 + 计算机控制

国际液压行业早已形成共识：没有电控，就不可能有自动化。所以，液压驱动与电控或（计算机）控制的结合成为液压行业发展的重点。

要发展液驱电控，就离不开电液转换元件，如电磁铁特别是比例电磁铁等。近几年，德国比例电磁铁制造厂的销售额及利润的增长速度远超过液压产业整体的增长速度。

液驱电控的发展也带动了传感器与测量技术行业的长足发展。德国传感器与测试技术行业销售额增速（以 2010 年为基准）如图 2-26 所示。

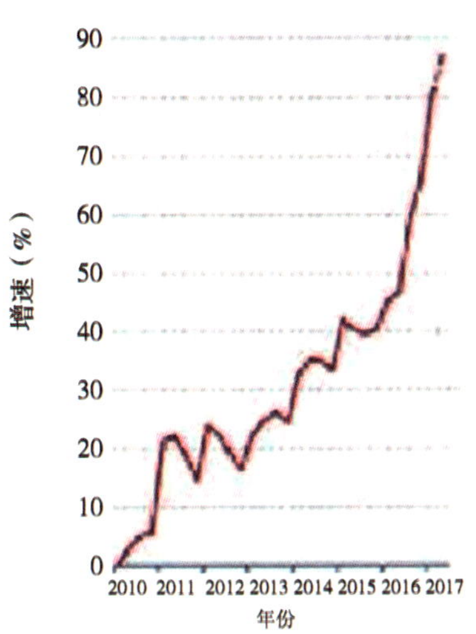

图 2-26 德国传感器与测试技术行业销售额增速（以 2010 年为基准）

数据来源：德国传感器与测试技术行业协会。

5. 智能元件

这里说的智能元件，目前主要还是源于英文的 Smart，即灵巧，还未达到人工智能（AI）的水平。

为了更灵活地低成本地满足顾客的个性化需求，实现大规模定制化生产，德国三位教授在 2013 年提出了工业革命 4.0，要让网络技术进入制造业，让实体装置具有感知、决策、与控制网络相连接的能力，从而实现生产智能化。这是借用技术手段，实现人的控制在时间、空间等方面的延伸，其本质就是人、机、物的融合。

因此，液压元件嵌入微型传感器或带联网能力的微处理器，实现灵巧、分散、分层的控制，也成了一个重要的发展趋势。

德国博世力士乐公司在 2013 年提出了名为 IO-LINK 的通用通信协议，在

2017 年提出“Connected Hydraulics Beyond Limits 连接的液压超越限制”，展出了具有联网能力的通用连接板、液压阀和蓄能器（见图 2-27）。

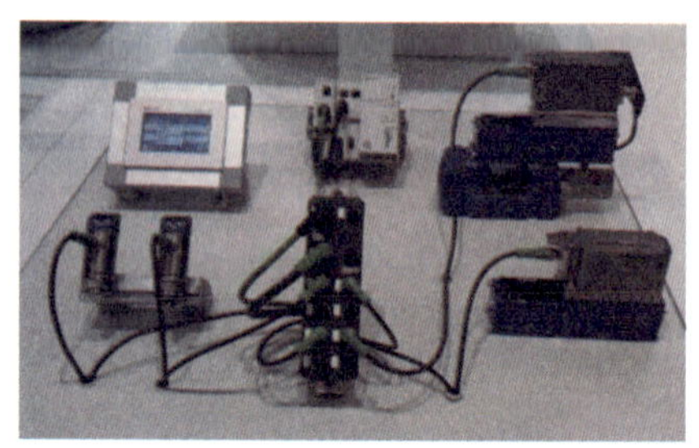

a）通用连接板

b）兼有蓝牙、无线联网功能的蓄能器

图 2-27　具有联网能力的液压元件

美国伊顿公司在 2017 年推出了一款号称工业 4.0 阀的伺服比例阀（见图 2-28）。该阀不仅带阀芯位置传感器，而且带压力、流量、温度传感器，集成控制器支持三层控制，易于设定，能实时交流，便于故障诊断。

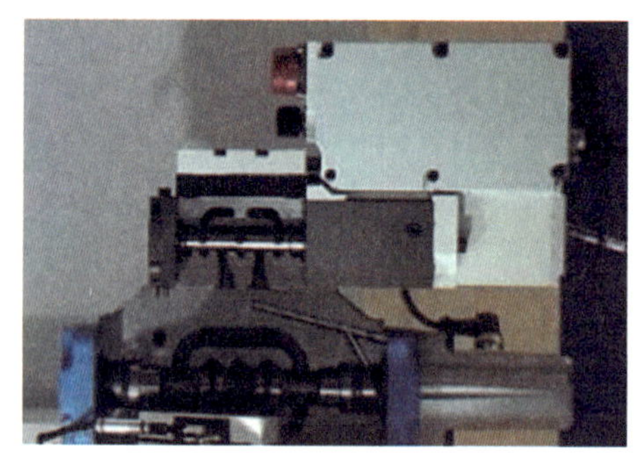

图 2-28　工业 4.0 阀

基于在线污染颗粒检测仪，研发了智能过滤系统。该系统只有在实际污染度超过了预定的污染度等级时才启动旁路过滤，从而实现节能。

6. 预测性维护

预测性维护指的是，液压技术与微电子、传感器、软件技术结合，通过持续或间隔性地监测液压元件或系统的运行状况，包括压力、速度、工作周期、噪声、油液量、油温和油品质等，了解各重要元件的状况，从而预测各元件还能工作多久。如此，就可适时准备替换件、安排更换计划，以避免故障造成的突发停车。

现在，在液压元件或系统中安装传感器进行测试，从而获得关于运行工况的数据已不是难事。难点在于如何从数据中获取有用的信息。这一方面需要对设备、液压系统的构成和工作原理有很深刻的认识，另一方面更需要丰富的实际经验。进一步，还需要把这些认识和经验软件化，让计算机能从海量的数据中识别出那些特殊的，意味着将出现故障的数据模式。

预测性维护对那些附近没有专业维修站的设备如风力发电机、海洋工程装备等特别有经济价值。因为，维修这些设备需要的旅行费用往往比更换零件的费用高得多。

预测性维护现在日益受到关注，相对工业革命 4.0，它被称为“维护 4.0”。

7. 新能源的影响

为了减少废气和污染颗粒的排放，保护环境，采用新能源取代内燃机的呼声越来越高，世界多国已制定了禁售燃油汽车的时间表。例如，荷兰、挪威在 2025 年以后，印度在 2030 年以后，德国在 2030 年以后，法国、英国在 2040 年以后将禁售燃油汽车。我国也在 2017 年 10 月 26 日发布了“节能与新能源汽车技术路线图”。

与汽车相比，许多移动液压设备需要的功率大得多，能耗也大得多。因此，采用新能源的技术难度也高得多。但由于新能源的大规模应用肯定会催生出新技术，降低其使用成本，所以，在移动设备上新能源迟早会取代内燃机，这就会给移动液压设备带来大洗牌。因为，在以内燃机作为能量来源时，虽然内燃机产生的机械能需要经过液压泵转化为液压能才能驱动液压缸，但要驱动电驱动器，也需要有发电机将内燃机的机械能转化为电能。两者都有一次能量转化，因此电驱动并无特别优势。而在新能源成为能量来源后，电能就是现成的了，这时主机设计师会优先考虑采用电驱动器，竞争的格局就会对液压传动不利。移动设备上的能量转化如图 2-29 所示。

图 2-29　移动设备上的能量转化模式

液压的力密度高，液压缸结构简单，液压驱动可以达到的推力电驱动望尘莫及。然而，高速电动机的功率密度可以超过液压马达的功率密度。因此，在采用新能源以后，电能唾手可得，首先会受到挑战的液压件可能就是液压马达。目前已出现所谓“轮边电驱动”的方案：即用电动机取代液压马达来驱动行走机械。

8. 不断开辟新的应用领域

（1）风电领域。目前正在大量建造的风力发电机都需要笨重的增速箱，而且要把它吊装到几十米高的地方，费用不菲。如果采用液压技术，由风力叶片直接驱动液压泵，就可以省除笨重的增速箱。该技术已进入样机试验阶段。图 2-30 所示为正在测试一台用于风力发电机的功率为 1 600kW 的柱塞泵（目前一般应用的液压泵功率不超过 500kW）。由日本三菱重工制造的一台功率为 2 700kW 的柱塞泵样机已在 2016 年被安装在苏格兰风电场，同时，该公司正在制造功率为 7 000kW 的柱塞泵样机。

图 2-30　一台用于风力发电机的柱塞泵在测试中

（2）波浪发电。有些波浪中所含的能量极其巨大，又是清洁能源。因此，液压技术人员也正在积极参与研发各种利用波浪发电的方案（见图 2-31）。

图 2-31　利用液压技术的波浪发电

9. 互联网 + 液压技术

随着德国工业 4.0、中国制造 2025 及互联网 + 概念的提出，互联网与工业的融合将产生新一轮的全球工业革命，大数据分析、云计算及物联网将为企业管理和精益化生产创造巨大的价值。工业化与信息化的两化融合已经成为必然趋势，液压技术也随之向数字化、网络化和智能化方向发展。智能可互联的液压系统更加节能，设备间的信息互通更加便利，在工业生产中更具竞争力。互联网与各领域的融合发展具有广阔前景和无限潜力，已成为不可阻挡的时代潮流，正对经济社会发展产生着战略性和全局性的影响。液压行业要与互联网的创新成果深度融合，推动行业的技术进步、效率提升和组织变革，提升创新力和生产力，形成以互联网为基础设施和创新要素的经济发展新形态。把握机遇、增强信心，加快推进“互联网＋液压技术”发展，有利于重塑创新体系、激发创新活力、培育新兴业态和创新公共服务模式，形成液压行业发展新动能。“互联网＋液压技术”主要有以下一些特征。

（1）即插即用的智能液压元件　目前，液压行业正经历着从传统模拟的液压技术向数字化、网络化和智能化的液压技术转变的过程。具备人工智能的液压元件和系统已经成为未来的发展趋势，液压元件已经能够通过基于以太网的总线接口或IO-LINK实现互联，用户可以利用物联网访问每一个接入的元件，对其进行在线的监测和参数调整。液压元件网络化的最主要特征就是将液压系统与物联网系统相联系、自适应环境和工况，从而实现全局智能服务。

能够即插即用的应用于物联网的液压元件具备智能化和网络化两个方面的特征。智能化方面需具备动力控制、逻辑控制、运动控制和解耦控制等控制能力，网络化方面需具备信息传输、人机互动和数据云技术。典型的网联液压智能元件如电液作动器（见图2-32），将嵌入式运动控制器与液压伺服机构融为一体，实现无电气柜式控制，分散式智能控制器可按需对泵的转速进行调整，相较于普通驱动器，电液作动器可将液压动力设备的能耗降低80%。

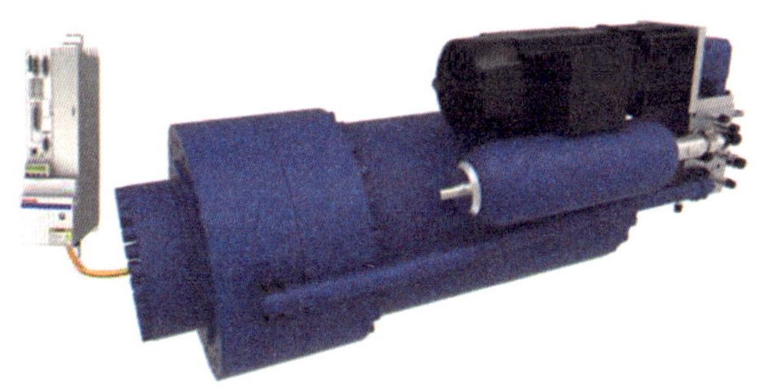

图2-32　具备物联网网联功能的电液作动器

嵌入式的控制软件能够自动补偿和平衡无规律的负载突变。除了预先设置的定位调节、压力调节、驱动力调节和速度调节，还包含了补偿调节和驱动控制。同时，控制系统可利用分散式智能化控制器与多功能以太网接口实现互联，能够使用户轻松地完成设备的现代化技术改造。

支持“互联网 + 液压技术”的液压元件首先是一个智能液压元件，是装备了嵌入式微处理器的电控器件，同时它具备互联网接入和访问功能，再配置相应的应用程序接口。实际上，任何一个元件都应是具有闭环自主调整和分散控制的系统。在未来，液压阀将会被智能控制器取代，智能电液作动器仅通过调整泵的转速来完成位置控制，它们将形成高度集成、高度自治、即插即用型液压缸组件。机器不再需要中央液压动力站，这种自给自足的电液作动器可以如同电驱动器一样进行连接。在设备调试工作中，调试人员不再需要拥有深入的液压知识，仅需把机器功能参数化即可。

（2）互联互通的液压控制　目前，液压元件控制信息的传输主要采用总线模式，例如 CAN 总线。总线传输可以大大降低接线成本，信息有优先级区分，能够有效支持分布式控制或实时控制的串行通信网络，被应用于工程机械的很多液压控制系统和智能液压元件中。典型的应用协议有 SAE J1939/ISO11783、CANOpen 等。CAN 总线实质上是一种局域网，通信距离有限。为了使 CAN 总线能够实现移动远程控制或通信，可以将其与以太网连接，例如可以采用 Beckhoff 的自动化技术，实现工业自动化的以太网解决方案，从而实现物联网下的液压控制方式。基于总线的液压控制是迈向“互联网 +”的重要途径。要实现主动的互联互通，需要机械元件、电子器件和传感器的制造商都遵循统一的标准。在“互联网 +”环境下，通信硬件要能够与所有常用通信技术协议兼容，包括自动化总线系统 Sercos、Ethernet/IP、Profinet RT、Ethercat 和 Profibus 等。

在基于“互联网 +”的未来农业构想中，农业工程机械完全通过互联网实现自主驾驶。其中，移动农机设备的电液转向控制器就是非常重要的部件。支持远程控制的智能电液转向控制器可以直接连接 GPS，实现自动驾驶，其内置的传感器可以监测方向盘的绝对位置和速度以实现转向的精准控制。基于“互联网 +”的未来农业如图 2-33 所示。

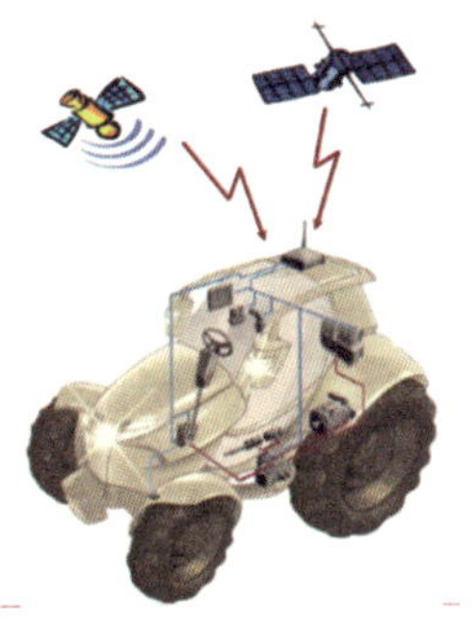

图 2-33　基于“互联网 +”的未来农业

（3）液压大数据和云计算　随着“互联网 +”和大数据技术的发展，液压系统的在线监测、检测和在线智能预警技术发展迅速。在液压物联网中，所有元件都是唯一可识别的，可以对它进行远程诊断和远程维护，通过适当的授权，技术人员可以查询数据，通过大数据分析手段对其寿命进行预测。以状态监控为例，传感器能够收集关于油的质量、温度、振动和所完成的开关循环数等方面的信息。通过云计算技术的深度学习算法，用户能够在发生故障之前识别出磨损的部件并对其进行维护，这是预防性维护的重要一环。

以博世力士乐的CytroPac液压动力单元（图 2-34）为例，它将液压元件、变频器、电动机、泵、传感器集成于一体，用户可以通过传感器和物联网关对 CytroPac 运行中的所有数据进行实时监控和管理，并于早期识别磨损和故障，迅速进行修复。

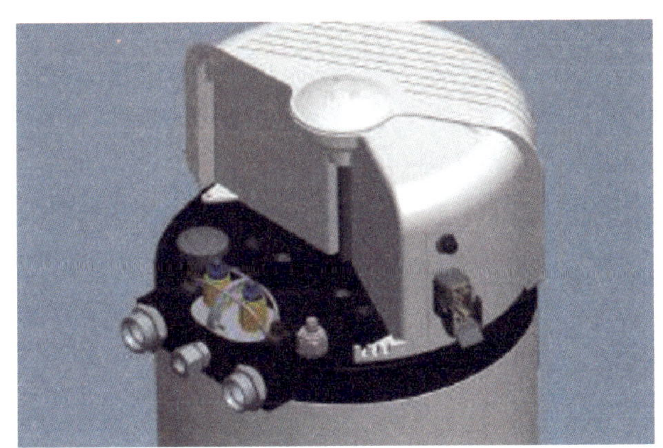

图 2-34　CytroPac 液压动力单元

在油液在线监测方面，根据云数据统计的油液污染度变化曲线、油液黏度变化曲线、油液老化度曲线等相关曲线的数据，可以分析出油液及滤油器的性能、质量、寿命状况。在“互联网+”环境下，可以通过云技术对液压元件的产品寿命数据进行大数据分析，促进液压产品可靠性的研究。例如，智能高压胶管（图2-35），就是利用“互联网+”技术对胶管做大数据监测与分析，获得胶管的使用状态，在胶管失效前就能提示终止其使用或者立即更换，降低风险发生的概率。

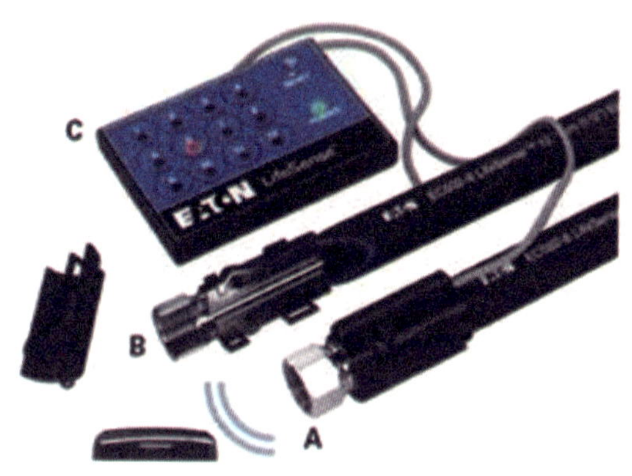

图 2-35　智能高压胶管

（4）体制机制创新　推动互联网与液压行业融合，液压行业企业要提升运用互联网的意识和能力，互联网企业要加强对液压产业的理解，消除新业态发展面临的体制机制障碍，努力培养跨界融合型人才。

要坚持改革创新和以市场需求为导向，突出企业的主体作用；着力深化体制和机制改革，释放发展潜力和活力；着力做优存量，推动经济提质增效和转型升级；着力做大增量，培育新兴业态，打造新的增长点。要提升行业数字化、网络化、智能化水平；加强产业链协作，发展基于互联网的协同制造新模式；推进智能制造、个性化定制、网络化协同制造和服务型制造；打造网络化协同制造公共服务平台，加快形成网络化产业生态体系。

2.4　我国液压产业与国际先进水平的差距

我国液压产业与国际先进水平的差距表现为：

1. 对液压元件的要求

由于液压元件应用广泛，因此，人们也对它提出了很多不同的要求。例如，希望它适应不同的工作环境，如严寒、酷暑；有的要耐腐蚀，有的要防爆；用于移动液压的，希望它体积小、重量轻；用在医院、办公室内的，要求它无泄漏、低噪声、无气味；等等。

（1）控制调节特性优良　液压元件特别是液压阀要可精细调节，并有较高的稳定性、重复性和动态特性。

（2）耐压　现代液压系统的工作压力大多较高，常有瞬间特别高的压力尖峰，要求液压元件能承受得住高压，特别是液压泵，因为液压泵一般是整个系统中承受压力最高、工作时间最长的元件。

（3）工作持久　现代液压元件要能够在高压、压力剧变下长期工作。影响液压元件工作持久性的因素很多，其中，影响较大的是润滑状况、原材料的材质不均匀度、杂质气体含量及热处理状况等。

（4）制造质量稳定　虽然机械制造总有偏差，但人们希望批量制造的产品都能接近目标，因此常用CPK（制程、工序）过程能力指数来衡量制造质量是否稳定。这点对大批量生产的主机厂如汽车、挖掘机、装载机等特别重要。一些先进的液压元件制造厂已开始应用IATF16949质量管理体系标准和VDA6.3德国汽车工业质量标准对供货商进行评估和分级管理，以提高自身产品质量的稳定性。

（5）可靠　这意味着：①单个产品的性能不仅在刚开始用时能满足要求，而且在长期工作后仍能满足要求；②性能达不到要求的产品极少。所以，“可靠”实际上是“设计性能优良”与“制造质量稳定”的综合体现。

如果液压元件不可靠，常出现泄漏，易磨损、破裂、折断，那么智能化也于事无补。现代液压系统往往由多个液压元件组成，系统故障率大体是所有元件故障率的叠加，液压系统中任何一个元件失效，都可能影响整个系统、整台设备的正常工作。更换失效的元件，不仅意味着要购买替换件，支付修理费，还常常意味着整台设备必须暂停工作。停工的损失常会超过替换件与修理的费用，因此，在很多场合，用户宁可支付较高的费用来购买较可靠的元件。

现在，国际上已开始用平均无危险失效前时间（MTTFd）来衡量液压元件的可靠性。这个指标是通过对出厂产品抽样，使样品在模仿实际工况下工作，对其进行持久试验获得的。这就要求产品制造质量稳定且能持久工作。样品的持续试验历时一年时间，如果危险失效的概率＜3.3%，则可以说，样品的MTTFd＞30年。只有产品一年的危险失效概率＜0.6%，才可以说，产品的MTTFd＞150年。世界先进水平的液压产品多已达到此水平。

以上这些要求是衡量液压元件水平的标杆，划分了液压元件的档次。

2. 我国液压产业现状

我国目前已是液压产品需求大国，占全世界需求量的近1/3。但我国还不是液压强国，现在市场出售的国产液压元件，绝大多数在30年前的国际市场上就有。

我国需要的液压元件目前还有约 1/5 需要进口。高端液压市场，比如重型机械设备、冶金、石油、电力和海洋工程等领域，都是国外液压产品占主导地位。尤其是工程机械领域，截至 2017 年年底，20t 以上挖掘机所用的液压件基本都是来自国外。2017 年，我国液压件的进口额约 22.57 亿美元，同比增长 35.9%。

我国液压产业目前的技术水平严重制约了国民经济水平的提高。例如，制造大型客机少不了的巨型模锻压机是象征一个国家重工业实力的战略装备，世界上拥有的国家屈指可数。中国二重集团制造的 8 万 t 级模锻液压机是目前世界上最大的模锻液压机，然而，这台设备的液压系统却是由外国公司提供的。国宝级战略装备的“心脏”被捏在别人手里，终是国家的心头之痛。

3. 导致我国液压产业落后的原因

大体有以下几方面。

1）以前我国制造业的发展重主机轻配件。

2）起步晚。国内最早的液压产品是仿制苏联的，也曾经搞过联合设计。1965 年，通过原一机部和日本油研公司签订的“中日民间贸易”合同，引进了中压的叶片泵、液压阀、液压缸和蓄能器的制造技术和工艺设备，使我国的液压产品提升了一个档次。直到 20 世纪 80 年代初才从德国力士乐公司购买了高压系列的液压泵、液压马达和液压阀的全套图样和工艺，在国内一些厂生产，并以劳务输出的形式派技术人员出去学习。之后，大量其他企业才从仿造液压件开始起步。

3）直到 20 世纪 90 年代，液压元件制造厂的体制、管理都不适应液压元件的研发及改进制造。

4）相关技术薄弱。液压产业的发展还依赖其他产业的支持，如材料、铸造、热处理、精密加工、化工、电子元器件和测量仪器等，国内在这些方面也都不强。

5）人员知识结构的欠缺。目前，国内搞液压元器件制造的几乎都是机械制造专业出身，大多不熟悉化工、电磁等专业，导致建立在这些专业与液压专业相结合基础上的液压密封件、液压油、电磁线圈等产品的性能就相对更弱。

6）企业发展理念落后。现代液压技术经过 100 多年的发展已是十分成熟，液压企业欲在液压技术上有重大创新，就需从基础出发，做很多尝试，投入大量的财力、物力、人力和时间。

有些企业主一心想弯道超车，殊不知，所有先进的液压公司都是做了大量尝试，经历了许多失败，积累了丰富的经验，才做到产品品质优秀的。对于那些先进的公司没有“少走弯路”一说。它们尽可能地全方位探索，不断积累经验，提升研发能力。没有一次次踏踏实实的试验，没有追求完美的精神，急于求成，害怕失败，耐不住寂寞，经不住诱惑，是做不出高档液压产品的！目前国内中低档液压产品的产能过剩，低价竞争，利润微薄，企业不愿意也无法投入人力和物力进一步研发，自主创新能力严重不足。

有些企业重设备不重人。其实，技术要靠人去学习、掌握、应用和研发，设备要靠人去维护运行。没有兢兢业业、热爱工作、热爱企业的员工，只有高精度、高自动化的机床，还是造不出高档的液压元件。

7）人才缺乏。20世纪90年代，有人认为液压技术会被取代，在1998年教育部颁发的大学专业设置目录中流体动力（液压）专业被删去，许多大学的液压专业被撤销了。从那时至今，我国液压产业的产值翻了20倍以上，企业痛感专业人才奇缺。尽管一些大学尚存液压专业并成倍扩大招生，但毕业生仍是供不应求。

8）由于种种原因，一些大学的液压教育脱离实际。一些教师的工作重点至今还放在能写出论文的课题上，不重视研究实际状况，满足于汇编现有的中文材料，对教材内容的实质性更新不感兴趣。很多教材仍止步于一些十分陈旧的内容，离技术发展现状相去甚远。

在一些大学里，液压专业的教育重公式推导计算，轻实际测量分析，液压教学实验台还和40年前一样，学生不会使用已发明了几十年的记录性测试仪，不能用学到的理论分析、预估测试曲线，导致毕业生的专业能力远远满足不了企业的需求。

目前，从企业到政府，从中央到地方，都已普遍认识到这一点。液压元件被列入了国家规划的“关键基础件”。在“十二五”规划中，对液压产业的总投资达300多亿元，超过前11个五年计划（规划）所有投资的总和。这些投资通过添置设备、改进材料和工艺及组织人员培训等开始逐渐产生效果。相信经过一段时间，我国的液压产业会有长足的进步。

2.5 液压技术路线图

由中国液压气动密封件工业协会编著的《流体动力传动与控制技术路线图》面向未来20年流体动力传动与控制技术的发展方向、发展路径，结合我国经济社会发展需求，分析了发展环境、技术研发与市场之间的关系，选择了制约流体动力产业发展并必须实现突破的关键技术，确定了液压、液力、气动、橡塑密封、机械密封和填料静密封等行业未来研发的目标、应用前景和市场定位；按照时间序列给出了不同时间节点的发展重点、技术发展路径、实现时间等要素，提出了技术创新过程的不同阶段和任务目标。

液压技术路线图（2010—2030）见图 2-36。

	2010 年—2020 年	2020 年—2030 年
需求与环境	公路与非公路车辆、农业与工程机械、航空航天装备、海洋工程与船舶、冶金矿山机械、金属切削与成形机械、能源机械、医疗康复机械、娱乐设备	
典型产品或装备	陶瓷与复合材料涂层 污染度控制装置 总线型电液控制元件 多学科液压元件与系统软件	节能型元件与系统单元 非金属材料液压元件 无泄漏元件与系统 元件绿色制造工艺与装备
高效、高可靠和节能液压传动技术	目标：可靠性寿命提高 50% 以上	目标：液压传动系统效率提高 30% 以上
	制造工艺、材料稳定性与高性能涂层	高效节能元件及系统研发及应用
	创新的高速重载摩擦润滑机理与材料、污染度控制新原理	全生命周期的液压传动设计方法
	直接驱动技术、混合驱动技术	紧凑化、模块化的液压元件与系统
	高功率重量比的液压元件与系统	
智能化、集成化、一体化的液压传动技术	目标：高层次总线元件与系统研发及应用	目标：功能密度提高 20% ～ 30%
	嵌入式微小型传感器，可自诊断、自修复的信息化智能元件	轻型材料与结构优化设计；提高系统压力
	多信息融合的机电一体化元件与系统	多用户系统高响应恒压网络流量系统；自供源机电液一体化动力单元
	总线型数字控制元件与系统	液气固耦合的高效液压传动仿真与设计工具
人机友好与环境友好液压传动技术	目标：液压传动设计与性能评估的设计工具研发与应用	目标：液压元件噪声减少 5db 以上，泄漏量减少 20% 以上
	多学科理论无缝集成开发设计平台	可生物降解传动介质；高效的管路连接与密封；低噪声设计
	人机友好的液压系统设计方法与工具；元件模块化程序库	水液压技术应用
	环境友好的液压元件与系统	

2010 年　2020 年　2030 年

图 2-36　液压技术路线图（2010—2030）

我国液压行业将沿着“可靠、高效、绿色、智能、融合、服务”的发展方向，在未来 15 年为我国石化、水电、风电、核电、冶金、矿山、交通运输、电子、工程机械、农业机械、航空航天、舰船和军工等国家重点领域的发展做出更大的贡献。

第3章

液力行业现状及发展趋势分析

液力传动元件包括液力变矩器、液力偶合器、液粘调速装置以及近年来快速发展的磁力偶合器。

液力变矩器具有自动适应性、无级变速、良好稳定的低速性能、减振隔振及无机械磨损等优良特性，是其他传动元件不可替代的。液力偶合器具有轻载起动、过载保护、减缓冲击、隔离扭振、协调多动力机同步驱动、均衡载荷、调速、柔性制动等许多优异性能。历经百年的发展，液力传动元件的应用不断扩大，从工程机械、连续搬运机械、电力设备、汽车、军用车辆到煤炭机械、建材机械、石油机械、化工设备、矿山和冶金机械等领域都得到了广泛应用。近年来，液力变矩器在流场理论、设计和制造、实验等研究领域得到了突飞猛进的发展，液力偶合器在磁力偶合器、高速大功率系列调速型液力偶合器方面取得了突破性进展。随着市场需求的不断增大，对液力传动元件的投资也在不断增大，行业技术水平取得了较大进步，我国的液力元件行业朝着高速、大功率、低功耗、节能、高可靠性、长寿命、集成化、复合化、数字化和智能化等方向发展，虽然与国际先进水平相比仍然存在一定的差距，但是与国际同行的差距正在缩小。

3.1 液力行业现状

目前，我国液力行业有生产企业120多家，其中，液力偶合器生产企业近80家，液力变矩器生产企业30多家，液粘传动装置生产企业（包括硅油离合器）近10家。生产企业、科研院所及大专院校等的职工总人数约3.8万人，其中工程技术人员1 800人。

3.1.1 产业规模

1. 产品产销存汇总

2018年液力行业重点联系企业产品产销存汇总见表3-1。

表3-1 2018年液力行业重点联系企业产品产销存汇总 （单位：台）

产品名称	生产量	销售量	库存量
液力变矩器	139 285	139 880	10 296
偶合器	15 089	14 814	1 267

（续）

产品名称	生产量	销售量	库存量
限矩型液压偶合器	14 037	13 908	1 066
调速型液力偶合器	882	756	181
传动装置	170	150	20
其他	9 717	9 943	527
变速器	9 658	9 884	527
其他	59	59	0

2. 液力产品生产价值量分布

2018 年液力行业重点联系企业液力产品产值占比情况如图 3-1 所示。

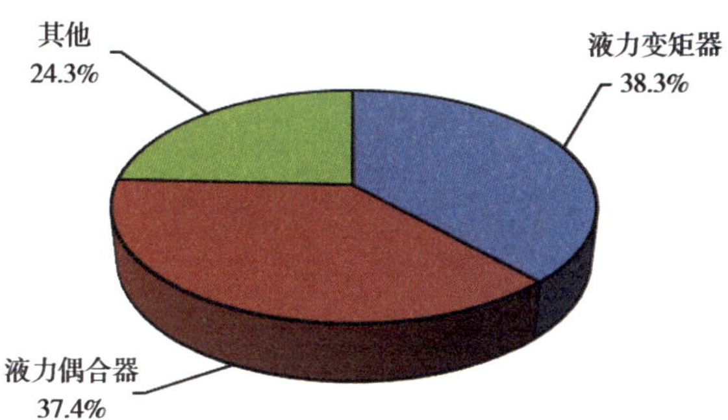

图 3-1 2018 年液力行业重点联系企业液力产品产值占比情况

3. 液力产品销售去向

2018 年液力行业重点联系企业液力产品销售去向如图 3-2 所示。

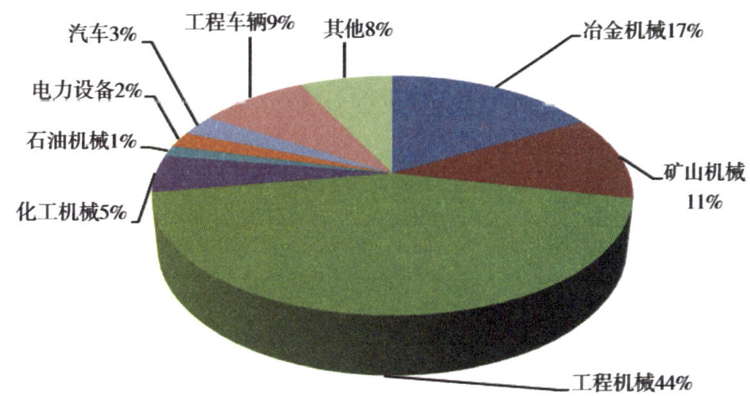

图 3-2 2018 年液力行业重点联系企业液力产品销售去向

3.1.2 为重大装备配套情况

液力产品为重大装备配套取得新进展。液力偶合器广泛应用于发电设备、大型风机、矿山传送设备及通用泵等领域。液力变矩器在行走机械、矿山设备上广泛应用。液力行业企业研发了输出功率 10 000kW 的大型液力偶合器、2 205kW 的液力变矩器，在替代进口方面取得明显突破，如在液力变矩器的应用中占 80% 的装载机已采用了新研发的 YJSW335-2 双涡轮液力变矩器。该液力变矩器主要应用于 ZL50 装载机，它可与额定转速 2 000r/min、功率 162kW 的柴油机匹配，是一款低转速、低噪声、低油耗的环保型变矩器。

YJSW335-2 液力变矩器为单级、二相、四元件向心涡轮式双涡轮液力变矩器。由泵轮、一涡轮、二涡轮、导轮、导轮座、壳体、罩轮及分动齿轮等组成。

该液力变矩器循环圆直径为 ϕ335mm，零速变矩系数为 4.1，零速公称力矩为 150N · m，最高效率 η_{max} Ⅰ ≥ 0.825、η_{max} Ⅱ ≥ 0.83。

经装机试验证明，装配该液力变矩器的 ZL50 装载机比原 ZL50 装载机（配 YJSW315-6 变矩器）的噪声大幅度降低，整机最大牵引力增加 10 ～ 20kN，最高时速提高 0.5km/h，综合不同工况整机油耗降低 8% ～ 10%。

调速型液力偶合器是我国重点推荐的无级调速节能产品，但从 1979 年引进 GWT58 埋入轴承式液力偶合器以来，一直存在振动大、轴承发热继而损坏的问题。虽然我国自主开发的分别支承式液力偶合器解决了轴承振动大、发热的问题，但存在轴向尺寸大的缺陷。因此，市场急需发明一种兼顾分别支承式支承稳定、轴承润滑好和埋入轴承式轴向尺寸短的优点的轴承支承方式。

我国液力行业发明的短系列分别支承式调速型液力偶合器采用精巧布置的输入、输出独立支承结构，输入部分采用埋入轴承式的支承方式，输出部分采用分别支承式的支承方式，取消埋入轴承，同时取消了传统调速型液力偶合器的背壳。该产品兼顾埋入轴承式和分别支承式液力偶合器的优点，克服二者的不足，可靠性大大提高。同时，其轴向尺寸与同型号的埋入轴承式液力偶合器相同，可以替代使用，受到市场的认可。该结构为国内外首创。

我国液力行业创建的调速型液力偶合器设计仿真技术，采用有限元应力分析、优化和参数化建模技术，解决了传统的偶合器设计因叶轮结构复杂存在的计算不准确、盲目加大安全系数，致使产品结构及材料使用不合理、产品试制投入资金大等技术问题，为行业调速型液力偶合器特别是大功率、高转速液力偶合器新产品的设计提供了新的设计方法和验证依据。

阀控充油技术采用喷油器排油，用 PLC 控制可控阀组供油来调节输出转速，自动化程度高，动态响应快，为现有偶合器采用导管排油调速存在的调节误差大、动态响应差、离合时不能完全脱开等问题提供了可行的解决方法。该技术属于国内领先技术。

采用新型轴承支承方式设计的 GWT58F 短系列分别支承式调速型液力偶合器的主要经济指标： 产品振动值≤ 16μm，达到国际先进水平（国家标准要求转速为 3 000r/min 时，振动值≤ 75μm）；传递力矩系数 $\lambda=2.23\times10^{-6}\text{min}^2/(\text{m}\cdot\text{r}^2)$，达到优等品 $[\lambda\geqslant2.18\times10^{-6}\text{min}^2/(\text{m}\cdot\text{r}^2)]$ 指标；传递 3 200kW 额定功率时，循环冷却油量达 750L / min，温度在 80℃以下，达到使用要求。

短系列分别支承式调速型液力偶合器整体性能居国际领先水平。该产品的开发成功，使国内偶合器调速技术得到快速发展，推动了区域经济的发展。

3.1.3 科技成果

液力行业经过几十年的发展，取得许多科技成果，从设计方法到制造技术、测试技术都取得较快进步，取得多项成果。液力行业获中国机械工业科学技术奖项目见表 1-14。

3.1.4 标准化情况

“十二五”以来，行业企业分别借助全国连续搬运机械标委会、全国土方机械标委会等专业标委会的平台，主持或参与制（修）订了本行业的各类国家、行业标准。北京起重运输机械设计研究院、天津工程机械研究院、大连液力机械有限公司、广东中兴液力传动有限公司、山东源根石油化工有限公司、长沙第三机床厂等行业企业参与制修订国家标准、行业标准共 4 项，分别为：GB/T 5837—2008《液力偶合器 型式和基本参数》、JB/T 4234—2013《普通型、限矩型液力偶合器 铸造叶轮 技术条件》、JB/T 9001—2013《调速型液力偶合器 叶轮 技术条件》和 JB/T 4237—2013《液力元件 图形符号》。

3.2 国际竞争力分析

3.2.1 主要发达国家液力产业概况、水平和规模

以德国福伊特公司和美国艾里逊公司为代表的欧美工业强国的液力传动企业，在液力元件设计理论与方法、传动与制动特性控制技术、调速控制技术、液力传动用油品、新材料与新工艺、高功率密度液力元件、水介质液力元件、风电设备可调式液力元件、新型液力元件等各方面开展了大量细致深入的基础理论研

究和实验研究，在液力传动与控制技术领域具有较为成熟的技术和完善的产品体系，在公路、铁路、航海、电力、工程等各领域的液力驱动及制动系统研制和开发方面处于国际前沿。液力产品的应用领域如图 3-3 所示。

图 3-3　液力产品的应用领域

3.2.2　液力产业主要企业及其产品

1. 美国艾里逊公司

美国艾里逊公司作为全球最大的商用自动变速器和混合动力系统的领先生产商，为全球 300 多家整车生产商的车辆配套，产品广泛应用于客车、垃圾车、紧急抢险救援车、建筑车辆和配送车等领域。国际知名的轮式重载装甲车辆都是配装艾里逊公司的液力自动变速器，只有一些轻载装甲车辆配装采埃孚公司的产品，艾里逊公司的品牌实力可见一斑。我国大部分公交车、矿用车辆等也都是配装艾里逊公司的液力自动变速器。

2017 年 4 月，在上海国家会展中心举办的第十七届上海国际汽车工业展览会上，艾里逊公司针对牵引车市场推出了一款创新和独有的 TC10 十速全自动变速器。此次推出的 TC10 十速全自动变速器，整合了艾里逊液力变扭器、双对轴设计加上行星齿轮的结构，大大减小了变速器的体积，最大功率可达 441kW，最大转矩为 2 500N • m。此款全自动变速器与发动机之间的连接依托液力变矩器来实现，省去了传统AMT变速器与离合器的刚性连接，减少了变速器零部件的磨损，进一步提升了自动变速器的可靠性。匹配的艾里逊 Fuel Sence 节油技术进一步提升了传动效率和燃油经济性。

2. 德国采埃孚

德国采埃孚是当今世界上最重要的传动系统产品专业制造厂家之一，是全球汽车行业的合作伙伴和零配件供应商。采埃孚的主要产品除了机械式变速器、液力自动变速器和各式齿轮传动箱外，还有转向机、驱动桥、泵、悬架系统及电磁离合器等，广泛用于汽车、坦克、特种车辆、飞机、船艇、工程机械及农业机械等。

Intarder 是采埃孚自主研发的首款商用车一体化液力缓速器，历经了两次重大改进，其第三代产品在 2008 年汉诺威国际商用车展览会上推出。Intarder 液力缓速器系统集成在变速器上，可在 1s 之内产生高达 4 000N・m 的峰值制动转矩，可承担车辆所需的约 90% 的制动力，大大减轻了车辆制动装置的压力。同时，Intarder 液力缓速器还兼具节省材料和保护环境的功效。

3. 德国舍弗勒

舍弗勒是全球汽车零部件生产的大型企业，在液力元件产品方面，主要致力于生产轻型汽车用液力变矩器总成。随着对节油和减排的需求越来越大，自动变速器在全球范围内的应用越来越普及。采用新型液力变矩器系统的用户友好型自动变速器正在树立新的效率标准，舍弗勒在这一领域占据领先地位。

2016 年，舍弗勒成功开发出更轻巧、减振性能更佳的新一代 iTC 液力变矩器。与传统的液力变矩器相比，iTC 一体式液力变矩器在设计上减少了所用零部件的数量。舍弗勒集团负责汽车研发的副总裁乌韦・瓦格纳解释说：“变矩器中的离心摆式减振器大大提高了振动隔离的效果，使锁止离合器在更早阶段闭合，从而既节省了油耗，又提高了整体舒适性。因此，未来用于自动变速器的大多数液力变矩器都会采用离心摆式减振器。”

4. 日本爱思帝

日本爱思帝是一家拥有 60 年发展历史的离合器、液力变矩器等零部件专业生产厂家，产品应用于乘用汽车、货车、摩托车、农业机械、建筑机械等领域。近年爱思帝开发出了超扁平液力变矩器。该款产品与扁平液力变矩器相比，更加轻薄，而且可节省发动机舱的空间，专为车辆的轻量化而设计。

5. 德国福伊特

福伊特创建于 1867 年，距今已有 150 多年的历史，拥有雄厚的液力传动技术基础。福伊特在 1961 年发明了世界上第一台液力缓速器，自此成为液力缓速器行业的开创者和领导者。

在 2012 年 IAA 汉诺威国际商用车展览会上，福伊特推出了针对中型货车的液力缓速器——Aquatarder SWR。该款缓速器将工作介质换成了水，不仅免去了用户去服务站换油的麻烦，其主机的体积也缩小到了原来的一半，重量比传统液力缓速器轻 35kg。

6. 中国广西柳工机械股份有限公司

广西柳工机械股份有限公司被誉为“中国工程机械行业的排头兵”。面对大吨位液力变矩器叶片弯曲度比市场主流 5t 装载机的变矩器大整整 20° 的难题，该公司摒弃了容易造成叶片变形的传统手工抽芯方式，创造性地想出了“分瓣制作，最后组装”的独有方法，一举攻克了难题，研制成功具有最大牵引力的变矩器，为 12t 装载机在极限工况下的完美表现提供了支撑。

7. 中国陕西法士特集团

作为国内唯一能够研发、生产、销售商用车液力自动变速器（AT）的厂家，法士特集团具备年产 10 万台 AT 变速器的产销能力。法士特集团为重型货车量身打造的具有自主知识产权的新一代 FH400B 液力缓速器，不仅打破了国外企业在重型汽车制动系统市场的垄断，同时填补了国内市场空白，为国内重型货车升级换代提供了技术和产品支持。FH400B 缓速器的缓速力矩最大可达到 4 000N • m，可广泛匹配法士特集团 6 ～ 16 挡变速器。该产品与目前较为普遍使用的电涡流缓速器相比，具有制动快速平稳、操纵安全灵活、运行经济性好等优势。

各公司典型产品如图 3-4 所示。

a）艾里逊TC10变速器

b）采埃孚Intarder液力缓速器

c）舍弗勒iTC液力变矩器

d）爱思帝超扁平变矩器

e）福伊特水介质液力缓速器

f）广西柳工12t装载机用液力变矩器

g）陕西法士特FH400B串联液力缓速器

图 3-4　各公司典型产品

3.3　世界液力产业技术发展趋势

1. 轿车 AT 变速器多挡化

1908 年，亨利・福特最先将一款 2 速自动变速器（不含倒挡）装配到福特 T 型车上，但是与今天的 AT 变速器相比，它并不算是真正的 AT 变速器。真正意义上的 AT 变速器是由美国通用汽车公司在 1940 年开发的，经历了 70 多年的发展，它目前在自动变速器领域占据主导地位，尤其是在美国、日本和欧洲等汽车产业发达的国家和地区有着很高的市场占有率。

随着对汽车的高性能化和燃油经济性的要求不断提高，传统的 4AT、5AT 及 6AT 变速器已逐渐无法满足低排放、高性能的要求。8AT 变速器技术趋于成熟，9AT 变速器也已在高端车上获得了相当高的占有率，AT 变速器的多挡化已是发展趋势。

1999 年，采埃孚集团推出全球首款 6AT 自动变速器（ZF06HP），随后德国奔驰公司推出全球首款 7AT 自动变速器（7G-TRONIC）。2006 年，日本爱信公司推出全球首款 8AT 自动变速器（AA80E），并将其装配在雷克萨斯 LS460 上。采埃孚集团 2008 年推出了 8AT 自动变速器（ZF08HP），2012 年推出首款 9AT 自动变速器（ZF09HP）。2017 年，德国奔驰公司也推出了首款 9AT 自动变速器（9G-TRONIC）。

随着技术引进和自主开发能力的提高，国内的 AT 变速器技术也在逐渐成熟。2009 年，吉利收购了澳大利亚 DSI 自动变速器公司，具备了 6AT 变速器的研发和生产技术。2010 年，盛瑞传动股份有限公司成功试制出 8AT 变速器样机，标志着我国拥有了具有完全自主知识产权的多挡 AT 变速器。

AT 变速器的发展趋势是变速器紧凑化和轻量化、高速比多挡化、液力变矩器持续优化，匹配更多挡位变速器的车型将陆续进入市场。国内外公司的成熟变速器产品如图 3-5 所示。

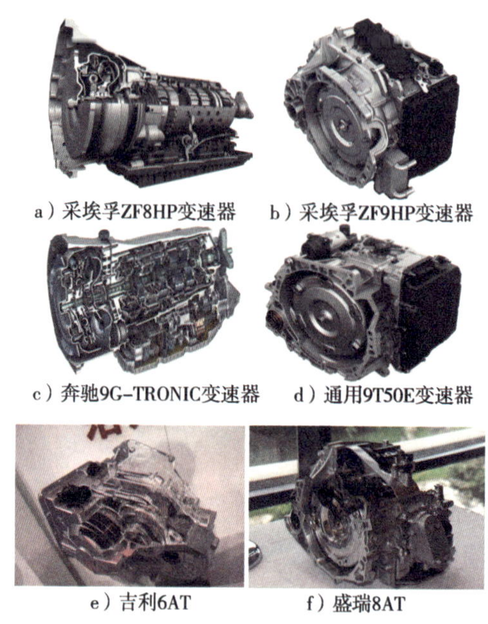

a）采埃孚ZF8HP变速器　b）采埃孚ZF9HP变速器
c）奔驰9G-TRONIC变速器　d）通用9T50E变速器
e）吉利6AT　f）盛瑞8AT

图 3-5　国内外公司的成熟变速器产品

2. 液力变矩器扁平化

液力变矩器是液力自动变速器系统的关键部件之一，其性能对整车的动力性和经济性起着决定性的作用。传统液力变矩器的循环圆多为圆弧形，要具有高的最高效率和大的起动变矩比。随着变速器的挡位数越来越多和闭锁离合器的使用，对轿车液力变矩器起动变矩比的要求下降。同时，由于前驱轿车的发动机空间结构有限，为了给发动机与变速器其他部件创造更多的空间，并更好地满足轿车动力性与经济性的要求，轿车液力变矩器正向扁平循环圆、无气蚀、高偶合点、小容量系数变化等方向发展。

目前，对扁平化液力变矩器的研究主要集中在美国、德国、日本及韩国等发达国家的各大汽车公司，并且还在不断的研发改进中。早在 20 世纪 80 年代末，日本 Mazda 公司就研发出一种扁平化液力变矩器。之后，日本多家汽车公司开始对带有扁平化液力变矩器的轿车自动变速器进行相关研究。德国的 LUK 公司、采埃孚集团及美国的 Daimler-Chrysler 公司也分别对应用于轿车的扁平化液力变矩器进行了研究。国内对扁平化液力变矩器的研究起步较晚。近年，吉林大学开展了一系列轿车液力变矩器扁平化的研究，同济大学、北京理工大学也在进行相关研究。

液力变矩器扁平化发展趋势如图 3-6 所示。

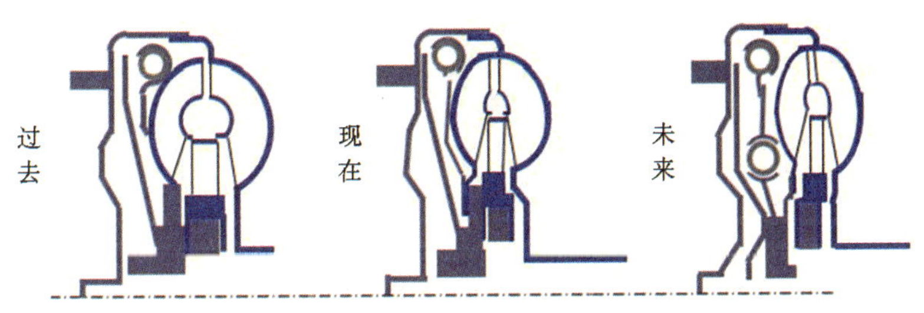

图 3-6　液力变矩器扁平化发展趋势

3. 机械部件电子化

电子化是汽车发展的趋势，也是自动变速器的发展趋势，越来越多的机械部件逐渐被电子元件取代。典型代表是电子换挡杆，也就是通常说的线控换挡（shift-by-wire）技术，它可以减少换挡操纵系统的零部件数量，防止驾驶员误操作，提高换挡速度等。如今，越来越多的车型都开始应用这一技术。

AT 变速器技术的核心问题包括换挡规律和换挡品质。换挡规律将直接影响车辆的动力性、燃油经济性、通过性及对环境的适应能力。国外的自动变速器将换挡规律封装固化到控制单元中，因此，国内企业必须通过自主研发，根据车辆的各种行驶因素确定合理的换挡点，制订相应换挡策略，最终确定满足车辆不同使用要求的换挡规律，实现合理的自动换挡。同时，改善自动变速器的换挡品质也是一个亟待解决的问题。国外对换挡过程中搭接时序的控制、减小换挡冲击及保证换挡平顺性的研究较早，技术比较成熟，目前已处于实际应用阶段。而国内在换挡品质控制方面，虽然已经开展了相关研究并取得了一定的成果，但目前仍处于研究阶段，与国外存在较大差距。可以预见，将电子技术、自动控制技术和人工智能技术应用于液力传动，实现自动控制并达到较高的控制水平，是今后发展的必然趋势。

4. 闭锁离合器及其滑差控制

（1）闭锁控制策略　根据控制参数的多少，闭锁控制策略分为单参数控制策略和双参数控制策略。双参数控制策略一般采用车速和节气门开度作为控制参数，如三菱公司的 Lancer 系列 CVT 变速器，但也有公司采用其他的控制参数，但实际应用中控制参数不会超过两个。随着电子控制技术的发展和自动变速器挡位的增加，为了提高整车的燃油经济性，现在的自动变速器倾向于尽可能早的闭锁，即在满足系统要求的前提下，大部分 6 挡及以上挡位的自动变速器在 2 挡均已实现闭锁。

（2）滑差控制策略　闭锁离合器滑差控制是指在现有条件下闭锁离合器不闭锁而存在微小滑摩，这样既发挥了液力变矩器的缓冲减振作用又提高了整车的燃油经济性。在国外，丰田、三菱汽车公司以及采埃孚等汽车零部件公司都在滑差控制方面进行了大量的研究。采埃孚集团开发的带闭锁离合器滑差控制系统的液力变矩器于 1994 年已经量产，通用、丰田和马自达都对 6 挡 AT 变速器进行了滑差控制研究，其研究成果均已应用于其装载 AT 变速器的车型中。

（3）扭振减振器　闭锁离合器工作时，发动机产生的振动直接传递到传动系统中，对传动系统产生较大的影响。KLOKKENGA 最早建立了带有发动机、液力变矩器以及单个行星排的传动系统扭转振动模型，该模型是基于能量守恒的拉格朗日方程，借助于计算机求解得到了传动系统的一阶固有振动频率。LUK 公司作为一家专业从事液力变矩器生产的公司，最早对两种扭转减振器的结构类型（即传统型扭转减振器、涡轮型扭转减振器）进行了传动系统扭转振动特性分析；在对液力变矩器闭锁离合器的扭转振动特性进行分析的基础上，提出了一种新型的双质量飞轮型扭转减振器。双质量飞轮型扭转减振器如图 3-7 所示。

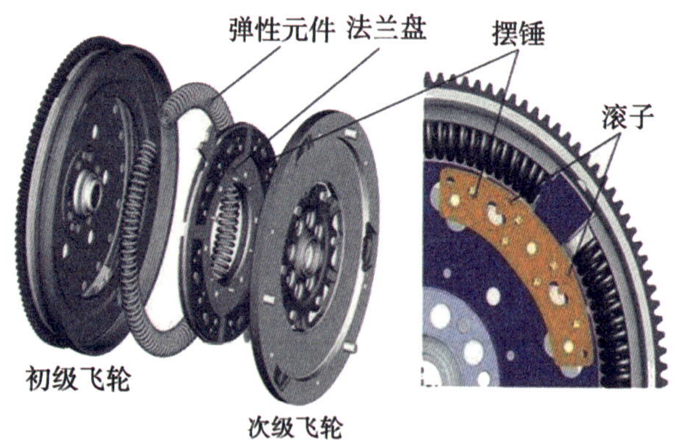

图 3-7　双质量飞轮型扭转减振器

5. 流场分析细节化

流场分析是液力元件设计研究的基础，是液力元件性能预测、合理设计的理论和实践依据，为液力元件的优化设计提供了指导方向。

液力元件叶轮的叶片形状和流道极其复杂，使得液力元件内部的液体流动是不规则的、三维的、多尺度的及复杂的非定常流动。近几年，随着计算机流体力学（CFD）技术走向工业应用阶段，其被广泛应用于液力元件的内部流动计算中。由于机械内部的液体流动情况决定着外部性能，所以利用 CFD 技术对机械设备内部流场进行模拟计算以捕捉内部流动状况，再根据内部液体流动情况修改结构参数，有利于提高设计效率并改进液力元件性能。外特性预测精度的高低将直接影响液力元件设计生命周期的长短。

计算机硬件配置的提升使复杂流场的数值计算精度得到了显著的提高，能够捕捉到湍流的流动信息，进而预测流体机械的特性以及内部湍流流动的状态，使得分析湍流发展过程中的二次流、脱流以及旋涡等现象成为可能。

（1） 流场计算方法　国内外学者在流场分析方面开展了大量的研究工作。二维流动理论是在一维束流理论的基础上发展起来的。用二维流动理论描述常用的向心式或一般的混流式工作轮与实际差别较大，只有三维流动理论才能对实际流场进行正确描述。近年来，国内外学者从不同的角度对液力元件三维流场进行了大量的分析研究。

液力变矩器流场的分析研究经历了基于一元束流理论的传统液力变矩器研究阶段，以及基于二维流动理论和三维流动理论的流场分析设计研究阶段。除了从宏观角度对液力变矩器进行流场分析外，在某些领域，比如微纳米尺度流动、多孔介质流动、多相流等，基于传统计算流体力学的宏观方法却遇到了难以逾越的障碍。王立军、吴光强等创新性地将格子 Boltzmann 方法（LBM）引入液力变矩器流场仿真计算中，从介观角度对液力变矩器导轮进行了流场计算。但是该方法没有对整个液力变矩器进行仿真计算，因此无法指导液力变矩器的优化设计，大大降低了其在变矩器开发中的实用性。解决技术性难题并将 LBM 方法应用于整个液力变矩器的流场仿真计算，对于变矩器的液力性能提高和改型优化设计具有重要意义。液力元件数值计算流程如图 3-8 所示。

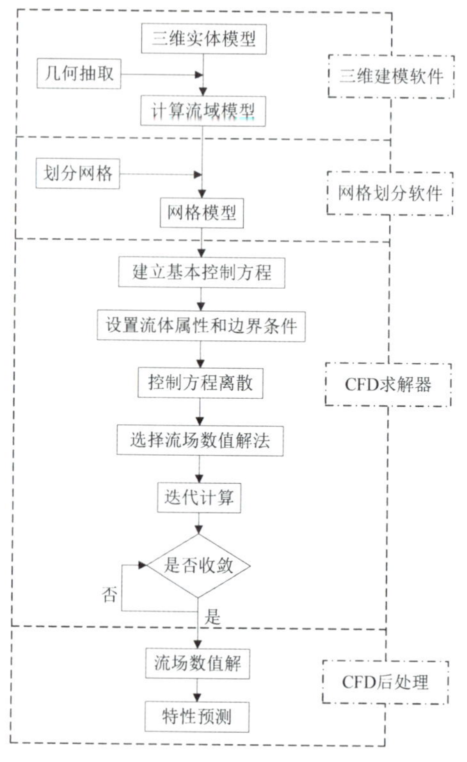

图 3-8　液力元件数值计算流程

（2）内流场分析　对液力变矩器内流场计算分析的研究经历了从稳态假设到瞬态特性发展的过程。液力变矩器内部流动为瞬态的三维、黏性、不可压缩的湍流流动，基于稳态假设的流场计算并不能比较正确地预测流体的真实流动。近年来，在液力变矩器的瞬态特性方面出现了大量的研究成果。对液力变矩器流场特性细节的研究需要不断发展更加先进的流场显示技术和开发更为精确的数值模拟方法。涡的存在对液力变矩器的性能具有较大影响，从涡动力学的角度对实验和计算获得的流场数据进行理论分析非常必要。

流场特性细节的研究是目前液力变矩器研究的一个重要课题。在液力变矩器内，受流体黏性、复杂的几何形状及复杂工作状态的影响，流场中总是存在大量的分离形态以及旋涡运动，这些复杂的流体运动对透平机械的正常运转、实现能耗低与动力性能好的双重效果起着至关重要的作用。若能找到其产生与发展的机理，对于改善叶栅性能、降低流动损失、提高效率具有重要意义。

6. 集成设计

随着计算能力的提高及 CFD 技术的发展，现在已经能够实现对液力变矩器内部稳态、瞬态三维流场的仿真，从而对液力变矩器特性进行精确预测。同时，为了缩短研制周期，各种智能优化算法被广泛应用到设计过程中，使设计结果具有较优异的性能。目前，CFD 技术与优化技术相结合已经成为一个热点研究方向，被越来越多地应用到流体机械的设计中。

设计分析自动化集成的研究与液力变矩器设计、分析和优化的研究多数情况下并不是分离独立的，国内外多数文献的研究成果是将液力变矩器设计、内流场分析及优化结合起来进行研究的。由于三维模型设计软件与内流场计算软件系统之间的数据通信一般是通过专用几何模型数据文件传输，使用这种方式进行模型信息传递可能会出现图形信息丢失问题。为了解决这个问题，需要实现数据文件在不同系统之间几何参数变量的传递和双向数据传递。目前，比较有效的解决方案是对三维设计进行参数化，并对设计与分析的二次接口进行开发，实现液力变矩器的高效自动化设计与设计分析的有效集成。

3.4 我国液力行业存在的主要问题及国内外差距分析

3.4.1 存在的主要问题

我国液力行业虽然发展较快，但是与国外或国内其他行业相比还有很大差距。

第一，液力行业存在的最大问题是人才匮乏。液力行业企业规模都较小，工资水平低、人才留不住，高端人才引不来，人才短缺问题比较突出。人才是立业之本，液力行业从业人员的整体素质迫切需要提高。

第二，液力行业共计不到十几亿元的产值，却是由 100 多家企业完成的。由于液力行业的规模效益差，所以发展后劲不足，无力进行较大规模的技术革新与改造，因而进步缓慢。

第三，国内液力变矩器的自主研发能力较为薄弱，长期存在产品设计精度低、周期长、成本高、能耗高及竞争能力不足的问题。目前我国大部分液力传动产品仍是采用对标设计的方式，包括工程机械广泛使用的双涡轮液力变矩器，都是从对标国外先进标杆产品起步的，缺乏真正的核心技术。当开发对国家发展具有战略意义的重型装备时，国外工程机械巨头就会对我国采取高端产品封锁、低端产品有限提供的策略。

第四，我国液力元件质量不高的一个重要因素在于制造工艺水平较低，这会间接影响车辆的传动效率、使用寿命和综合性能。国际先进液力变矩器的效率已经达到 90% 以上，而我国液力变矩器的效率普遍偏低，多数为 80% 左右。德国福伊特公司的加工设备全部是性能优良的加工中心，一台试验用的平衡机价值为 320 万欧元，一台高功率、高转速的试验台价值为 1 000 万欧元。而这些设备国内的大部分企业是没有能力购买的。

第五，液力传动产品属于主机配套元件，受主机行业的制约较为严重。一方面，液力行业自身的盲目扩展，导致企业靠压低产品价格来争取市场，阻碍了整个液力行业的发展和进步；另一方面，主机行业为了竞争的需要也大幅压低配套件价格，致使目前的液力元件进入微利状态，这对整个行业的发展极其不利。面对激烈的市场竞争及未来新型行业的冲击，液力行业各企业面临极大的挑战。

第六，国内液力行业企业与国外的先进液力元件生产企业的技术合作还不够，学习国外先进技术的渠道太少。我国的液力产品还处于传统产品格局中，没有很好地借鉴、移植和融合电子技术、数字技术、自动化技术和计算机技术，以及新材料、新工艺等先进技术。

目前，液力行业应当提高危机意识，想方设法提高行业实力，进一步提高产品质量，扩大产品宣传，改进营销策略，研制适销对路的新产品，以确保液力行业能够持续发展。

3.4.2 国内外差距分析

（1）可靠性　与国外液力产品相比，我国液力产品迫切需要解决可靠性问题，产品内部及外在质量特别是铸件质量都影响着产品的可靠性和技术先进性。比如，德国福伊特公司的调速型液力偶合器的大修期为 8 年，而我国相关标准规定的调速型液力偶合器的大修期不低于 16 000h，即不足两年，而实际上有的甚至不到一年就坏了。由此可见，要使我国的液力产品赶上国外品牌，就必须在产品可靠性上下功夫。

（2）创新性　目前，国内液力行业普遍存在产品技术落后、技术研发能力不足、管理水平低等问题。虽然液力企业的数量不少，但大多数企业实力较弱，基本上没有自主创新能力。目前，计算机技术、网络技术、现代控制技术及智能制造技术等飞速发展，传统的液力传动产业只有很好地进入并服务这些新兴产业，才能长久发展。

3.5 关键技术及工艺

3.5.1 绿色及智能制造技术

（1）绿色制造技术　伴随着全球生态环境日益恶化和资源短缺，制造业的绿色化已经成为人类社会可持续发展的迫切要求，并由此产生了绿色制造的概念。这就对节省原料、节省能耗以及环境友好的绿色生产技术提出了越来越高的要求，除了传统的实验研究方法，绿色制造工业领域越来越借助先进的过程模拟、集成与优化技术。

近30年来模拟技术得到飞速发展，不断增长的工业需求一直是其发展的原动力。例如，在液力变矩器的设计过程中，利用CFD技术进行的反复设计、分析、优化已成为标准的步骤和手段。计算技术的应用领域不断得到拓展，能源、化工、冶金、电子工业、食品加工、环保、市政建设工程、建筑、机电成套设备、医药等领域也都相继引入模拟计算作为基本的设计分析手段。

目前，计算机技术的发展日新月异，高性能计算机的计算速度呈现指数增长趋势，为制造业广泛应用过程模拟计算技术奠定了基础。过程模拟计算技术的研究在我国起步较晚，目前已远远落后于德国、美国及日本等发达国家。例如，目前主要的计算机流体力学（CFD）商业软件Fluent、CFX等基本是美国、英国公司的产品，我国在模拟计算技术上的投入占全球的比例与我国GDP占全球的比例极不相称。

（2）智能制造技术　智能制造是研究制造活动中的信息感知与分析、知识表达与学习、智能决策与执行的一门综合交叉技术，是实现知识属性和功能的必然手段。智能制造技术涉及产品全生命周期中的设计、生产、管理和服务等环节的制造活动，其技术体系主要包括智能技术、智能制造装备技术、智能制造系统技术、智能制造服务技术。智能制造技术体系如图3-9所示。

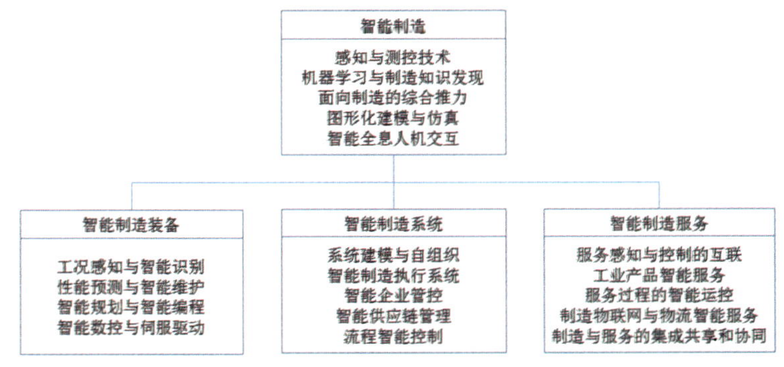

图3-9　智能制造技术体系

3.5.2 互联网 + 液力技术

工业互联网可以看作互联网计算和通信技术在工业系统中更广泛更深入的应用，也就是通信技术和生产运营技术的两化融合，把实体、信息、业务通信技术和人员连接起来，通过数据分析、优化决策推动生产和运营的智能化，对装备和资源的使用高度优化，从而创造新的经济成效和社会价值。自 2015 年开始，工程机械就跟随国家“互联网 +”的号召，搭建出各类“互联网 +”平台。目前产业互联网已成为公认的趋势，在智能及物联网技术快速发展的趋势下，许多企业纷纷搭建与产业互联网 +5G 物联网有关的智能平台。

液力行业作为标志性传统行业之一，转型问题迫在眉睫，行业需要创新。在互联网快速发展和装备制造业转型升级发展的需求引领下，液力技术在工业各个领域的应用不断得到拓展。例如，把液力设备连接起来，收集数据，通过数据分析了解设备的运行情况，并据此对设备的运行维护进行优化，实现经济价值。

3.5.3 关键设计技术

（1）液力变矩器尺度解析模拟技术　液力变矩器是多叶轮透平机械，其内部流体受力复杂且不断变化，使得内部流动形成不稳定的瞬态湍流。此外，变矩器叶轮的旋转以及内、外环的限制作用，导致变矩器内部流体的流动产生旋转效应，继而使湍流发展得更加复杂，导致脱流、漩涡等二次流动现象发生。液力变矩器内部流体产生的力决定了其传动的性能，因此，准确地描述液力变矩器内部流动机理是进行性能计算的基础。

目前，CFD 技术广泛应用于液力元件的设计及研究过程。在进行液力变矩器数值模拟仿真时采用雷诺时均法（Reynolds Averaged Navier-Stokes，RANS）。这种对流动全尺度模型化的方法将很多瞬态问题简化处理，无法求解复杂的流动现象，导致流场计算简化，进而存在变矩器性能计算的误差，目前误差值约为 10%。而采用大涡模拟方法（Large Eddy Simulation，LES）和混合模拟方法（Hybrid RANS/LES，HRL）等可以捕捉瞬态流场的尺度解析法（Scale-Resolving Simulation，SRS）对液力变矩器的瞬态流动进行计算，可将外特性计算误差提高到 4%，可以实现部分流动尺度上的解析求解，为液力变矩器的设计以及匹配提供准确的参考。

（2）高功率密度液力缓速器技术　车辆辅助制动的使用对于保障行车安全和提升机械制动器使用寿命具有很强的现实意义。在减速过程中为了耗散制动产生的热量，先后出现了电涡流缓速器和液力缓速器，工业发达国家先后针对重型车辆发布了强制安装辅助制动装置的法令。国内在液力缓速器方面具有一定的研究基础，主要集中在流场特性、控制系统及其策略等方面。

液力缓速器为柔性传动，其内部各液力元件通过工作油传递能量，制动所产生的热量可通过外接换热器散发出去。在制动过程中，如果换热系统不能提供充分的换热量，工作油温就会不断上升，很有可能致使工作油变质、制动失灵及密封元件因失效而漏油等问题产生，进而使整个制动系统的可靠性得不到保证。由此可以看出，要维持液力缓速器正常的制动性能和长久的使用寿命，关键是要对其温度进行合理的管理。

（3）大功率节能型液力偶合器技术　液力偶合器的研究开发需要朝着绿色节能和高效可靠的方向发展，重点关注调速型液力偶合器的可控调速和高转速大功率液力偶合器传动装置的提升手段。通过对机械与电气各类调速技术性能特点及其应用的分析和比较，发现液力调速应用在风机、水泵上的节电效果十分显著。随着我国经济建设的发展，电力、冶金、化工、石油、矿山等领域所用的通用设备的功率越来越大，因此有必要针对大功率液力偶合器的传动装置匹配技术、部分充液特性及其控制方法、设计制造技术等开展研究。

液力偶合器具有柔性传动、减缓冲击和隔离扭振的作用，并可支持解决多机驱动的功率平衡问题，调速型液力偶合器还具有显著的节能效果。国外此项产品和技术较为成熟，国内从 20 世纪 80 年代开始先后从德国福伊特公司和英国 FLUIDRIVE 公司引进了该产品和技术，后经国内科研院所和主要行业根据国内材料及工艺水平对其进行了国产化。目前，行业内骨干企业开发的一些新产品的技术主要来自科研院所的技术转让，借助于科研机构和高校的力量，目前国内该项产品和技术基本能满足国内需求，但一些重点产品跟国外先进水平比仍有不小差距。

运用尺度解析方法模拟液力偶合器内多流动区域的气液两相瞬态热流动的动态调速过程，建立大功率液力偶合器调速装置轴向力与热平衡理论计算模型，实现叶轮流固耦合与振动特性的准确计算，形成融合流场测试与解析计算、流固耦合与传热分析、特性预测与结构优化为一体的大功率液力偶合器调速装置现代设计方法。

（4）关键制造工艺技术与装备　以液力变矩器为例，变矩器工作叶轮成型方法有很多，但常用的主要有冲压焊接成型和铸造成型两种。

1）冲压叶片铆焊成型。变矩器叶轮冲压叶片铆焊成型，即变矩器叶轮的外环、内环和叶片分别用模具以冲压钢板成型，然后采用焊接或铆接的方式将三者连接成完整的工作叶轮，用该方法生产的液力变矩器也被称为冲焊型液力变矩器。该工艺主要适用于变矩器泵轮和涡轮的生产。冲焊型液力变矩器泵轮的实际产品如

图 3-10 所示。

a）泵轮叶片模具

b）泵轮叶片

c）泵轮外环模具

d）冲焊型泵轮

图 3-10　冲焊型液力变矩器泵轮的实际产品

冲焊型液力变矩器的结构特点在于叶轮叶片为等厚空间扭曲结构，其叶片厚度较小，流道内循环流量具有较大的过流面积，使得冲焊型液力变矩器的能容更大，可充分利用发动机的动力，更好地与发动机匹配。此外，冲焊型液力变矩器叶轮结构紧凑、重量轻、适合大批量生产，在汽车变速器领域得到了广泛的应用。

2）压铸与冲压相结合成型。压铸与冲压相结合的成型方法主要应用于液力变矩器导轮的生产。该方法是先以压力铸造的工艺方式加工出内环与叶片连接在一起的压铸件，再将其与冲压成型的外环焊接，形成整体导轮。如图 3-11 所示为采用压铸与冲压相结合的工艺生产的变矩器导轮。压铸与冲压相结合成型法制造的导轮表面光洁，叶片为不等厚流线型叶片，叶形几何尺寸精确，成型质量高。该方法是变矩器导轮工艺成型的重要方法之一。

3）铸造成型。以铸造工艺生产的变矩器被称为铸造型液力变矩器，通常为铸铝件。其工作叶轮由铸造模具直接浇注而成，将叶轮外环、内环及叶片浇注成一体，叶片为不等厚的流线型空间扭曲结构。对液力变矩器叶轮铸造方法可通过不同的方式进行分类，如根据模具材料的不同，可分为金属型铸造和砂型铸造；根据形成浇道的型芯结构的不同，可分为整体型芯铸造和组合型芯铸造；根据成型工艺原理的不同，可分为重力铸造、低压铸造、熔模铸造、压力铸造及离心铸造等。

a）导轮外环模具

b）导轮

图 3-11　采用压铸与冲压相结合的工艺生产的变矩器导轮

长期以来，变矩器叶轮大都采用重力铸造工艺来进行生产。重力铸造简单灵活，生产过程易于组织，生产成本低。提高铸型及型芯质量，叶轮铸件就可以得到较高的表面质量和尺寸精度。但重力铸造工艺效率低、能耗大，主要依靠增加劳动力或生产场地来提高产量，不符合当前国内所倡导的绿色制造、节能制造的要求。低压铸造是一种将外界压力引入充型、凝固过程的成型工艺，采用平稳的底注式进行金属液的充型，铸件在一定的压力下实现补缩、凝固结晶，能够使薄壁复杂铸件准确成型，获得清晰完整的轮廓结构。由于外界压力的引入，低压铸造成型的铸件的结晶组织细密，力学性能好，耐压性和气密性均优于重力铸造的铸件。低压铸造与重力铸造的变矩器叶轮的外观质量对比如图 3-12 所示。对比两图可以发现，低压铸造生产的叶轮铸件的轮廓更加清晰完整，没有飞边等表面缺陷，外观质量更好。同时，变矩器叶轮采用低压铸造工艺，还可以减少压力效验的工序，从而减少企业的工时成本。

a）低压铸造

b）重力铸造

图 3-12　低压铸造与重力铸造的变矩器叶轮的外观质量对比

熔模铸造生产的铸件尺寸精度高，表面质量好，但熔模铸造的成型工艺复杂难控，造型材料成本高，产品生产耗时长，不适用于变矩器叶轮的大批量生产。对于某些难以加工但质量要求较高的复杂叶形变矩器叶轮，如具有双扭曲叶片的变矩器叶轮，其叶片厚度小、扭曲程度大、流道空间狭小，为解决叶轮型芯起模困难的问题，确保叶片成型后进出口角的尺寸精度及所形成流道表面的表面质量，提高液力变矩器的工作性能，可采用熔模铸造技术来制造型芯。

压力铸造生产的铸件表面光洁，成型精度高，力学性能好，生产效率和金属利用率都非常高。但在压力铸造过程中，由于熔融金属液以极高的速度充填型腔，流动状态紊乱，卷气现象严重，铸件内部常有气孔存在，无法进行热处理。压力铸造对于内凹复杂铸件的成型比较困难，如变矩器泵轮、涡轮，同时还需考虑型芯能够承受的压力强度。此外，压力铸造的铸型成本高，压铸设备昂贵，生产效率虽高，但中小批量生产会降低其经济性。

离心铸造属于特种铸造技术之一，适用的合金范围较广，可浇注形状对称或近似对称的铸件，适合大批量生产，管类、轴套类铸件普遍采用该方法。离心铸造由于引入了离心力，金属液充型能力得到提高，补缩效果良好，铸件外层能够形成细密的结晶组织，力学性能较高。但铸件的内层质量较差，有较多的非金属夹杂，表面质量差，尺寸误差大，生产过程中需增加内表面的加工余量。此外，由于离心力的分层作用，离心铸造不适宜铸造易偏析的合金。液力变矩器叶轮理论上可采用半真离心铸造，金属液在重力及离心力的作用下充填铸型，离心力起到了增加金属液充型能力和补缩能力、提高铸件组织致密性的作用。

4）基于 3D 打印技术的组芯制造工艺。目前，3D 打印工艺主要分为光固化成型工艺（Stereo lithography Apparatus，SLA）、激光烧结工艺（Selective Laser Sintering，SLS）、熔融沉积工艺（Fused Deposition Modeling，FDM）及三维印刷工艺（Three-Dimension Printing，3DP）。3DP 工艺打印砂型的流程如图 3-13 所示。

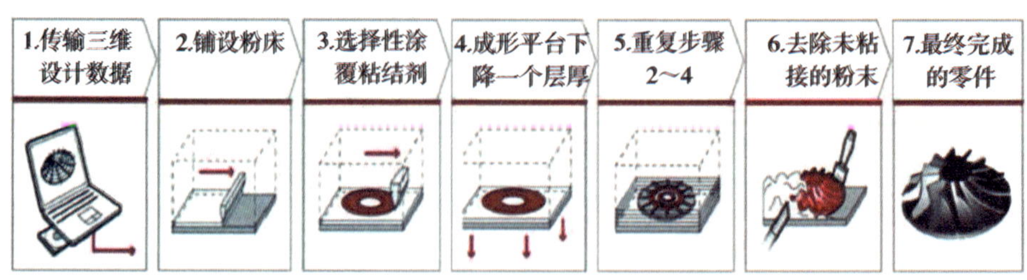

图 3-13 3DP 工艺打印砂型的流程

传统的铸造工艺流程包括三维图样的设计、预处理、工装夹具制造、砂型制造、铸造，运用3D打印技术后，传统铸造中的工装夹具制造、砂型制造、砂芯制造等工序全部由3D打印一个工序代替，生产周期大幅缩短。

通过对采用不同成型工艺制作的样块的主要性能进行检测发现，采用3D打印技术制作的砂芯的性能特别是常温下的弯曲强度，远高于行业内普遍用传统工艺制作的砂芯的弯曲强度，而其发气量和灼烧减量偏高的问题，可以通过调整原辅料的配比来降低，完全满足重力铸造或低压铸造对于砂芯的性能要求。且砂芯尺寸精度较高，组芯和合模过程顺利，无须后期打磨和飞边清理。

采用3D打印技术打印液力变矩器模具组合芯，能够进行叶形的无制约设计且成型快速、绿色环保、无须起模斜度，实现了叶轮的高精度铸造，叶片精度提升了75%，从2mm提升到0.5mm，由此保证了产品的一致性，提高了生产效率，降低了劳动强度。采用3D激光打印的样件的产品制造周期比传统样件的制造周期缩短1/3，有效缩短了验证周期。

（5）关键零部件

1）液力变矩器。液力变矩器是一种复杂的透平机械，一个典型的变矩器包括泵轮、涡轮和导轮。液力变矩器具有转矩放大、隔振、吸振、无级变速的特点，被广泛应用于工程机械、汽车及坦克等行业。液力变矩器结构示意图如图3-14所示。

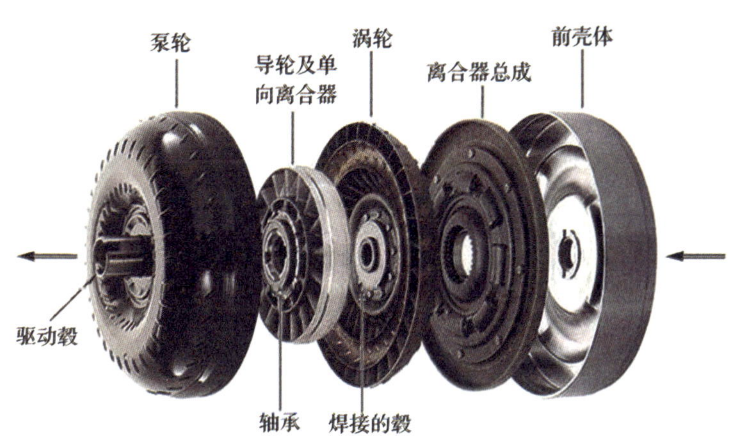

图3-14 液力变矩器结构示意图

2）液力偶合器。液力偶合器位于动力机和工作机之间，具有改善起动性能、过载保护、无级调速等特性，可以保证发动机在怠速工况下不熄火，使车辆具有很好的通过性。它可以防止发动机和工作机械过载，可以使输出转速随负载变化而自动变化。其主要由泵轮、涡轮、外壳等组成，如图 3-15 所示。

图 3-15　液力偶合器结构示意图

3）液力缓速器。液力缓速器作为一种能量吸收装置，可将输入的机械能几乎全部转化为工作液体的热能。在一些长下坡公路上，由于长时间机械制动产生的过热严重时会使制动器失效，液力缓速器应运而生。它具有长下坡长效制动的功能，比机械制动器更加高效环保。液力缓速器如图 3-16 所示。

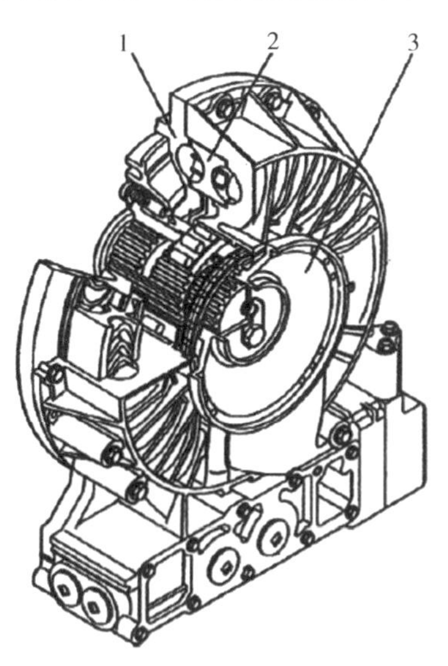

图 3-16　液力缓速器

1—定子　2—转子　3—连接件

4）液力机械变矩器。液力机械变矩器是由液力变矩器与二自由度机械传动元件以不同方式组合起来的液力传动元件。它具有与液力变矩器十分相似的液力传动特性，但其性能指标与液力变矩器的并不相同。最常用的机械传动装置是二自由度的行星排，它是液力机械变矩器中实现功率分流和汇流的重要传动元件。根据功率分流的状况，液力机械变矩器分为外分流液力机械变矩器和内分流液力机械变矩器，前者的功率分流在液力变矩器的外部，后者在液力变矩器的内部。兼有内分流和外分流两种方式的叫作复合式分流液力机械变矩器。

5）油泵。液力变矩器进油和出油需要专门的油泵提供油压，避免液力变矩器油压过低、内部充液率不足而达不到性能要求，或油压过高造成漏油而污染环境。常见的油泵有直列式、分配式和单体式 3 种形式，可以精确控制液压油的流量和压力，给液力变矩器提供稳定的具有一定压力的液压油。常见的 ISWB 卧式管道油泵如图 3-17 所示。

图 3-17 ISWB 卧式管道液压泵

6）阀。液力变矩器与主油路循环之间必须采用压力阀进行控制，使液力变矩器内部的工作介质能够保持稳定的循环流动。液力变矩器有专门的进、出油口，需要专门的阀进行控制。其中旁通阀和压力控制阀最为主要。液力变矩器的进油口必须设置旁通阀以保证其有足够的供油压力，只有这样才不会出现因流量中断而导致流量脉动情况的发生。液力变矩器的出油口必须用背压阀进行控制，以便保证出油口有一定的出油压力，这样既可以避免在液力变矩器内部发生气蚀现象，也可以保证液力变矩器不出现泄漏及载荷不足的情况。液力变矩器需要采用压力控制阀控制进油流量和压力，采用背压阀控制出油压力，以便使液力变矩器内部保持满充液率。旁通阀和背压阀如图 3-18 所示。

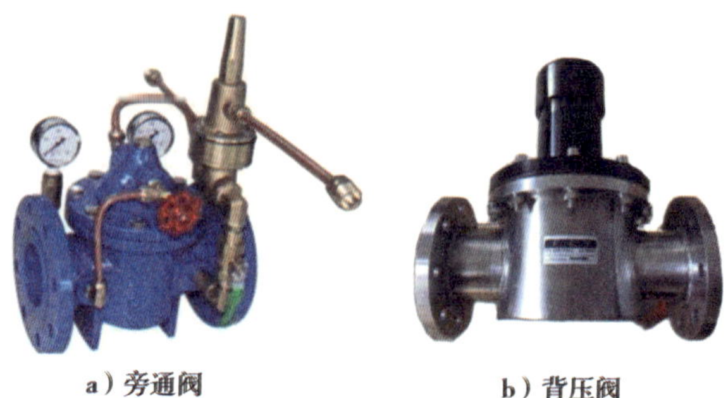

a）旁通阀　　b）背压阀

图 3-18　旁通阀和背压阀

7）闭锁离合器。闭锁离合器通过控制阀门开度来控制其开合状态，从而实现液力变矩器泵轮和涡轮的开合，使液力传动转变为机械传动，可以满足不同工况对动力性的要求。闭锁离合器在闭锁过程中存在滑摩功，这种状态下，液力变矩器同时具有液力功率和机械功率，可以实现功率分流。液力变矩器中使用的闭锁离合器如图 3-19 所示。

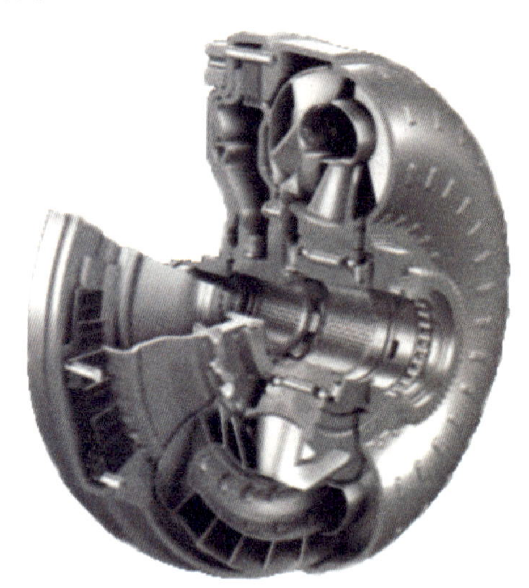

图 3-19　液力变矩器中使用的闭锁离合器

8）单向离合器。液力变矩器工作时，由泵轮壳带动泵轮流体旋转，泵轮流体冲击涡轮，实现能量传递，然后涡轮流体通过导轮流回泵轮。导轮为固定不动的状态，只起到改变液流方向的作用。由于流体高速运动冲击导轮，势必会使导轮具有旋转运动的趋势。在低速工况下，单向离合器起到抑制导轮正向旋转的作用，以保证导轮处于静止不动的状态。在具有双导轮的液力变矩器中，当液力变矩器由低速工况向高速工况变化时，导轮受力从压力逐渐向吸力转变，这时候第一导轮出现了自由反转，第二导轮静止不动，这样可以使液力变矩器具有更宽的高效区，使液力变矩器的性能得到充分的利用。单向离合器在抑制液力变矩器导轮正向旋转上起到了不可替代的作用。CSK15PP 单向离合器如图 3-20 所示。

图 3-20　CSK15PP 单向离合器

（6）关键材料　由铸造工艺生产液力元件普遍采用的材质为 ZL104，其密度小、强度大，在高温或者低温下工作时均能保持良好的力学性能，且具有良好的耐蚀性和抗氧化性。冲焊型液力变矩器一般为钣金件，通过钣金冲压制作而成，钣金具有重量轻、强度高、成本低、大规模量产性能好等特点，且成本低。

在铸件生产过程中，特别是传统低压铸造和重力铸造，产品不仅只有金属铸件，还包括生产铸件所需的砂芯。金属 3D 打印是最直接有效的成型方式，现阶段最成熟的金属 3D 成型工艺为 FDM。但目前可用于金属 3D 打印的材料种类有限，如现阶段国际上主要用于铝合金 3D 打印成型的材料牌号是 AlSi10Mg 和 AlSi12 系列，其他系列的铝合金用于 3D 打印还需要对粉末加工技术和打印工艺包进行专门的研究，尚处于研究阶段。因此，现阶段采用金属 3D 打印技术成型的产品主要是小型轻薄部件，主要以不锈钢和钛合金材料为主。砂芯的 3D 打印现阶段主要采用 SLS（选择性激光烧结）和 3DP（三维粉末粘结）技术，其最大特点是砂芯的各项性能可以通过对原辅料的配比进行调整和优化。采用不同技术成型的砂芯样块的性能对比见表 3-2。

表 3-2 采用不同技术成型的砂芯样块的性能对比

成型工艺	常温抗弯强度 /MPa	发气量 / (mL/g)	灼烧减量（%）	成型精度 /mm
现有制芯工艺	3.5 ～ 7	≤ 15	≤ 2.5	±0.5
SLS 工艺	0.8 ～ 10	≤ 20	≤ 2.6	±0.1
3DP 工艺	0.8 ～ 10	≤ 18	≤ 2.5	±0.1

3.6 液力行业产品结构调整

为提高液力行业产品水平，需要加快技术和产品结构的调整。根据国内外技术状况和目前行业水平，需要加快研究开发高速大功率液力传动装置。

3.6.1 重点发展的液力产品

液力行业需要重点发展的产品有：

1）超临界发电机组用液力偶合器。

2）变矩偶合复合装置。

3）大功率液力自动变速器。

4）车用液力缓速器。

5）高功率密度液力变矩器。

6）井下双向液力偶合器。

7）用于大惯量恒转矩的导叶可调液力变矩器。

8）轨道车用液力传动箱。

9）用于沙漠等特殊条件下的液力偶合器。

3.6.2 关键技术（工艺）

液力行业需要发展的关键技术（工艺）有：

1）电液控制技术。

2）高性能叶轮制造技术。

3）液力机械复合传动技术。

4）液力电气复合传动技术。

5）叶轮 3D 打印技术。

3.6.3 关键制造工艺技术、装备及材料

液力行业需要发展的关键制造工艺技术、装备及材料有：

1）叶轮、叶片增材制造技术及 3D 打印机。

2）高强度叶轮、叶片及其材料。

3）叶轮强度试验设备及测试技术。

4）产品可靠性试验技术及评价体系。

5）新型液力传动油研究。

3.7 液力技术路线图

液力技术路线图（2010—2030 年）如图 3-21 所示。

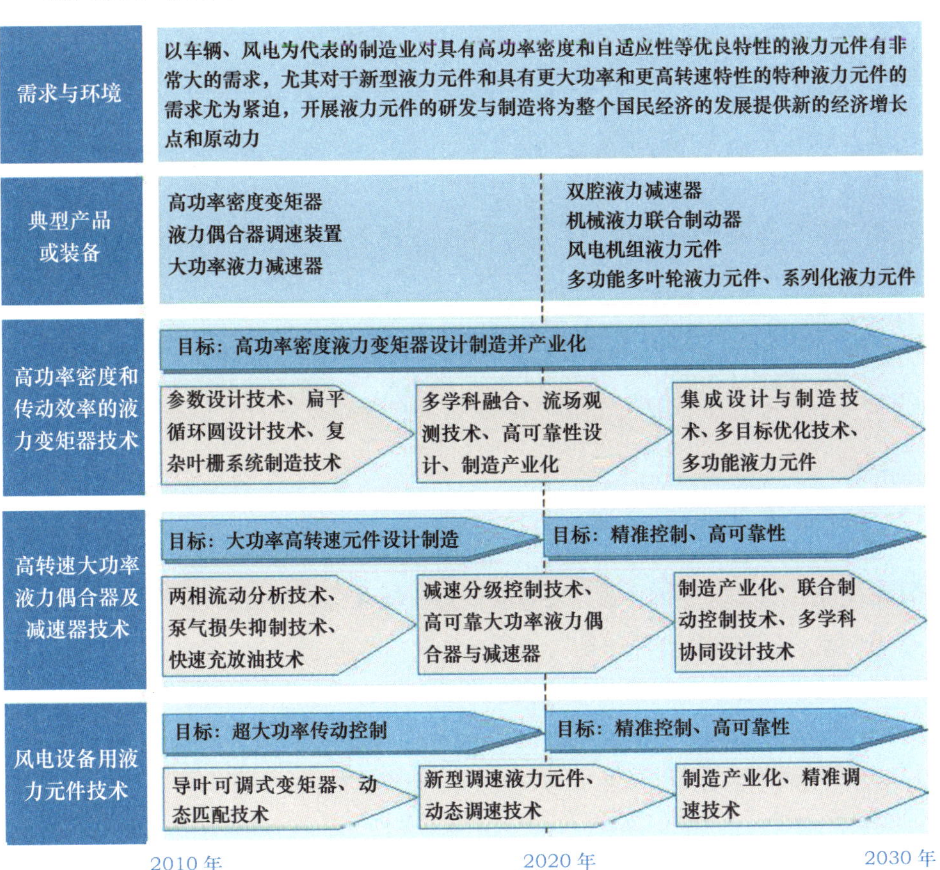

图 3-21 液力技术路线图（2010—2030 年）

参考文献

[1] 万磊 . 新时代下的液力传动产业发展——访北京理工大学机械与车辆学院闫清东教授 [J]. 液压气动与密封，2018，38（03）：90-94.

[2] 李绍云 . 传承历史需从夯实基础做起——访国内液力传动领域专家闫清东教授 [J]. 液压气动与密封，2013，33（10）：83-85.

[3] 赵德祥，秦睿 . 中国汽车变速器的使用现状与发展趋势 [J]. 公路与汽运，2015（1）：26-29.

[4] 李增辉，田华，刘富庆 . 液力自动变速器的技术现状及发展趋势 [J]. 时代汽车，2016（5）：43-44.

[5] 雷丽 . 盛瑞自主 8AT 创新产学之路 [J]. 时代汽车，2014（11）：84-85.

[6] 赵阳春，朱新明，周明，等 . 液力自动变速器的发展现状和趋势研究 [J]. 汽车实用技术，2019（2）：214-215，220.

[7] 何松霖 . 扁平化液力变矩器内流场特性及导轮叶形研究 [D]. 镇江：江苏大学，2016.

[8] 徐志轩 . 液力变矩器内流场尺度解析求解方法研究 [D]. 长春：吉林大学，2017.

[9] 王立军，吴光强 . 基于格子 Boltzmann 方法的液力变矩器导轮流场仿真 [J]. 同济大学学报（自然科学版），2015，43（4）：592-598.

[10] 马文星，王佳欣，刘春宝 . 液力变矩器流动数值模拟的发展与应用 [J]. 液压与气动，2019（5）：1-8.

[11] Liu C，Li J，Bu W，et al.Large eddy simulation for improvement of performance estimation and turbulent flow analysis in a hydrodynamic torque converter[J].Engineering Applications of Computational Fluid Mechanics，2018，12（1）：635-651.

[12] Liu C，Sheng C，Yang H，et al. Design and optimization of bionic janus blade in hydraulic torque converter for drag reduction[J].Journal of Bionic Engineering，2018，15（1）：160-172.

[13] Liu C，Xu Z，Ma W，et al. CFD investigating medium-temperature influences on performance prediction and structure stress calculation in a hydrodynamic torque converter[J]. Numerical Heat Transfer， Part A: Applications，2017，72（7）：563-578.

[14] Cai W, Li Y, Li X, et al.Numerical Investigation of Fluid Flow and Performance Prediction in a Fluid Coupling Using Large Eddy Simulation[J]. International Journal of Rotating Machinery, 2017, 2017 : 1-11.
[15] Chunbao L, Li L, Yulong L, et al.Drag reduction and performance improvement of hydraulic torque converters with multiple biological characteristics[J]. Applied bionics and biomechanics, 2016, 2016 : 14.
[16] 刘春宝，李静，卜卫羊，等 . 尺度解析湍流模拟方法在液力传动流动数值模拟中的应用 [J]. 液压与气动，2019（6）：58-62.
[17] Bu W, Shen G, Qiu H, et al. Investigation on the dynamic influence of thermophysical properties of transmission medium on the internal flow field for hydraulic retarder[J].International Journal of Heat and Mass Transfer, 2018, 126 : 1367-1376.
[18] Liu C, Bu W, Wang T.Numerical investigation on effects of thermophysical properties on fluid flow in hydraulic retarder[J]. International Journal of Heat and Mass Transfer, 2017, 114 : 1146-1158.
[19] 游登峰 . 商用车水介质缓速器热管理 [D]. 长春：吉林大学，2015.
[20] 王赫 . 液力变矩器叶轮铸造成型数值模拟及工艺研究 [D]. 长春：吉林大学，2014.
[21] 魏宸官，杨乃乔 . 液力传动通俗技术讲座 第七讲——液力变矩器与液力机械变矩器的分类与性能特点 [J]. 起重运输机械，1984（12）：30-36，39.

第4章

气动行业现状及发展趋势分析

气压传动与控制（以下简称“气动”）技术是以压缩空气为工作介质进行能量传递或转换的工程技术，是实现各种生产控制、自动控制的重要技术手段之一。

气动系统由于具有结构简单、轻便、可靠性高、寿命长、防火防爆、环境污染小及工程容易实现等特点，因此广泛应用于工业自动化领域。经过 70 多年的发展，我国气动行业已经形成门类基本齐全、具有较高生产能力和技术水平的产业体系。目前，气动技术在机械、电子、汽车、化工、电力、纺织、食品、包装、印刷、造船、医疗器械及制药等制造行业的各种自动化生产装备和生产线上广泛应用，极大地提高了制造业的生产效率和产品质量，在我国装备制造业和工业强基工程中发挥着重要作用。

4.1 气动行业发展现状

4.1.1 产业规模

经过 70 多年的发展，我国气动行业从无到有，从小到大，我国已经成为气动产品的制造大国。目前，我国有气动生产和销售企业约 1 000 家，其中规模以上企业约占 20%，主要集中在北京、上海、奉化、慈溪、乐清、无锡、肇庆、济南、烟台及威海等地。

我国气动行业现有浙江奉化气动产业集群、浙江乐清气动产业集群、江苏无锡气动产业集群和广东肇庆气动产业集群。

1. 工业总产值

据中国液压气动密封件工业协会对行业重点联系企业的统计，2018 年，气动行业实现工业总产值 248 亿元，同比增长 8.3%。

2. 气动产品产销存情况

2018 年气动行业重点联系企业气动产品生产、销售、库存情况见表 4-1。

表 4-1 2018 年气动行业重点联系企业气动产品生产、销售、库存情况

产品名称	生产量	销售量	库存量
气动元件合计 /（台 / 件）	87 349 413	91 530 925	6 128 613

（续）

产品名称	生产量	销售量	库存量
其中：气动执行元件 /（台 / 件）	21 444 136	29 384 459	1 820 359
气动控制元件 /（台 / 件）	30 663 291	27 209 222	2 577 562
气源处理元件 /（台 / 件）	35 241 986	34 937 244	1 730 692
气动机械、系统 / 套	7 332	6 982	4 895
气动辅件 / 万件	17 113	16 503	1 502

3. 气动产品产值分布情况

气动产品产值分布情况如图 4-1 所示。

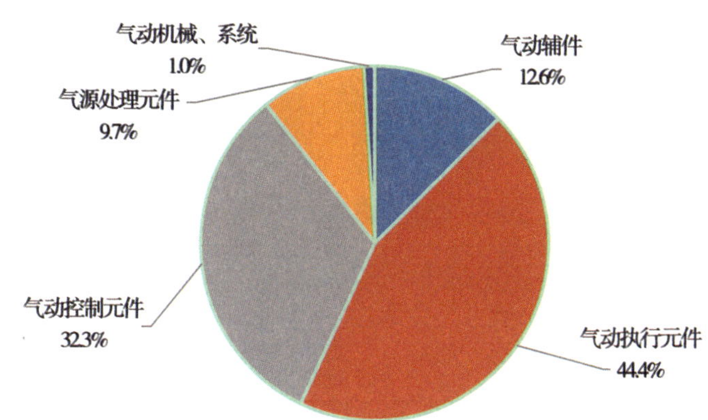

图 4-1　气动产品产值分布情况

4. 气动产品销售去向

2018 年重点联系企业气动产品销售去向如图 4-2 所示。

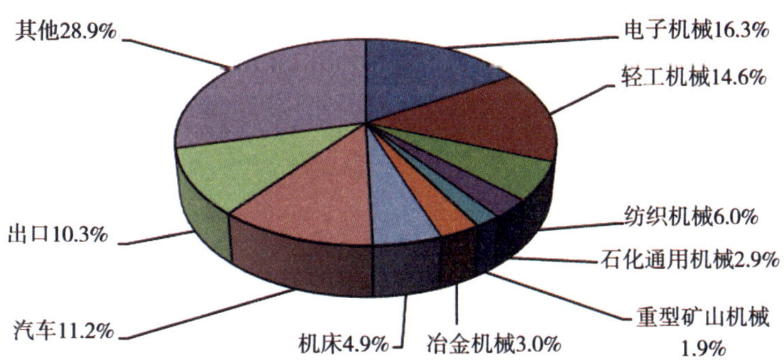

图 4-2　2018 年重点联系企业气动产品销售去向

5. 我国气动行业国际竞争力

经过 70 多年的发展，我国气动行业已形成了较完整的生产体系，具有较强的国际竞争力，气动产品国内市场销售额连续三年居世界第一位。2005—2018 年我国气动产品国际市场占有率见表 4-2，2005—2018 年国际气动产品销售额见表 4-3。

表 4-2　2005—2018 年我国气动产品国际市场占有率

年份	2005	2006	2007	2008	2009	2010	2011
销售额 / 亿元	4.14	6.68	8.85	10.76	11.21	15.49	19.77
市场占有率（%）	5.60	8.90	11.03	14.49	21.67	19.20	24.07
年份	2012	2013	2014	2015	2016	2017	2018
销售额 / 亿元	23.41	24.49	25.97	30.44	30.86	32.68	35.00
市场占有率（%）	24.47	26.60	26.31	27.75	29.38	28.12	27.71

表 4-3　2005—2018 年国际气动产品销售额

年份	2005	2006	2007	2008	2009	2010	2011
销售额 / 亿欧元	73.4	75.5	80.2	74.8	51.7	80.4	82.1
增长率（%）	7.4	2.9	5.7	-6.9	-44.6	55.5	2.1
年份	2012	2013	2014	2015	2016	2017	2018
销售额 / 亿欧元	95.7	92.1	98.7	81.7	111.2	116.2	126.3
增长率（%）	16.6	-3.8	7.2	-17.3	36.2	4.5	34.5

4.1.2　科技成果

浙江大学开发的“气动新产品创新研发平台”，可以通过模块化组合开发各类高性能气源处理器、方向控制阀、高性能电磁阀、阀岛、高速开关阀、精密减压阀、比例减压阀、气动增压器、流量控制阀、低摩擦气缸、无杆气缸、摆动气缸、高性能真空发生器、真空调压阀和吸盘等气动元件。

北京航空航天大学在国家科技支撑计划、公益性行业科研专项、自然科学基金、博士点基金等国家项目以及 20 余家工厂的支持配合下，经过十多年的努力，完成了 8 个方面科学工程技术的研究。

（1）全新的压缩空气功率表示及测量方法研究并制定了国家标准　弃用传统的采用空气消耗量（空气体积）表示能耗的方法，交叉融合气压传动与控制、空压机、工程热力学三门学科知识，深入分析压缩空气状态变化与外界机械能转换的关系，提出了一种新的压缩空气能耗评价指标——气动功率。该指标能直接量化反映气动设备的用气能耗。

1）基于新的评价方法，揭示了压缩空气系统各环节的能量损失，为压缩空气系统节能诊断尤其是节能率的计算奠定了理论基础，为选用高能效的气动元器件和设备提供了计算依据。

2）完成了国家标准的工作组草案。

（2）压缩空气系统节能诊断的方法和业务流程的研究

1）针对各种螺杆式空压机、活塞式空压机、离心式空压机和冷冻式干燥机、吸附式干燥机的运行特点，明确了能效评估方法，制定了一系列节能调研步骤以指导和规范现场诊断。

2）运用气动功率，提出了分压改造及降压和稳压控制的节能率计算方法。

3）制订喷嘴出口流速测量方法，对出口流速未达到声速的喷嘴计算其改造后的节气率。

（3）面向螺杆空压机的分钟级用气预测和面向离心机的小时级用气预测技术的研究

1）面向螺杆空压机的控制需求，对其未来用气流量提出了分钟级预测方法，通过采集空压站储气罐的压力波动率来计算。

2）面向离心空压机的控制需求，对其未来用气流量提出了小时级预测方法。基于历史数据和当前实时工况，利用核函数将样本向高维空间作非线性映射，再利用在高维空间中最大可能地做线性分划或回归的支持向量机（SVM）方法来计算。

（4）基于用气流量预测的空压机群节能专家控制策略研究，并研制了控制系统软硬件

1）针对螺杆式空压机卸载压力恒值设定不能适应流量变化的问题，提出了最优卸载压力线的控制方法，即动态调节空压机卸载压力设定值，在设定值偏低时频繁加、卸载与设定值偏高时能耗增加之间寻找平衡点。并根据用气量预测值，综合考虑空压机功率、产气效率、运行时间等因素，按总能耗最小目标实施专家决策，制订空压机群加、卸载序列。

2）开发空压机分控单元，解决不同品牌、不同型号空压机的通信及控制兼容问题，采用模块化设计方法研制了主控柜及控制软件。

（5）泄漏点定位和泄漏量测量新方法研究并发明了检测装置

1）研究利用超声波的气体泄漏检测方法，通过频谱加窗（中心频率40kHz）及计算其面积重心，成功区分直射与反射声源，减少反射对泄漏点定位的干扰，并采用信号识别将环境中的不连续金属撞击声过滤掉，准确定位泄漏源，定位精度可达 ±1.0cm。开发了泄漏点扫描枪产品，解决了在现场依靠听觉侦测泄漏受环境噪声干扰及容易遗漏微小泄漏的问题。

2）提出了基于基准流量的并联接入式泄漏量测量的新方法，设计了基于多变指数的温度补偿算法来消除温度对测量结果的影响，测量精度在 ±5% 以内，量程比高达 200：1。开发了智能气体泄漏量检测仪，满足了在现场无须拆开供气管道即可检测用气设备泄漏量的需求。

以上两种检测方法及相应产品有效地解决了现场泄漏检测中的实际困难，极大地促进了耗气量占比高达 10% ～ 40% 的现场泄漏的治理。

（6）管道气体流量非介入式测量技术研究并发明了测量装置

1）打破了传统的需要破坏管道的介入式测量方法，提出了利用压力波的非介入式（将测量头接入管道排水口，不用切开管道）管道流量测量新方法，以压力波与气体在管路中的传播特性为基础，通过测量顺、逆流的传播时间差来计算气体流速。

2）研究基于管道温度场动态热特性的外置式测量方法，通过在管道外壁激发动态温度场，以气体管道非稳态温度场受到气流传热影响后的特征为基础来测量气体的流量大小。提出一种基于小波变换的信号消噪处理技术，以小波变换中模极大值去噪技术为基础，通过引入自适应阈值与插值函数，提高了消噪效果及速度。

（7）高耗气末端设备节气关键技术研究并研发了相关装置

1）提出了一种新型结构的节能上顶栓气缸，改变了传统的单一活塞的气缸结构，采用两段式的主、副气缸驱动，主气缸工作在工作行程，副气缸工作在空载行程，可降低空气消耗量 50% 左右。

2）提出了一种适用于恶劣工况（泄漏量大于驱动用理论用气量）下的气缸节气装置，改变了传统调节阀输出压力值单一的特性，通过控制节气口的输入压力使节气装置输出两种不同的压力，匹配不同的工况以减少非工作工况下的供气压力，从而减少气体泄漏量，达到节能效果。

3）提出了一种脉冲式节能喷嘴装置，利用脉宽调制的原理，采用最优频率和占空比控制气枪喷吹流量，并研发了机械式气体脉冲发生机构来替代电磁式发生装置，提高适用性。

4）提出一种恒压恒流的供气节能装置，通过采用减压阀稳定前端压力，并配置临界压力比接近 1 的具有收缩扩张特征的“拉瓦尔”喷管作为恒流装置，达到稳定并减少流量输出的目的。

（8）利用膨胀能的局部增压新技术研究并研制了相关装置　设计了一种利用膨胀能的大流量高效气体增压结构，通过建立新型增压器的无因次化数学模型，确立了影响增压器输出流量和效率的关键参数，优化了增压器的参数。研发了新型增压器产品。该增压器增压比为 2∶1，流量高达 4m^3/min（ANR），流量和效率比传统产品分别提高 30% 和 25%。

4.2　世界气动产业技术和产品发展趋势

气动技术是以空气压缩机为动力源，以压缩空气为工作介质，进行能量传递或信号传递的工程技术，是实现各种生产控制、自动控制的重要手段之一。

人们利用空气的能量完成各种工作的历史可以追溯到远古，但作为气动技术应用的雏形，大约开始于 1776 年 John Wilkinson 发明的能产生 0.1MPa 左右压力的空气压缩机。1880 年，人们第一次利用气缸做成气动制动装置，并将它成功用到火车的制动上。20 世纪 30 年代初，气动技术成功应用于自动门的开闭及各种机械的辅助动作上。进入到 60 年代，尤其是 70 年代初，随着工业机械化和自动化的发展，气动技术才广泛应用在生产自动化的各个领域，形成现代气动技术。

从各国的行业统计资料来看，气动行业发展很快。20 世纪 70 年代，液压与气动元件的产值比约为 9∶1。目前，在工业技术发达的欧美、日本等国家和地区，该比例已达 6∶4，甚至接近 5∶5。由于气动元件的单价比液压元件的单价低，因此在相同产值的情况下，气动元件的使用量及使用范围已远远超过了液压元件。从地区划分看，可以说美洲（以美国为中心）、欧洲（欧洲各工业发达国家）和亚太地区（以日本为中心）三分天下，气动行业的知名企业有日本的 SMC 公司、德国的费斯托（FSTO）公司、英国的 NORGREN 公司和美国的 PARKER 公司等。SMC 公司是世界上最大的气动企业之一。在世界 30 个国家建有海外子公司和生产工厂，气动元件的基本品种达 10 100 种，规格达 59 000 种，其筑波技术中心有 1 000 多名技术人员研制开发气动新产品。

纵观世界气动行业的发展趋势，气动元件的发展动向可归纳如下：

1）高质量。电磁阀的寿命可达20 000万次以上，气缸的寿命可达2 000～8 000km。

2）高精度。定位精度达0.1～0.5mm，过滤精度可达0.01μm，除油率可达$1m^3$标准大气中的油雾在0.1mg以下。

3）高速度。小型电磁阀的最大动作频率可达1 000Hz，气缸最大速度可达3m/s。

4）节能环保。电磁阀的功耗可降至0.1W。多种节气网、节气缸等节能元件已投放市场，采用环保材料制造元件以保护环境。

5）小型化。元件制成超薄、超短、超小型。例如：宽为6mm的电磁阀，缸径为2.5mm的单作用气缸，缸径为4mm的双作用气缸，M3的管接头和内径为2mm的连接管等。

6）轻量化。元件采用铝合金及塑料等新型材料制造，以及对零件等进行强度设计，如已出现的低功率电磁阀。

7）无给油化。由无须供油润滑元件组成的系统不污染环境，系统简单，维护也简单，节省润滑油，且摩擦性能稳定，成本低，寿命长。适合食品、医药、电子、纺织、精密仪器和生物工程等行业的需要。

8）复合集成化。减少配线、配管和元件，节省空间，简化拆装，提高工作效率。

9）机电气一体化。典型的是“可编程序控制器＋传感器＋气动元件”组成的控制系统。串行传送技术大大简化了大规模工控回路中的接线和输入、输出信号的处理。电动执行器的出现可以通过输入、输出控制器，实现高精度定位（±0.02mm）及与气动系统的混合控制。

随着IT工业、通信技术、传感技术的不断发展，以及新技术、新产品、新工艺、新材料等在工业界的应用，气动元件、气动技术作为主机配套的重要基础件也发生了革命性的变化，主要体现在微型化、模块化、集成化、系统化、智能化、状态监测/可诊断等方面，以实现高速、高频、高精度和高可靠的目标。

1）微型化。微型化是指在不影响元件功能的前提下，尽可能使气动元器件紧凑和小型化，比如驱动器、内置高精度的滚珠导轨及零壁厚的片状电磁阀等，这是当前气动技术向微型化发展的一个重要方面。与此同时，“微气动技术”已在国际各大公司内悄悄展开，以适应高精尖电子时代的需求。

2）模块化。模块化是气动元件发展的一种趋势，无论是控制阀还是气动执行元件。过去，人们认为把控制阀设计成模块化十分必要，但对于气动执行元件的模块化考虑得较少。如今，气动执行元件的模块化已经逐渐成为一种趋势，设计人员只需要查找产品样本中驱动器允许的推力、行程、许用径向力、许用转矩等数据，分析其是否能满足实际工况要求即可，不必再设计带导轨的驱动机构。采用模块化的气动执行元件极大缩短了其在自动流水线的设计制造、调试及加工的周期，既方便了生产厂商（大大减少了安装、转换生产和维修所花费的时间、费用，并确保生产质量），又保证了市场需求。这是自动化生产对市场快速应答的一种回应。

3）集成化。称气动技术为精密技术，集成化是一个重要的原因。气动技术的进步不单单是机械上的改进、升级，目前的气动元件已是各种技术的互相融合和精确的配合，常见的是气动与电子、传感器、通信及日益壮大的机电一体化等其他技术的紧密结合。气动元件在集成化方面进步很大，在集成化方面的观念与在标准化、微型化、模块化、系统化、智能化方面的一样，不断更新、不断进步。一种崭新的工业设计思路是紧凑、智能、集成化、模块化、可靠和方便，所有的思路均来自应用的需要，因此，过去根本意想不到的具有综合特性的集成化气动产品不断涌现出来，预计将来新的集成化气动产品会更多地替代传统的气动元件。

4）系统化。几十年来，气动技术一直因为其结构简单和可靠耐用而闻名于世。气动技术的领先者不断地将一些复杂功能集成到气动元件中，下一步着重推出的将是系统整体解决方案。也就是说，用户不必再考虑如何选择气动元件，如何装配、调试，而是只要把需求提出来就可以得到相应的解决方案，也就是即插即用（插上气源、电源就可使用）的产品。许多国际上的大公司已经提出“我们不仅仅是卖产品，我们提供的是系统化的解决方案”的理念，一些企业也正在提供一种“即插即用”的产品给客户。

未来，气动技术还将不断进步。比如，面对总线断路、通信错误、循环时间错误及程序停止等一些故障的诊断技术，还将会进一步在阀岛技术中得以体现。预计，随着芯片的大量生产及其成本降低之后，将来以太网和微芯片在分散装置中的应用将越来越普遍。以太网将成为工业自动化领域的传递载体，它的一端与计算机控制器相接（来自计算机的数据无须转换可直接使用），另一端接到智能元件（如阀岛、伺服驱动装置等），完全可实现对几千里之外的设备进行遥控、诊断和调整。

4.3 我国气动产业存在的主要问题及国内外差距分析

4.3.1 存在的主要问题

总体来看，当前我国气动工业尚没有完全摆脱粗放型、外延式发展的倾向，虽然生产规模是制造大国，但与制造强国还相差很远。差距主要表现为：自主开发能力薄弱；资源利用率低；经济增长粗放；产品结构不合理，效率低；在国际市场中处于产品链的低端，缺少竞争力强的企业与企业集团等。我国气动产业存在的主要问题有以下几个方面。

（1）品种规格少，应用领域受限　尤其缺高端产品（指技术性能高或机电一体化程度高的产品），缺少适应高新技术、新兴产业及极端环境特殊功能要求的产品。国外先进气动公司的产品品种基本上已覆盖当今应用领域所需的产品。以日本 SMC 公司为例，其产品品种数约为我国企业产品品种总数的 5 倍以上。而我国气动产品大多数为中低端产品，以气源处理三大件（过滤、减压、油雾）、气缸、电磁阀、气管和接头为主，航天航空、高铁运输、航海勘探等领域所需要的高端气动产品基本依赖进口。自主生产的高端零件的缺失造成了我国气动行业利润率低、企业之间相互压价竞争的现象。以 1/8in 二位五通单电控电磁阀为例，国外进口高端品牌的单价为 300 ～ 450 元，而国内中端品牌的单价为 71 ～ 110 元，低端品牌的单价仅为 35 元左右，甚至每只 25 元左右，价格相差十分悬殊。高端领域产品的缺乏降低了我国气动行业企业的利润空间，不利于企业的长足发展。

（2）低端产品市场混乱　产业结构不尽合理。我国低端气动产品的生产企业众多，且多为民营乡镇企业。行业准入门槛低，企业缺乏相关的专业技术团队，产品创新性低，产品种类集中，重复建设严重，企业之间低价竞争，难以扭转“三低”状态（低水平设计、低质量制造、低价格销售）。气动行业尚无产业集团，缺少龙头企业带动行业发展，以自主品牌参与国际竞争尚存在难度。反观德国、日本等国家，有费斯托公司、SMC 公司等龙头企业带动行业发展，企业之间产业结构分布合理，中小型企业仍有一定的利润空间，企业良性发展，提升了行业的竞争力。

（3）自主创新能力弱，研发经费投入少，是导致我国气动技术落后的主要原因　国内主要生产企业的研发人员平均不足 10 人，且平均学历不高。气动行业的科研院所转企改制后大都以生产经营为主，很少开展前瞻性项目的研发。国家重点高校虽有较强的气动技术研发能力，但缺少与产业需求的结合，尚未与国内企业建立有效的“产学研”结合机制，企业发展产品基本上是跟着当前市场转，且以测绘设计为主，技术含量不高。投入的经费主要用于基建和新增生产设备，用于研发的甚微，平均约占销售总额的 0.5% ～ 1%。行业缺少对科技信息与发展规划的分析研究，缺乏组织实施的举措。

（4）国产气动产品的灵敏度、可靠性等关键技术性能跟国外比有较大差距　与国外先进技术相比，我国常规气动产品的一般技术性能尚可，但关键技术指标的差距较大。如，国产电磁阀的响应时间为 50ms，在集成时响应不一致、不稳定，难以进入高端市场；而国外同类产品的响应时间为 20 ～ 30ms，且稳定可靠。造成这种差距的一个重要原因便是我国的工艺、装备水平与国外相比仍存在较大差距。如，国产机床在精度、效率、自动化程度方面差距较大，先进的加工中心、数控机床数量不足；装配、过程检测、出厂检验的方法与仪器设备比较落后。另外，国内不重视加工工艺的研究与持续改善。这种关键技术性能指标的差距严重影响了我国终端市场的质量与规模。一些大型工程中的关键零件更倾向于采用高灵敏度、高可靠性的国外产品，使得我国的终端产品市场受到了一定的冲击。

4.3.2 国内外差距分析

我国气动产业起步晚，起点低，虽然经过改革开放 40 年的发展，已经形成门类基本齐全，具有较大规模和一定技术水平的产业体系，在我国装备制造业和自动化领域中具有重要地位，并具有一定的国际竞争力。但是，与国外先进技术相比，我国气动产业仍然存在一定的差距。国内企业气动产品的技术水平多数达到 20 世纪 90 年代国外同类产品的技术水平，气动技术比世界先进国家至少落后 15 年以上，气动技术的应用水平也至少落后 8 ～ 10 年。这种差距主要体现在高端产品缺失、中端产品的性能不达标、低端市场混乱及人才培养、团队建设的问题上。

（1）自主创新能力薄弱　我国气动行业技术基础薄弱，研发能力不强，原创技术少，技术来源基本上靠仿制，基础、共性技术研究弱化，缺少基础技术支撑。在现有企业中，还存在低水平重复建设、低档次无序竞争、发展后劲严重受阻的情况。与国外先进水平相比，新产品研发周期长，新产品贡献率低，管理理念落后，针对市场需求的开发能力弱。

（2）高端产品缺乏　我国气动市场规模很大，用户对产品的要求各异，各种高品质、高性能的气动元件市场需求量巨大，而大部分国内企业所能提供的产品，无论在档次上还是在种类上都还远远不能满足这些需求，因此，在众多低档产品压价竞争的同时，不得不让出一块巨大的市场给国外产品。在许多高端产品领域未能掌握核心关键技术，对外依存度高。目前，国产气动元件还不能为大型民用飞机、深水海洋石油装备、高端机器人和工厂自动控制系统配套，核电、风电、大型工程机械和农业机械、水利工程、冶金、矿山、电子、海洋工程装备、舰船等领域所需的高端气动产品大量依赖进口。

（3）基础材料、基础工艺急需突破　我国流体动力元件技术水平受原材料、配套件和关键工艺的掣肘，如高压精密液压铸造件、弹簧、轴承、密封材料、特种原材料、清洗去飞边工艺、热处理和表面处理、寿命和可靠性试验检测等，造成了产品内在质量不稳定，严重影响了流体动力产品的精度、性能、使用寿命和可靠性。先进的设计方法和关键工艺还没有得到很好的突破和推广应用，如柔性加工、仿真技术、虚拟技术等。

（4）现代制造服务业缺位　我国流体动力工业的发展过度依赖单机和实物量的增长，而为用户提供系统设计、系统成套和工程承包、维修改造、回收再制造等的服务业未能得到培育，绝大多数企业的服务收入所占比重低于10%，主要业务处于价值链低端的加工装配环节。

（5）企业资金流失问题　工业经济效益综合指数虽然逐年提高，但由于受到原材料、水电、运输费用等价格的上涨和人员工资提高等因素的影响，不可能提高得快。同时在气动产品品种上，我国气动产品生产企业的产品雷同，都是以气源处理三大件（过滤、减压、油雾）、气缸（圆形气缸、普通气缸、紧凑型气缸）、电磁阀（管式2/3通、2/5通）、气管和接头为主，规格和型号完全一致，甚至产品的名称也完全相同，且都以低端市场为目标，低价同质的竞争十分激烈。在这种情况下，国内企业往往采用相互压价竞争的营销手段，阻碍了气动行业经济效益综合指数的提高，部分企业与资金因为效益太差、利润空间被压缩等原因，离开了气动行业。

（6）缺乏人才与团队　尽管许多高等院校都设立了流体传动与控制等相关课程，但是该项课程更偏重于液压行业，对于气动专业知识的介绍并不详细具体，又不能与当今国际上机电一体化技术的实际发展相接轨。同时，各高等院校并无统一合适的教科书，多数高校甚至缺乏相应的专业研究团队。高校缺乏教师队伍，老教师知识老化，新教师未接触过气动技术，企业缺乏管理层面的高端领军人物，缺乏对气动新技术的认识，由此，气动企业缺乏宏观和微观的发展规划。

（7）国内气动行业缺乏大型企业　我国气动行业没有大型国有企业牵头，除了几家中型企业外，绝大多数为小型企业。全行业85%以上的企业生产规模小，大部分年产值不足3 000万元，产品水平、装备条件、工艺手段、开发能力等均明显不足，很多企业尚未摆脱“小而全”和“作坊式”的生产经营方式。有相当一部分小企业是由一些老企业逐渐分化衍生的，并在江苏无锡、浙江奉化、广东肇庆等几个城市形成了企业密集分布区，仅这几个地区的气动企业数量就占气动行业企业总数量的2/3以上，这也反映了市场经济初级阶段气动行业的发展特点。但这些企业往往由乡镇企业发展而来，缺乏专业的团队与创新能力，生产产品门类集中于中低端产品，没有建立起专业化分工协作体系，造成产品的低水平重复和价格恶性竞争，不利于行业的共同发展。

要解决行业发展中的这些问题，必须要转变发展方式，依赖技术进步，建立以企业为主体、政府引导、行业协会组织协调、高等院校和科研院所参加的政产学研用结合的创新体系。

尽管气动行业取得了历史性进步，但是气动行业的根本矛盾并没有解决，产业结构调整任重道远，经济增长方式亟须转变，技术攻关迫在眉睫，兼并重组尚需推进，品牌战略亟待加强，产业集群更需扩大。在未来的20年，气动行业要抓住战略机遇期，打好行业发展的攻坚战，坚定决心，努力拼搏，以跟踪、提高、创新、跨越为方向，全面促进气动行业的发展。

4.4　关键技术、工艺及材料

气动元件的制造工艺与其他机械产品的制造工艺一样，是气动元件的制造方法和生产过程的总称。生产过程是将原材料和半成品制造为成品的全过程。气动元件的生产制造过程也同样包括原材料的运输和保管，生产的准备工作，毛坯的制造，零件的机械加工，零件的热处理，零部件的检验、表面处理、装配、包装及产品的质量跟踪等管理。

在这些过程中，产品的设计开发首先要合理，不仅要满足使用要求，而且要便于生产制造和满足规模生产的要求，并由此涉及产品的制造方法和工艺要求。

从20世纪60年代到现在，在气动元件的制造过程中，产品的原材料、密封件性能和质量、毛坯的致密度、零部件的制造精度、表面处理、去飞边工艺、清洁度以及线圈封装工艺等是制造过程中碰到问题最多的环节。所以，在不同的阶段，通过工艺攻关、自主研发、外购和引进技术使这些问题得到逐步解决，满足产品生产的需要。

4.4.1 关键制造工艺技术

气动元件的关键技术和工艺涉及气动元件的制造方法和整个的生产过程，体现在将原材料和半成品制造为成品的全过程。关键制造工艺技术与装备是气动行业发展的关键环节，也是研究气动工业关键技术及工艺的重要前提。

通过对气动元件制造过程的研究可知，产品的原材料、压铸技术、零部件的制造精度、去飞边工艺、表面处理技术、电磁线圈制造以及绝缘封装工艺等技术是气动元件制造过程中碰到问题最多的环节。在气动工业发展的不同阶段，需要对这些存在问题的关键制造工艺不断地进行攻关以提升技术，以便逐步解决问题，满足气动产品生产的需求。

1. 气缸筒制造技术

气缸作为重要的气动执行元件，可将压缩气体的压力能转化为机械能。气缸筒的材质有铝合金和不锈钢等金属型材。鉴于铝合金良好的耐蚀性、轻量性、可焊接性和较高的比强度等特性，铝合金气缸管成为制造气缸的关键原材料。下面以铝合金气缸筒的制造技术为例，阐述其 8 道加工环节。

（1）铝锭均匀化退火　均匀化退火工艺是将铝锭加热到其固相线以下的某一个较高温度（一般为 560℃ ±20℃），长时间保温（一般为 4 ～ 6h），然后出炉冷却至室温。该工艺用以消除铝锭的铸造应力，提高其塑性，减小其变形抗力，改善其加工性能。

（2）铝锭加热、挤压　铝锭的加热温度一般为 480 ～ 530℃，挤压筒的加热温度比坯料温度低 10 ～ 20℃。热挤压生产管型材的方法有空心锭正向挤压法、穿孔挤压法、反挤压法、分流组合模挤压法。缸筒型材常用分流组合模挤压法制造，即在普通的挤压机上用实心铝锭挤压出各种形状的空心型材。分流组合模挤压法可制造形状复杂的气缸筒，制造尺寸精度高，表面质量好。

（3）淬火　铝合金淬火可将固溶热处理形成的固溶体以快速冷却方法获得亚稳定的过饱和固溶体，并为随后的时效处理获得高的强度和足够的塑性。淬火后需在 3 ～ 4 天时间内做好拉拔精整工序，以免塑性降低影响效果。淬火冷却方式有风冷、风冷加水雾和水冷等。

（4）张力矫直　张力矫直是通过张力矫直机对铝合金型材在长度方向上施加张力，将其拉伸到一定直度，矫直型材并减少残余应力。张力矫直所需拉力受材料屈服强度影响，其计算公式如下：

$$F=K \cdot \sigma_{0.2} \cdot S$$

其中，F 为拉力（N），K 为安全系数（1.1 ～ 1.2），$\sigma_{0.2}$ 为屈服强度（MPa），S 为材料截面积（mm^2）。

（5）拉拔　拉拔是金属塑性成形的一种方法，也称为拉伸，管型材拉拔方法按管坯内是否有芯棒分为空拉（无芯棒拉拔）和衬拉（有芯棒拉拔）两大类。拉拔时，拉力迫使铝合金型材坯料通过截面积逐渐缩小的模孔（空拉），或通过模孔与芯棒之间的间隙（衬拉），获得与模孔或间隙相应形状、尺寸的铝合金型材制品。气缸筒拉拔常用衬拉工艺主要有固定短芯棒拉拔和扩径拉拔两种。

（6）锯切　锯切可分为拉拔型材坯料的定尺锯切和拉拔后夹头的定尺锯切，主要为确定气缸筒的尺寸及切除夹头等冗余部分。

（7）时效处理　时效处理属于气缸管成形之后的金属热处理，其目的在于消除内应力，稳定组织尺寸并防止变形，保留塑性，改善气缸管力学性能，强化铝合金。铝合金缸筒一般采用人工时效，常用的加热温度和保温时间有 3 种匹配方案：175℃的加热温度下保温 12 ～ 24h，185℃的加热温度下保温 6 ～ 12h，195℃的加热温度下保温 6 ～ 10h。

（8）表面处理　金属表面处理是气缸筒的最后一道加工工艺，主要有外表面预处理和硬质阳极氧化处理等，可提高缸筒的表面硬度，增强其耐磨性和耐蚀性，降低其表面的粗糙度。

2. 压力铸造技术

压力铸造技术是通过高压将液态或半液态的金属快速压入铸型中，并使其在压力下结晶、凝固而获得铸件的方法，简称压铸。压力铸造被广泛应用于以锌、铝合金等为原材料的阀体等气动元件的制造，主要具备以下特点：①压铸充型快，加工余量小，生产效率极高。②铸件尺寸精度高（可达 IT2 ～ IT5 级），表面粗糙度低（Ra 可达 1.6 ～ 2.5μm）。③铸件力学性能好，表面质量和内部质量得到有效保证，降低了材料的消耗和废品率。④能够有效铸造壁很薄、形状很复杂的铸件，改善加工工艺。

压铸工艺的上述优点使其在气动行业得到广泛应用。但压铸工艺同时也存在铸件内部易产生细小分散的气孔和缩孔，以及型腔充注不完全等缺陷，从而影响了铸件的抗拉强度和气密性。这也是气动元件制造工艺中所需要解决的关键问题。

（1）真空压铸　真空压铸的工艺原理为：利用真空系统将压铸型腔内的空气抽出形成真空状态，将液态金属压铸成型。真空系统由真空泵、真空罐和排气阀门组成。排气阀结构型式的变化形成了不同性能和效果的真空压铸，如带冷却块的真空压铸、带机械真空阀的真空压铸、冷却块与横浇道插销配合使用的真空压铸等。真空压铸可有效消除或减少铸件内的气孔，增加铸件表面强化层的厚度，提高铸面的力学性能和表面质量。同时型腔内反压力的降低可充分发挥压射力的作用，有利于生产形状复杂的薄壁铸件。

（2）“精、速、密”压铸　“精、速、密”压铸采用双压射冲头，在开始压射时，两个压射冲头同时前进；当充填完毕，型腔达到一定压力后，限时开关起动，内压射冲头继续前进补充压实铸件。“精、速、密”压铸的优点有：充填速度较低，可以减轻压射过程中发生的涡流和喷溅现象，减少气孔的发生；具有较厚的内浇口，可更好地传递压力，提高压铸件的致密性；压铸模型腔在受控情况下由外壁向内壁顺序凝固，有利于消除缩孔和气孔。

（3）充氧压铸　充氧压铸是在液态金属（通常是铝合金）填充型腔之前，先用氧气充填压室和型腔，以置换其中的空气和其他气体。充填时，一方面通过排气槽排出氧气，另一方面喷射的液态铝与残存氧气发生氧化反应生成微小的氧化铝颗粒（直径＜1μm），并分散在压铸件内部，从而减少或消除气孔，提高压铸件的致密性。充氧压铸不影响铸件的力学性能，铸件可以进行热处理，与真空压铸相比结构简单、操作方便、成本更低，非常适合铝合金材质气动元件的加工。

（4）半固态压铸　半固态压铸是在液态金属凝固前对其进行强烈搅拌，在一定的冷却速度下获得半固态浆料，以此进行压铸。半固态压铸通常有流变铸造和搅溶铸造两种方法。与液态金属压铸相比，半固态压铸降低了浇注温度，减少了对压室、压铸型腔和压铸机的热冲击，提高了压铸模的使用寿命；半固态金属黏度大，内浇口处流速低，充填时减少喷溅，有利于消除气孔；半固态金属收缩小，有利于消除缩松、缩孔。

（5）固态压铸　固态压铸是将粉状或粒状的固态金属加入压室进行压铸。其与半固态压铸工艺相比，在进入模具型腔时金属的状态相同，区别在于加入压室时为固态金属，其生成浆液的工序在压室内完成。固态压铸工艺的关键问题在于如何研发这种复杂的具有特殊工作机理的压室。

（6）挤压压铸　传统压铸技术不能很好地解决铸件内部收缩性的缺陷，从而造成铸件内部缩孔、缩松，影响气密性。真空压铸可以解决气孔问题，但不能有效解决缩孔和缩松问题。挤压压铸技术集合了传统压铸和传统挤压铸造的优点，同时弥补了传统铸造工艺的缺陷，可较好地解决内部缩孔和缩松的问题。其工艺流程大致为合模、锁模、压射缸压射充型、主液压缸动力挤压补缩、退锁开模、顶出铸件及清理。其中，充型比压大致为 80 ～ 120MPa，挤压补缩的最高比压大致为 500 ～ 1 000MPa。

3. 去飞边工艺

与其他机械零件的制造工艺相同，在气动元件的加工制造过程中，不可避免地会产生飞边。根据加工方法的不同，飞边又可分为铸造飞边、锻造飞边、冲压飞边、切削加工飞边及塑性成形飞边等。飞边不仅影响外观质量，而且影响了气动元件的力学性能，降低了起动系统的可靠性和稳定性，甚至会对整个气动设备产生致命的损伤。去飞边是气动元件加工中的重要工艺，以下大致介绍 6 种去飞边工艺。

（1）人工去飞边　人工去飞边是最常见的去飞边方法，一般用锉刀、砂纸、磨头等作为辅助工具，效率低，人工成本高，常作为其他去飞边工艺的辅助手段。

（2）冲模去飞边　该工艺需制作冲模配合压力机进行去飞边，需要制作整形模（粗模 + 精密冲载模），适合分型面比较简单的产品，效率和效果高于人工去飞边。

（3）挤压珩磨去飞边　该工艺采用一定的压力使具有黏弹性的磨料往复通过被加工零件的内外表面、边缘或交叉孔口，利用磨料的刮、磨、研等功能，达到去除飞边、抛光、倒圆角等效果。

（4）热能去飞边　热能去飞边也称为热爆去飞边、爆炸去飞边，即利用氢气和氧气、天然气或甲烷和氧气通过混合阀混合后，加入放有待处理工件的密封燃烧腔内，通过高压电火花点火，使混合气体瞬间爆燃，放出 2 500 ～ 3 500℃的高温热能，烧去工件上飞边。

（5）化学去飞边　化学去飞边是利用化学能进行加工的，将金属材质的气动元件放至化学溶液中，金属以离子形式进入溶液，聚集在工件表面，经化学反应形成一层具有较高电阻、较小电导率的黏液膜，保护工件表面不腐蚀，而飞边凸出于工件表面，可通过化学作用去除飞边。

（6）电解去飞边　电解去飞边也称为电化学去飞边，即利用电化学阳极溶解的原理去飞边。一般采用黄铜作为阴极工具，待处理工件作为阳极，两者非接触且均浸泡在电解液中。由于阴极工具的导电端靠近作为阳极的待处理工件电流密度最高的飞边和尖角处，当两极间有电流通过时，阳极上的飞边很快被溶解掉。

4. 表面处理技术

气动元件的材质主要有铝合金、铜合金和不锈钢等。为提高工件的表面硬度，增强其耐磨性和耐蚀性，降低其粗糙度和增加其美观度，通常会在工件加工成形后对其进行表面处理。表面处理主要有化学氧化处理、磷化处理、表面涂层处理、硬质阳极氧化处理等。下面介绍气动元件常用的硬质阳极氧化处理工艺。

（1）基本原理　硬质阳极氧化处理工艺常用于铝合金材质的气动元件。铝的阳极氧化就是将铝或铝合金作为阳极在硫酸电解液中对其进行通电处理，以便在其表面形成 Al_2O_3，同时铝和氧化铝在酸性电解液中发生溶解。阴极起导电和析氢作用。

阳极氧化处理有硬质阳极氧化处理和普通阳极氧化处理。两种方法的氧化膜生成原理相同，且一样由阻挡层和多孔层组成。两者的主要区别在于：硬质氧化膜阻挡层和多孔层的厚度比普通氧化膜的厚很多，孔隙率小很多，同时硬度也更好。因此，有时可把硬质阳极氧化处理称为厚膜处理。

（2）主要工艺流程　硬质阳极氧化处理的工艺流程大致为抛光、除油、水洗、碱蚀、热水洗、冷水洗、中和出光、水洗、阳极氧化、水洗、封闭处理、水洗及干燥。下面介绍主要的 6 个步骤。

1）抛光。抛光可分为机械抛光和化学抛光，主要对铝合金缸筒在挤压、拉拔时产生的磨痕、擦伤、划伤，以及机械磕碰损伤和环境造成的腐蚀点等缺陷进行处理，使其表面平滑而光亮。机械抛光主要采用刷光、喷砂、喷丸等方法，化学抛光主要利用化学溶液的化学反应进行抛光处理。

2）除油。除油亦称脱脂，可采用有机溶剂除油、化学除油、电化学除油、擦拭或超声波清洗除油等方法，并根据具体的油污情况选择单个方法或多种方法组合使用。铝合金缸筒的主要油污是拉拔缸筒时用的 38 号和 52 号气缸油及 20 号机油等。

3）碱蚀。碱蚀是将铝合金浸入氢氧化钠溶液中，使其产生剧烈的化学反应，溶解生成可溶性的偏铝酸钠，同时释放出氢气。其主要目的是除去铝合金表面在空气中形成的自然氧化膜，使之形成均匀的氧化表面，并除去铝合金表面轻微的粗糙痕迹，降低铝合金表面的粗糙度，增加美观度。

4）水洗。水洗可清除工件表面的污染物，同时清除上道工序中残留的槽液、杂质等污染物，避免对下道工序造成影响。其常用的水洗方法有漂洗、喷洗、擦洗和刷洗，并可附加振动、抖动、转动和超声波清洗等。不同的清洗要求需要不同的水质和清洗方法，如从化学脱脂到碱蚀中间的热水洗可用 40 ～ 60℃的水，从碱蚀到出光可用自来水，封闭必须用纯水或去离子水。

5）出光。出光也称为酸洗或中和，是为了去除碱蚀后残留在铝合金制品表面的“挂灰”和“污斑”。其原理是通过酸性溶液的浸蚀作用，去除铝合金中的某些金属或非金属杂质，如铜、铁、锰和硅等，提高铝合金制品经硬质阳极氧化处理后的表面质量。

6）封闭处理。氧化膜的封闭处理是硬质阳极氧化处理的后处理工序，其方法有水合封闭法（沸水封闭和高压蒸汽封闭）、重铬酸盐封闭法、水解金属盐封闭法、双重封闭法、低温封闭法、有机物封闭法及电解封闭法等。工件表面的氧化膜具有多孔结构和极高的化学活性，容易吸附污染物。封闭处理的目的是封闭氧化膜的微孔，降低膜表面活性，使多孔易吸附的氧化膜成为耐腐蚀、耐磨损、绝缘性好的光滑和透明的氧化膜。其中，水合封闭法的基本原理为：在高温的热水或蒸汽中，水与氧化膜起水化作用，使氧化膜中的无水氧化铝生成含水氧化铝，使氧化膜体积增大，孔隙缩小，从而提高耐腐蚀能力。

4.4.2 绿色制造和智能制造基础技术

1. 绿色制造基础技术

面对经济社会可持续发展提出的节能降耗、低碳环保和循环利用要求，以节能、环保、低排放、环境友好、循环使用为核心的绿色制造技术逐步投入应用。发达国家的制造业走的是机械化、自动化、数字化、智能化和绿色化的道路。

所谓绿色化即绿色设计与制造。流体动力绿色设计与制造技术可不断降低产品生产制造及使用过程的资源消耗和环境影响，实现企业的经济效益和社会效益的协调优化。

（1）绿色设计　绿色设计是绿色制造的核心，它决定了绿色制造系统的实现效率。

1）可拆卸与可回收性设计。把可拆卸性作为结构设计的一项评价准则，使得产品在报废后其材料仍可得到充分利用，达到既节省材料又保护环境的目的。

因此，产品的可拆卸性是零部件重复利用的前提。

真正的绿色设计，不仅应便于零件的拆卸与分离，而且应使可重复利用的材料和零件在所设计的产品中得到重复使用。可回收性设计要求在设计产品时就要考虑到这种产品未来的回收及再利用问题。这些工作主要集中于：①可回收材料的识别及其标志。要求设计时必须了解产品报废后零件材料性能的变化，以确定其可用程度。②回收的工艺及方法研究。要求采用并行工程方式来开发产品回收的工艺方法。③回收的经济性分析。

2）绿色设计的材料选择。材料选择是绿色设计不可缺少的组成部分，它是产品开发过程中最早和最重要的设计决策，同时又是一种重要的手段，借助它可使产品对环境的影响最小。当前研究主要集中于：①绿色材料的开发与应用。近年来先后开发了几类新型材料，如耗散结构材料、仿生材料、智能材料等，并且注重新型功能材料（如功能纤维）在气动元件制造方面的应用。②材料选择的影响因素分析。③气动元件绿色设计对材料要求的确定。④绿色设计的选材原则研究。可以大大减少包装材料种类，使处理废物的成本下降。降低材料成本的同时，产品性能也得到了改善。

（2）清洁生产　清洁生产即借助各种技术、管理手段和理论，在产品全生命周期中的各个环节采取措施，向市场提供极具竞争力的绿色产品。这方面的研究主要包括：①清洁生产工艺及技术研究。如发展面向清洁的成形技术（减少现有产品润滑液的用量以及开发新的替代产品）、干切削技术等。②实施途径研究。③清洁生产模式探讨。④工业废物最少化管理与清洁生产的关系研究。⑤清洁生产程序、清洁生产评价原理及其系统工作方法研究。

2. 智能制造基础技术

智能制造是可持续发展的制造模式，它借助计算机建模仿真和信息通信技术的巨大潜力，优化产品的设计和制造过程，大幅度减少物质资源和能源的消耗以及各种废弃物的产生，同时实现零部件的循环再利用，减少排放，保护环境。

基于工业 4.0 构思的智能工厂由物理系统和虚拟的信息系统组成，被称为信息物理生产系统（Cyber Physics Production System，CPPS），是为将来制造业勾画的蓝图，其框架如图 4-3 所示。

图 4-3　信息物理生产系统

（1）数字化制造技术　构成制造系统的主要因素有物质、能量、人员、资金和信息等。20 世纪中叶，前 4 个因素在制造系统运作过程中一直占主导地位。但近几十年来，全球市场竞争加剧，企业经营风险增加，产品设计制造精益求精，技术含量增加，所有这些因素促使信息在制造过程中所起的作用日益突出。在智能制造方面的信息工作主要集中在以下几方面：

1）对分布的海量制造信息进行整备、解释、表述和建档。

2）考虑到企业运作的复杂性，只有配套集成起来的信息对企业才有较大价值，要通过标准化、模型化和协议来开发集成信息。

3）积极建造企业和行业的设计、工艺和管理工程数据库。

4）建立企业管理信息系统，特别是市场和用户信息系统，以便在竞争激烈且变化迅速的市场上争取商机。

5）通过互联网建立企业网络，开发因特网辅助制造技术。

6）制造活动建模仿真和虚拟制造技术的开发研究。

7）CAD 和数控装备是数字化制造的上下游技术基础，要大力推广其应用。

（2）仓储管理与库存控制　智能物流仓储系统不仅要能够进行入库管理、出库管理、库内移动、盘点管理、调拨管理、退换货管理和报表分析，还要能够监测货物的位置偏移和周围环境的温度、湿度，对库房进行视频监控和火灾报警等。

智能物流仓储系统包括硬件和软件两部分。软件部分主要为仓储管理系统，它按照物流仓储的业务要求，对信息、资源、行为、物品及人员等进行管理和调配，使它们高效合理地运转，并使整个系统与互联网相对接；硬件部分主要是支撑仓储管理系统的各种硬件设备和各种工具等。

智能仓储系统中货物的处理步骤如下：

1）入库流程。首先对入库货物的电子标签身份进行验证，并将货物的信息传送到数据中心进行货物登记，计算出上架仓位和分配路线，然后向叉车发送上架指令，对货物进行跟踪和定位，以确保货物存放到正确的仓位。

2）库存管理。对库存货物进行内部操作处理，主要包括货物指引与到位检查、货位自动识别和数量自动校验、分配库区是否正确、退货处理、调换处理、包装处理和报废处理等功能。

3）出库流程。首先领货人员向仓库信息系统提交出库申请，智能仓储管理系统根据优先级查询货物的信息和仓位，然后向叉车发出调度指令，叉车到达仓位核对货物信息无误后，开始转运货物。在这之间的每个操作单元，阅读器读到的货物信息都将被及时地发送回数据管理中心，以及时判断每个环节的操作是否准确无误。

（3）车间生产调度　车间生产调度是制造系统的基础，生产调度的优化是先进制造技术和现代管理技术的核心技术。国际生产工程学会（CIRP）曾总结了40种先进的制造模式，无论哪一种制造模式都是以优化的生产调度为基础的。车间生产调度问题主要表现在多目标调度、动态调度、工艺路线规划与作业调度的集成、多资源调度。

4.4.3 互联网+气动技术

传统概念上的气动元件往往局限于单个独立的气动控制元件或执行器。设计人员在对这些独立元件进行选型时，必须根据实际情况进行繁琐的计算，并花费大量的时间自行设计或选择许多相关的机构和部件，因此，需要较长的设计和生产周期，设计结果是否合理在很大程度上取决于设计人员的经验和知识，难以确保设备质量。将传统系统的多种电控元件和机构经过优化并与专业化设计有机地集成为一体，成为系列的规范产品，这已成为气动、机械一体化的显著特点。

1. 传感器技术

传感器技术是现代科技的前沿技术，是制造业自动化和信息化的基础。传感器的信息获取技术已经从过去的单一化逐渐向集成化、微型化和网络化的方向发展。传感器输出信号的形式从最初的电阻型到电压型或电流型，已发展到目前使用广泛的CAN总线型。随着国内工业自动化、信息化和国防现代化的发展，传感器的年需求量持续增长。当前工业上应用的传感器主要集中在以下几个方面：

（1）MEMS工艺和微传感器　MEMS工艺是在硅平面工艺基础上发展起来的一种通用的精密三维加工技术，是研究传感器、微执行器、微机械系统的核心技术。国外MEMS工艺的发展已经有30年的历史。应用MEMS工艺不仅可以制造简单的三维微结构，而且可以做成三维运动结构和复杂的力平衡结构，使现代传感器技术从单一的物性型进入以微电子和微机械集成技术为主导的发展阶段。微机电传感器具有优良的性能和优越的性价比，将会取代传统的传感器而占有很大的市场份额。

（2）集成工艺和集成传感器　采用混合集成工艺，将微传感器、微驱动器、微执行器以及信号处理器和控制电路、接口、通信装置和电源等组成一体化系统，即集成传感器。集成工艺的进一步发展，可以将硅微传感器、微电子系统以及微执行器制造在一个芯片上，以形成单片集成，构成一个闭环工作系统。这不仅是传感技术概念的扩展和延伸，还会在工业过程控制、航空航天、生物医学等方面发挥巨大作用。

（3）智能化技术与智能传感器　传感器智能化是当前传感器技术的主要发展方向之一。传感器技术和智能化技术的结合，使传感器由单一功能、单一检测对象向多功能和多变量检测发展，也使传感器由被动进行信号转换向主动控制传感器特性和主动进行信息处理发展，使传感器由孤立的元器件向系统化、网络化方向发展。

（4）网络化技术和网络传感器　网络传感器是以嵌入式微处理器为核心，集成了传感器、信号处理器和网络接口的新一代传感器。在网络传感器中，采用嵌入式技术和集成技术，使传感器的体积减小，抗干扰性能和可靠性提高；微处理器的引入，使网络化传感器成为硬件和软件的结合体，根据输入信号进行判断、决策、自动修正和补偿，提高了控制系统的实时性和可靠性；网络接口技术的应用，为系统的扩充提供了极大的方便，降低了现场布线的复杂性，减少了电缆的数量。网络传感器的开发，使测控系统主动进行信息处理以及远距离实时在线测量成为可能。

2. 现场总线技术

现场总线是指将现场智能设备、工业过程控制单元以及现场操作站等互连而成的通信网络，具有全数字化、分散化、开放化、双向传输等特点。可以说它是现场通信网络与控制系统的集成，具体表现在以下几个方面：

（1）现场通信网络　现场总线是将用于过程控制的现场仪表或现场设备与控制单元互连，并采用标准开放的通信协议进行通信的计算机网络，是 CIPS/CIMS 的最低层。而传统 DCS 的通信网络仅止于现场控制 J 单元或 I/0 单元。

（2）现场设备互连　各种现场设备通过一对传输线互连，成为现场总线的各个节点。现场设备有传感器、变送器、执行器、智能仪表和 PLC 等。传输线可以使用双绞线、同轴电缆或光纤。

（3）系统开放性　开放系统是指通信协议公开，各不同厂家的设备之间可进行互连并实现信息交换。这里的开放是指各厂家设备对相关标准的一致性、公开性，强调对标准的共识与遵从。一个开放系统可以与任何遵守相同标准的其他设备或系统互连互换，并可以形成用户所需要的性价比最优的控制回路。

（4）互操作性　这里的互操作性是指实现互联设备间、系统间的信息传送与沟通，可实现点对点、一点对多点的数字通信，从而使得一些基本的控制要求不必通过上级控制单元而可以直接在本级回路中完成。

由于现场智能设备本身可完成基本控制功能，使得现场总线构成一种新的全分布式控制系统的体系结构。这从根本上改变了现有的集中与分散相结合的集散控制系统（DCS），简化了系统体系结构，分散了系统危险性，提高了系统可靠性。

3. 智能化通信技术

目前，气动技术的发展进入了一个崭新的阶段，智能化也成为其发展的主要方向。气动产品的优良性与其核心技术有着十分重要的关系。

（1）机群监控中心　该中心对气动资源进行动态的调动，实时监控机械的动态，并对其进行资源优化。机群监控中心可以动态获取各个气动设备的工作状态、性能等信息，提供单机控制指令。

（2）无线网络通信　指将单机的状态参数等信息反馈给监控中心，监控中心将指令传递给单机的一个无线网络传输过程。成熟的 GPS、GSM、GPRS 等技术使通信系统更加可靠。

（3）单机智能控制系统　即智能监控器。它通过参数的设定、传感器和闭环控制使单机保持最佳状态，对单机设备信息进行实时监控并进行故障诊断预警。同时，它还可以通过无线通信设备将状态参数传递给监控中心，接受监控中心传递的指令并传递给单机。

4. 阀岛技术

阀岛是近10年来在气-电一体化方面最为成功的产品之一，它把多个电控换向阀采用总线结构集成在一起，缩小了产品体积，减少了控制线，非常便于安装、综合布线和采用计算机控制，尤其是对于大型自动化设备，可使其气动-电控系统的设计安装和调试过程大为简化。

（1）阀岛的结构特点　阀岛集成安装了多个SR低功率不供油小型电控换向阀，有2阀、4阀、6阀、8阀、10阀等类别，分别有单电和双电两种控制形式。阀岛上电控换向阀电磁铁的控制线通过内部连线集成到多芯插座上，形成标准的接口，并且共用地线，从而大大减少了连线的数量。

（2）阀岛的应用特点

1）安装方便，可靠性高。阀岛把多个电控换向阀集成在一起，由于采用了集中接线和多芯插座，使得布线占有空间小，接线、布线、检修作业简单，大大节约了拆装时间，并且可靠性高。

2）减少了控制线，便于远程控制。电控换向阀的传统控制采用的是接线束方式，每个电磁铁都需要两根控制线。阀岛采用了公共地线，大大减少了控制线的数量，便于采用多芯电缆进行远程控制。

3）采用总线控制方式，便于众多电控换向阀的计算机控制。计算机控制众多电控换向阀时，采用传统的接线束控制方式，需要计算机对大量接线直接控制，这使得布线、安装都很困难。采用计算机直接控制阀岛时，仍需要多根电缆线。而采用总线控制方式控制阀岛，则只需要一根控制电缆就可以完成控制。

4.4.4　关键零部件及材料

1. 关键零部件

在气动领域，关键零部件至关重要，它们的生产制造设备和机械加工技术不仅决定了零部件的性能与质量，也反映了企业乃至整个行业的总体实力。影响气动元件性能的关键零部件与配套件有：阀体、阀芯、铁心、电磁线圈、隔磁套管、缸筒、活塞、活塞杆、弹簧、滤芯和密封件，即气动行业“十一件”。下面对当下研究较多的关键零部件进行简单的介绍，主要包括电磁先导头、气动调节阀、微型电磁阀、密封圈及润滑脂。

（1）电磁阀先导头　电磁阀先导头包括底座和先导头组件，先导头组件包括套筒、动铁心、静铁心和电磁线圈。动铁心和静铁心设于套筒内，电磁线圈设于套筒外壁，动铁心和套筒之间设有第一复位弹簧，套筒底端通过压板固定设置于底座上，静铁心、套筒和底座之间形成腔室；动铁心活动设置于腔室内，底座上设有与腔室连通的进气孔和导气孔，动铁心与进气孔紧密配合；底座上还设有用以放置活塞的容置腔，容置腔通过导气孔与腔室连通，容置腔底部设有第一排气口，底座上设有第二排气口，第一排气口与第二排气口连通且呈交错设置。

国内气动元件生产企业采用美国产微米级精度双轴数控车床和瑞士产全功能数控纵切自动车床加工先导头，最高精度达到 1.5μm，使用寿命达到亿次以上。宁波索诺工业自控设备有限公司从 2004 年开始自制先导头，历经三次变革，在 2010 年建成先导头自动生产线，产品合格率达 99%。

（2）气动调节阀　气动调节阀主要由气动执行机构、阀体、附件三部分组成。气动执行机构以压缩空气为动力源，以气缸为执行器，并借助于电气阀门定位器、转换器、电磁阀、保位阀等附件去驱动阀门，实现开关式或比例式调节，接收工业自动化控制系统的控制信号来调节管道介质的流量、压力、温度等各种工艺参数。气动调节阀的特点是控制简单、反应快速、安全可靠，不需再采取额外的防爆措施。

气动调节阀分气开型和气关型两种。气开型阀门是当膜头上空气压力增加时，阀门向增加开度方向动作，当达到输入气压上限时，阀门处于全开状态。反过来，当空气压力减小时，阀门向关闭方向动作，在没有输入空气时，阀门全闭。故有时气开型阀门又称故障关闭型阀门。气关型阀门的动作方向正好与气开型相反。当空气压力增加时，阀门向关闭方向动作；当空气压力减小或没有时，阀门向开启方向动作或到全开为止。故有时气关型阀门又称为故障开启型阀门。气动调节阀的气开或气关，通常是通过执行机构的正反动作和阀体结构的不同组装方式实现的。

（3）微型电磁阀　与传统的电磁阀相比，微型电磁阀在体积、重量、功耗等方面有了很大改善，在一些精密仪器、便捷式设备、在线监测设备里面，微型电磁阀可以更好地容纳电路板、容器瓶等非阀部件。它主要应用于发电机组、柴油机、锅炉燃烧器、焊接和切割设备、测硫仪、分析仪器、医疗器械及空压机等。

为使微型电磁阀满足轻量化、体积小、响应快、低功耗、可靠性高等要求，可以对其电磁铁和阀门本体进行一体化设计。

（4）密封圈及润滑脂　在气动领域，密封圈及润滑脂的选用对设备的密封效果和使用寿命具有重要意义。

1）密封圈。在早期，气动行业使用的密封件主要存在如下问题：①品种规格少；②材质性能差；③密封件结构与尺寸不适合气动元件；④制造精度低。

密封件的形状、结构、尺寸、材质及制造精度等都直接影响气动元件的性能和寿命。其中，最为常用的O形密封圈（简称O形圈）是一种截面为圆形的橡胶圈。O形圈是液压、气动系统中使用最广泛的一种密封件。O形圈有良好的密封性，既可用于静密封，也可用于往复运动密封中；不仅可单独使用，也可用于许多组合式密封装置中。

随着气动元件对密封件的密封性能要求的提高，目前又出现了一些其他截面形状的挤压型密封圈。这些密封圈的工作原理与O形圈类似，也属于挤压型密封，但通过截面形状的改变，改善了O形圈的某些性能，可适应不同情况下的密封需要。

2）润滑脂。密封圈润滑脂是由高分子聚有机硅氧烷稠化高纯度无机稠化剂添加耐氧化、耐腐蚀和结构改善剂精制而成的食品级密封润滑脂。密封圈润滑脂可用于金属/塑料、塑料/塑料、陶瓷/陶瓷、陶瓷/塑料的摩擦部位的密封润滑。

2. 特殊材料

气动零部件应用范围广，在一些特殊的场合，需要根据周围环境选择合适的特殊材料，以便满足更多特殊场合的使用要求，使气动元件和系统能更稳定、更安全地运行。

（1）铝合金材料　铝合金是工业中应用最广泛的一类有色金属材料，在航空、航天、汽车、机械制造、船舶及化学工业中已被大量应用。随着工业经济的飞速发展，铝合金焊接结构件的需求量日益增多，对铝合金焊接性的研究也随之深入。

在气动元器件中，气缸用的缸筒多用精度较高的铝合金材料制成。国内多用的牌号为6063、6063A，它们均为Al-Mg-Si系中具有中等强度的可以热处理强化的铝合金。6063A的化学成分和质量要求比6063更严格，抗拉强度也比6063高，属于优质铝合金。这两种铝合金经固溶处理和时效处理后，具有中等强度和冲击韧性，有较好的热塑性，可高速挤压各种薄壁中空型材。

由于6063和6063A的淬火温度范围较宽，淬火敏感性较低，所以，它们可在挤压机上进行在线淬火。而且6063和6063A焊接性能良好，易对其进行阳极氧化和着色处理。其缺点是有停放效应，淬火后如果在室温下停放一段时间会影响时效后的合金强度。

（2）防腐材料　防腐材料是抑制被腐蚀对象发生化学腐蚀和电化学腐蚀的一种材料。在安装工程中常用的防腐材料主要有各种有机和无机涂料、玻璃钢、橡胶制品、无机板材等。在气动工业发展过程中，材料腐蚀问题一直是影响气动系统稳定运行的关键问题。因此，找寻理想的防腐材料非常关键。下面简单介绍几种常用的防腐材料。

1）石油沥青。石油沥青作为最早的管道防腐材料，由于其具有来源丰富、成本低、安全可靠、施工适应性强等特点，在我国长输管道中几乎全部采用石油沥青缠绕玻璃布作防腐材料。石油沥青防腐技术应用时间长、经验丰富、技术成熟、设备定型，但和煤焦油瓷漆、塑料等材料相比，石油沥青的主要缺点是吸水率大、耐老化性能差、不耐细菌腐蚀等。

2）煤焦油瓷漆。煤焦油瓷漆具有吸水率低、绝缘性能好、抗细菌及耐腐蚀等特点，是国外防腐的主要材料之一，我国只在小范围内试用过。由于煤焦油瓷漆在使用中受到限制的主要原因是热敷过程中毒性较大，操作时须采取适当的保护措施，因此限制了煤焦油瓷漆的推广应用。

3）环氧煤沥青。由环氧树脂、煤沥青、固化剂及防锈颜料所组成的环氧煤沥青防腐涂料，有强度高、绝缘性能好、耐水、耐热、耐腐蚀、抗细菌等性能，适用于水下管道及金属构筑物的防腐。同时还具有施工简单（冷涂工艺）、操作安全、施工机具少等优点，因而它比石油沥青、煤焦油瓷漆更有优势。

4）环氧粉末涂层。环氧粉末涂层是将严格清理过的管子预热至一定温度，再把环氧粉末喷在管子上，利用管壁热量将粉末融化、冷却后形成均匀、连续、坚固的防腐薄膜。热固性环氧粉末涂层具有优异的性能，因此它特别适用于严酷苛刻环境，如高盐、高碱的土壤，以及含盐分高的海水和酷热的沙漠地带。环氧粉末涂层的喷涂方法由 20 世纪 60 年代的静电喷涂研究成功，到现在已形成了完整的喷涂工艺，正向着高度自动化的方向发展。近几年来，国内的长输管线已有部分使用环氧粉末涂层进行防腐。

5）三层防腐涂层。由环氧树脂和挤压聚乙烯涂层相结合形成的三层聚烯烃管子涂层是一种新型的防腐材料，它综合了环氧树脂和挤压聚乙烯两种涂层的优良性质，显著改善了传统的两层防腐涂层的性质，特别是提高了抗阴极剥离能力和粘着力。所谓三层是指涂层分三次形成，第一层是环氧树脂底漆，有熔结环氧粉末、无溶剂环氧液、含溶剂环氧液 3 个品种，主要根据涂敷设备、管子直径、运行温度、所用表涂层及管子涂敷速度等因素进行选择，底漆厚度为 50μm。第二层由共聚物或三聚物组成，主要成分是聚烯烃，第二层起粘结作用，厚度通常为250～400μm。第三层是聚烯烃表涂层，主要起机械保护作用，由挤压聚烯烃，如低密度、中密度聚乙烯或改性聚乙烯组成，涂层厚度视管子直径或管道运行条件而定，一般为1.5～3mm。另外，在某些环境下，为防紫外线照射，还可在表涂层上附加一层30～40μm厚的聚丙烯。

4.5 互联网＋市场

1. 网络交易

网络交易指发生在信息网络中的企业之间、企业和消费者之间以及个人与个人之间通过网络通信手段缔结的交易。利用计算机技术、网络技术和远程通信技术，实现整个商务过程的电子化、数字化和网络化。人们不再是面对面、依靠纸质单据进行买卖交易，而是通过内容详尽的网上气动产品选购系统、完善的物流配送系统和方便安全的资金结算系统进行交易。

2. 敏捷制造

指制造企业采用现代通信手段，通过快速配置各种资源（包括技术、管理和人员），以有效和协调的方式响应用户需求，实现制造的敏捷性。

敏捷制造的核心思想是：提高企业对市场变化的快速反应能力，以满足顾客的要求。除了充分利用企业内部资源外，还可以充分利用其他企业乃至社会的资源来组织生产。

敏捷制造的特点为：

1）从产品开发开始，产品的整个生命周期都是为了满足用户的需求。

2）采用多变的动态组织结构。

3）着眼于长期获取经济效益。

4）建立新型的标准体系，实现技术、管理和人的集成。

5）最大限度地调动、发挥人的作用。

敏捷制造的关键技术如下：

1）信息技术框架。

2）集成化设计模型和工作流控制系统。

3）供应链管理系统和企业资源管理系统。

4）各类设备、工艺过程和车间调度的敏捷化。

5）敏捷性的评价体系。

3. 仓储物流

仓储的发展经历了不同的历史时期和阶段，从原始的人工仓储到智能仓储，通过运用各种高新技术，仓储的效率得到了大幅度的提高。现代“仓储”和“仓库管理”是在经济全球化与供应链一体化背景下的仓储，是现代物流系统中的仓储，它表示一项活动或一个过程，以满足供应链上下游的需求为目的，在特定的有形或无形的场所，运用现代技术对物品的进出、库存、分拣、包装、配送及其信息进行有效的计划、执行和控制的物流活动。物流企业对仓储管理的要求如下:

1）合理调度仓储的运作，对客户需求做出快速动态反应。

2）仓库配备先进的物流软件和硬件设施，包括立体货架、自动分拣系统、条码管理系统及流通加工设备等。

3）仓储管理方式要适应不同客户需求。

4）为客户提供个性化及增值服务，搞好库存控制，提高流通加工能力。

仓储管理技术的作业流程包括卸车、检验、整理入库、保管保养、检出、出库发运及装车。仓储物流经历了如下发展过程:

1）机械化阶段。在这个阶段，物资的输送、仓储、管理、控制主要是依靠人工及辅助机械来实现。可以通过各种各样的传送带、工业输送车、机械手、起重机、堆垛机和升降机来移动和搬运物料，用货架托盘和可移动货架来存储物料，通过人工操作机械存取设备，以及采用限位开关、螺旋机械制动和机械监视器等控制设备来实现物料的仓储。机械化满足了人们对速度、精度、高度、重量、重复存取和搬运等方面的要求，其实时性和直观性是明显优点。

2）自动化阶段。自动化技术对仓储技术的发展起到了重要的促进作用。从20世纪50年代末开始，相继研制和采用了自动导引小车（AGV）、自动货架、自动存取机器人、自动识别和自动分拣等系统。到20世纪70年代，旋转体式货架、移动式货架、巷道式堆垛机和其他搬运设备都加入了自动控制行列，但只是各个设备的局部自动化并各自独立应用，被称为“自动化孤岛”。

随着计算机技术的发展，工作重点转向物资的控制和管理，要求实时、协调和一体化。计算机之间、数据采集点之间、机械设备的控制器之间以及它们与主计算机之间的通信可以及时地汇总信息，仓库计算机及时地记录订货和到货时间，显示库存量，计划人员可以方便地做出供货决策，管理人员随时掌握货源及需求。

信息技术已成为仓储技术的重要支柱。到20世纪70年代末，自动化技术被越来越多地应用到生产和分配领域。“自动化孤岛”需要集成化，于是便形成了

“集成系统”的概念。在集成化系统中，整个系统的有机协作，使总体效益和生产的应变能力大大超过各部分独立效益的总和。集成化仓库技术作为计算机集成制造系统（Computer Integrated Manufacturing System，CIMS）中物资存储的中心受到人们的重视，在集成化系统里包括了人、设备和控制系统。

3）智能化阶段。人们在自动化仓储的基础上继续研究，实现了仓储系统与其他信息决策系统的集成，使仓储技术朝着智能和模糊控制的方向发展，人工智能推动了仓储技术的发展，即智能化仓储。智能化仓储技术还处于初级发展阶段，21 世纪智能化的仓储技术将具有广阔的应用前景。

4.6 气动产品转型升级

德国相关文件中对工业 4.0 是这样描述的：“实体物理世界与虚拟网络世界（Cyberspace）以虚拟网络 - 实体物理系统（CPS）的方式相融合，通过互联网大范围直接互联，将资源、信息、物品和人进行互联，从而造就物联网和服务。工业 4.0 的三大主要任务是：通过价值网络实行横向集成（含实现企业间横向网络集成）；贯穿整个价值链的端到端工程数字化集成；纵向集成和网络化制造体系（企业内部灵活且可重新组合）。”

工业 4.0 带给我们的是一种新的理念：物联网、移动互联、云计算、大数据等新一代信息技术广泛普及并推进生产方式变革，是“互联网 + 智能制造”。工业 4.0 提供给我们的是一种未来工厂的模板，如“数字化工厂的样板”—— 西门子安贝格工厂。

气动元件厂商将成为工业自动化生产的主宰者而不是其他行业的厂商，是因为气动元件厂商可提供 80% 以上的自动化元器件。自动流水线设计的第一步是从气动元件开始，驱动器（气缸等）能在任意空间位置搭建运动轨迹平台，气缸两边装上速度调节阀便可实现无级调速。由于气动元件安装容易、维修方便、成本低，并可形成模块化结构，十分适宜用作数字化工厂的智能装备部件，所以气动产品占智能自动流水线上的自动化元器件总用量的 80% 以上。同时，在自动生产线的调试方面，占据了整个生产线主体的气动产品更容易调试，这也是企业衡量采用哪种技术的重要因素。由此可说明，气动技术、气动产品还将持续进步，并与其他学科技术融合，不断形成新产品。

国际上发达国家的气动产品生产企业已在气动技术中融入了机电一体化技术。如费斯托把气动控制与传动（气缸、电磁换向阀等）、机械、电气控制与传动（步进电动机、伺服电动机、电动机控制器）、真空技术、通信技术、仿生技术、视觉系统、诊断或在线诊断监测、无线网控制、节能与环保等技术融合，形成一个完整的自动化解决方案（体系）。

气动行业转型升级需要研发的重点产品有：

1）过滤精度为0.01μm的气动元件。包括低露点干燥器、高分子膜式干燥器、超微油雾分离器、除臭过滤器、洁净型减压阀、洁净型气控阀及洁净型气体过滤器等。

2）高真空室系统用的气动元件。包括真空室的排气（真空）、供气（大气）所用的阀（含电控、气控、人控阀）、减压阀、压力开关及气缸等元件。它们都需要适应高真空环境，并且要无泄漏、耐腐蚀以及符合洁净标准等。

3）洁净搬运系统用的气动产品。主要产品有标准型气缸、导向型气缸、多面安装型气缸、摆动气缸、无杆气缸、正弦气缸、正弦无杆气缸、电动执行器、低速气缸、端锁气缸、高精度气缸、气爪及真空吸盘等。

4）适合特殊环境的气动产品。包括：耐高温（-10～150℃）的耐热气缸、耐热气爪，真空吸盘，速度控制阀，高真空阀；耐腐蚀性流体的气动产品，如耐化学品、耐纯水（氟树脂）的洁净型减压阀及流量传感器；耐腐蚀性气体的高真空阀；介质为空气/化学药液的隔膜流体阀，化学药液用气控阀；深海超高压（50MPa以上）气动系统；煤矿工业用防爆电磁阀等。

5）智能化气动控制系统与元件。包括：工业总线阀岛、环境监测传感器及故障诊断传感器等；气电比例压力阀，灵敏度为0.2kPa，直线性±1%F.S.，迟滞±0.5%F.S.；气电比例流量阀，重复性＜3%F.S.，迟滞＜3%F.S.。

6）智能化柔性抓取气动系统与元件。包括标准型气缸、智能化导向型气缸、抓取机构和气电压力伺服阀等。

7）高性能气动元件与系统。包括：超高频小型电磁阀（频率800次/s、寿命为1亿～3亿次）；轻小型3通/5通低功耗电磁阀，功耗0.1W（带节电回路）/0.35W（标准）；精密洁净减压阀，灵敏度0.3%F.S.；重复性1%F.S.；低速气缸（速度为3～50mm/s），低摩擦气缸（起动压力比标准气缸低50%左右），以及高速气缸（速度为1 000mm/s以上）等。

8）温度控制器。用于半导体工程用气动系统，印刷线路板的显像液，耐腐蚀液的流体、硅片、液晶基板的洗净液，太阳电池制造工程的气动系统，以及生命科学行业用气动系统等。温度控制范围：-30～90℃，20～90℃。

4.7 气动技术路线图

气动技术路线图（2010—2030 年）如图 4-4 所示。

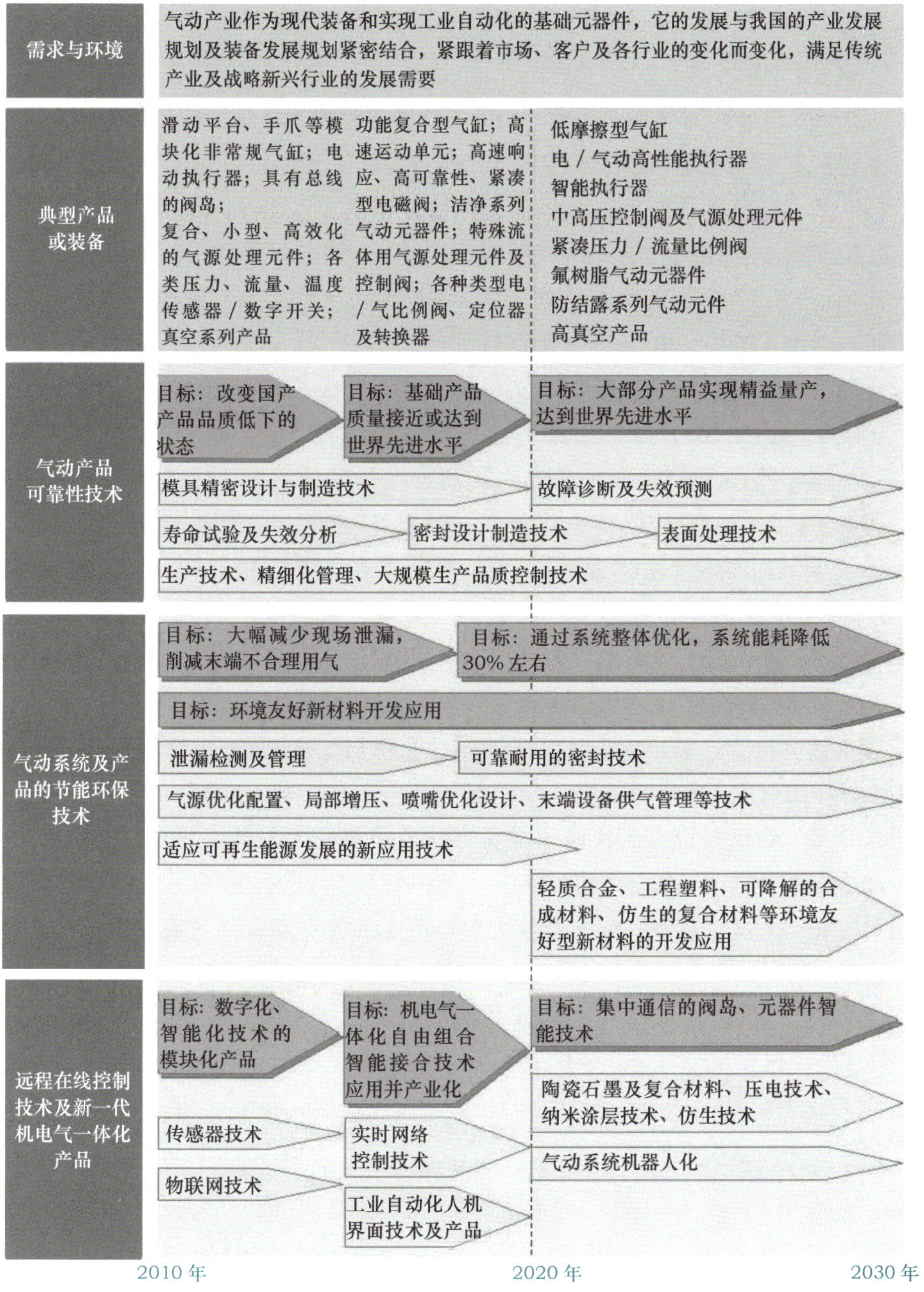

	2010 年—2020 年		2020 年—2030 年
需求与环境	气动产业作为现代装备和实现工业自动化的基础元器件，它的发展与我国的产业发展规划及装备发展规划紧密结合，紧跟着市场、客户及各行业的变化而变化，满足传统产业及战略新兴行业的发展需要		
典型产品或装备	滑动平台、手爪等模块化非常规气缸；电动执行器；具有总线的阀岛； 复合、小型、高效化的气源处理元件；各类压力、流量、温度传感器 / 数字开关；真空系列产品	功能复合型气缸；高速运动单元；高速响应、高可靠性、紧凑型电磁阀；洁净系列气动元器件；特殊流体用气源处理元件及控制阀；各种类型电 / 气比例阀、定位器及转换器	低摩擦型气缸 电 / 气动高性能执行器 智能执行器 中高压控制阀及气源处理元件 紧凑压力 / 流量比例阀 氟树脂气动元器件 防结露系列气动元件 高真空产品
气动产品可靠性技术	目标：改变国产产品品质低下的状态	目标：基础产品质量接近或达到世界先进水平	目标：大部分产品实现精益量产，达到世界先进水平
	模具精密设计与制造技术		故障诊断及失效预测
	寿命试验及失效分析	密封设计制造技术	表面处理技术
	生产技术、精细化管理、大规模生产产品质控制技术		
气动系统及产品的节能环保技术	目标：大幅减少现场泄漏，削减末端不合理用气	目标：通过系统整体优化，系统能耗降低 30% 左右	
	目标：环境友好新材料开发应用		
	泄漏检测及管理	可靠耐用的密封技术	
	气源优化配置、局部增压、喷嘴优化设计、末端设备供气管理等技术		
	适应可再生能源发展的新应用技术		
			轻质合金、工程塑料、可降解的合成材料、仿生的复合材料等环境友好型新材料的开发应用
远程在线控制技术及新一代机电气一体化产品	目标：数字化、智能化技术的模块化产品	目标：机电气一体化自由组合智能接合技术应用并产业化	目标：集中通信的阀岛、元器件智能技术
	传感器技术	实时网络控制技术	陶瓷石墨及复合材料、压电技术、纳米涂层技术、仿生技术
	物联网技术	工业自动化人机界面技术及产品	气动系统机器人化

2010 年　　2020 年　　2030 年

图 4-4　气动技术路线图（2010—2030 年）

参考文献

[1] 中国机械工程学会. 中国机械工程技术路线图. [M]. 北京：中国科学技术出版社，2011.

[2] 中国液压气动密封件工业协会. 2010 年液压气动密封行业发展与改革报告 [R]. 液压气动与密封（PTCASIA 特刊），2011.

[3] 刘新德 . 我国液压气动行业标准化现状与发展 [J]. 机械工业标准化与质量，2008（11）：10-12.

[4] 陈明 . 中国气动行业的发展与展望 . 液压气动密封行业信息专刊汇编第二卷 [C]. 中国液压气动密封件工业协会 .2003：7.

[5] 王磊 . 我国气动技术的现状及发展趋势 [J]. 林业机械与木工设备，2013，41（05）：14-16.

[6] 斯方华 . 我国气动工业的现状和气动技术的发展趋势 [J]. 机电国际市场，1999（11）：3-5.

[7] 陈启复 . 对我国气动工业现状与未来发展的思考［J］. 液压气动与密封，2012（1）：16-22.

[8] 王雄耀 . 对我国气动行业发展的思考 [J]. 流体传动与控制，2012（4）：1-6，10.

[9] 张根保，何俊，王世耕 . 绿色设计与制造 [J]. 机械制造，1999（5）：9-11.

[10]张曙 . 工业 4.0 和智能制造 [J]. 机械设计与制造工程，2014（8）：1-5.

[11]朱剑英 . 现代制造系统模式、建模方法及关键技术的新发展 [C] 全国生产工程青年学者学术会议 .1999：1-5.

[12]赵志诚，刘凯，郑浩 . 传感器技术和产品发展的重点 [J]. 仪表技术与传感器，2005（3）：3-4.

[13]万金领，王仁人，张峰 . 气动阀岛的结构及控制方法 [J]. 液压与气动，2000（3）：4.

第5章

橡塑密封行业现状及发展趋势分析

橡塑密封件是各类主机和重大装备的核心、关键和基础零件。它看似简单，实则汇集了流体力学、材料工程学、热力学、运动力学、机械工程等多学科知识，具有技术含量高、应用领域广泛等特点。主机要求其具有结构紧凑、尺寸精度高、耐高压、耐磨损、抗冲击、抗疲劳、长寿命等性能。橡塑密封件不仅是各类主机和重大装备的基础零部件，而且是各种设备和人身安全的关键的最后一道屏障。许多重大事故是由于密封失效造成的。

橡塑密封件分为两大类，即回转密封件和往复密封件。广泛用于汽车、工程机械、矿山机械、冶金机械、农业机械、石油化工、航空航天、船舶及海洋工程及电力等领域，具体配套对象有汽车动力总成旋转及往复运动件，液压缸、液压泵 / 马达及液压阀等液压元件，气阀、气缸等气动元件，以及发动机、减振器、压缩机等。作为功能性零件的橡塑密封件大多数是运动件、受力件、易损件，这些产品主要起防泄漏和防渗透等密封作用，其性能的优劣、质量的好坏直接关系到重大装备和主机的安全可靠运行。

5.1 橡塑密封行业发展现状

经过 70 年的发展，橡塑密封行业从当年生产橡胶杂件的不入流行业已发展成为现在的装备制造业的一个独立的基础产业。据不完全统计，目前国内从事橡塑密封件生产、销售的企业接近 1 000 家，其中年产值超过 5 000 万元的企业有 20 多家。

5.1.1 产业规模

1. 工业总产值

据中国液压气动密封件工业协会不完全统计，2018 年橡塑密封行业重点联系企业完成工业总产值 200 亿元，规模以上企业完成工业总产值 242 亿元。

2. 橡塑密封产品产销存

2018 年橡塑密封行业重点联系企业产品产销存见表 5-1。

表 5-1 2018 年橡塑密封行业重点联系企业产品产销存（10 家企业）

产品名称	生产量	销售量	库存量
橡塑密封件产品 / 万件	1 708 292	1 708 801	16 102
其中：橡胶密封件 / 万件	1 703 916	1 703 771	14 852
聚四氟乙烯密封件 / 万件	3 809	4 581	1 070
其他塑料密封件 / 万件	567	449	180

5.1.2 为重大装备配套情况

安徽中鼎密封件股份有限公司为汽车、摩托车、电器、工程机械、矿山机械、铁道机车、石化设备及航空航天装备等行业广泛配套密封件及特种橡胶制品，公司主要产品先后得到丰田、本田、大众、通用、福特及博世、德尔福、法雷奥等知名汽车厂和零部件企业的认可；青岛开世密封工业有限公司依托其在汽车发动机油封研发和生产上积累的经验，主攻载货汽车发动机油封，已经成功为潍柴、天津雷沃、玉柴、华柴等国内内燃机企业配套发动机油封；重庆杜克高压密封件有限公司成功开发了油封产品有限元设计分析软件、油封生产过程模拟控制软件，多项具有原创性的专利产品处于国际领先或国际先进水平；广州机械科学研究院密封研究所坚持走大、精、特、异的高端密封件研发生产道路，其研制生产的密封件在国内钢铁冶金设备、水力发电组、大型煤矿综采设备等重大装备上广泛应用，用于工程机械、风力发电装备、大型盾构机、模锻压机等重大技术装备的关键密封件取得产业化进展。

橡塑密封行业为国家重点工程配套的重点产品见表 5-2。

表 5-2 橡塑密封行业为国家重点工程配套的重点产品

序号	产品名称	工程名称或用户单位	完成时间	完成单位
1	桨叶密封，XV 形组合密封圈（1 850mm×1 950mm×107mm）	葛洲坝 2 号机	2006 年	广州宝力特液压密封有限公司
2	1 400mm 特大型 AGC 液压缸成套密封	安阳钢铁股份有限公司中板厂	2008 年	广州机械科学研究院密封研究所
3	PTFE 舱口盖密封件	江苏苏美达船舶工程公司	2009 年	艾志工业技术集团有限公司
4	支承辊轴承座密封系统，夹布油封（1 750mm×1 816mm）	鞍钢鲅鱼圈 5.5m 宽厚板生产线	2009 年	广州机械科学研究院密封研究所

（续）

序号	产品名称	工程名称或用户单位	完成时间	完成单位
5	绝缘缓冲垫板、复合垫板及调高垫板等 10 种	京沪、广珠、杭甬等高速客运专线	2009 年	青岛海力威密封有限公司
6	液压支架密封（ZYT12000/25.5/45），立柱成套密封（400/380/290/260）	郑州煤矿机械集团股份有限公司	2010 年	广州宝力特液压密封有限公司
7	大型水轮发电机组密封件	大型水轮发电机组	2011 年	广州机械科学研究院
8	盾构机密封件	大型盾构机	2013 年	广州机械科学研究院
9	模锻压机密封件	大型模锻压机	2013 年	广州机械科学研究院
10	超高压 V 形组合密封圈	大型数控冲压装备	2014 年	广州机械科学研究院
11	风力发电机密封件	风力发电机组	2013 年	广州机械科学研究院
12	液压缸密封件	工程机械、液压支架	2012 年	广州机械科学研究院
13	有机硅密封胶	太阳能光伏组件	2014 年	广州机械科学研究院

5.1.3 科技成果

橡塑密封行业在为重大技术装备配套的过程中，承担了国家科技支撑计划、重大科技成果转化项目、“863”及“973”等重点项目，取得很多科技成果。橡塑密封行业承担国家“十二五”科技支撑计划项目（关键基础件和通用部件）见表 5-3，2012 年橡塑密封行业国家科技成果转化项目见表 5-4。

表 5-3 橡塑密封行业承担国家“十二五”科技支撑计划项目（关键基础件和部件）

序号	项目名称	主要承担单位
1	高性能密封件关键技术研究	广州机械科学研究院
2	大型及行走式工程机械密封关键技术研究与应用	广州机械科学研究院
3	高性能密封件的开发和研制	山西泰宝密封有限公司

表 5-4　2012 年橡塑密封行业国家科技成果转化项目

序号	项目名称	项目承担单位
1	汽车发动机冷却系统散热器板式橡胶密封条产业化项目	安徽中鼎密封件股份有限公司
2	工程机械液力变速器用高性能聚四氟乙烯油封	青岛新材料科技工业园发展有限公司
3	高速铁路专用 SCM 材料桥梁伸缩缝	青岛海力威新材料科技股份有限公司
4	大型风力发电装备关键密封件产业化	广州机械科学研究院

2002—2015 年，橡塑密封行业共获得中国机械工业科学技术奖 13 项，其中，一等奖 2 项，二等奖 2 项，三等奖 9 项。获得中国液压液力气动密封行业技术进步奖 40 项，其中，一等奖 7 项，二等奖 17 项，三等奖 16 项；技术发明奖三等奖 1 项；优秀新产品奖 10 项。橡塑密封行业获液压液力气动密封行业优秀新产品、技术进步奖、技术发明奖项目见表 5-5。

表 5-5　橡塑密封行业获液压液力气动密封行业优秀新产品、技术进步奖、技术发明奖项目

序号	项目名称	申报单位	获奖时间	获奖类别	等级
1	ϕ142mm 新型组合双向油封	青岛基珀密封工业有限公司	2002 年	优秀新产品	
2	ϕ190mm×160mm×20mm 大型防泥水油封	青岛基珀密封工业有限公司	2002 年	优秀新产品	
3	中高压活塞式无油润滑气体压缩机摩擦密封件	广州机械科学研究院	2003 年	优秀新产品	
4	冶金装备用大型多肢密封	广州机械科学研究院	2003 年	优秀新产品	
5	螺旋离心泵（M）密封套	青岛基珀密封工业有限公司	2003 年	优秀新产品	
6	洗衣机离合器用水封	青岛基珀密封工业有限公司	2003 年	优秀新产品	
7	轿车转向机液压缸高压油封	青岛基珀密封工业有限公司	2003 年	优秀新产品	
8	435 车桥中减速器突缘油封总成	青岛基珀密封工业有限公司	2003 年	优秀新产品	
9	改性聚四氟乙烯发动机油封	青岛基珀密封工业有限公司	2003 年	优秀新产品	

（续）

序号	项目名称	申报单位	获奖时间	获奖类别	等级
10	AIG 预紧碟簧	艾志机械工业技术有限公司	2005 年	优秀新产品	
11	重大冶金装备用多肢密封研制	广州机械科学研究院	2006 年	技术进步奖	一等奖
12	陶瓷压机用大型橡塑组合密封件（组）	广州机械科学研究院	2006 年	技术进步奖	二等奖
13	北方汽车减振器用高压往复油封	安徽宁国中鼎密封件有限公司	2006 年	技术进步奖	二等奖
14	冶金轧机工作辊、支承辊轴承座用大型夹布油封	广州机械科学研究院	2006 年	技术进步奖	三等奖
15	高性能硅酮密封胶	广州机械科学研究院	2006 年	技术进步奖	三等奖
16	高耐蚀、低噪声、新型锁扣汽车动力转向油管总成	安徽宁国中鼎金亚汽车管件制造有限公司	2007 年	技术进步奖	二等奖
17	非组合聚四氟乙烯油封	青岛开世密封工业有限公司	2007 年	技术进步奖	二等奖
18	斯太尔 WD615 柴油机发动机油封	青岛开世密封工业有限公司	2007 年	技术进步奖	二等奖
19	往复无油压缩机用高性能 PTEE 密封件	广州机械科学研究院	2007 年	技术进步奖	三等奖
20	汽车发动机冷却系统用尼龙增强柔性管路	安徽中鼎密封件股份有限公司	2007 年	技术进步奖	三等奖
21	D50A 滚筒式洗衣机观察窗垫	青岛开世密封工业有限公司	2007 年	技术进步奖	三等奖
22	DA485 冲焊桥后轮毂 ABS 齿圈油封	青岛开世密封工业有限公司	2007 年	技术进步奖	三等奖
23	Perkins 飞驰系列汽车发动机后端盖密封总成	青岛开世密封工业有限公司	2007 年	技术进步奖	三等奖
24	南京依维柯主齿轮油封	青岛开世密封工业有限公司	2007 年	技术进步奖	三等奖
25	三元乙丙胶改性及在洗衣机和热水器上的应用	青岛开世密封工业有限公司	2007 年	技术进步奖	三等奖
26	低蠕变聚四氟乙烯密封板垫	浙江国泰密封材料股份有限公司	2008 年	技术进步奖	一等奖
27	大型防水冲击多密封样式洗衣机水封	青岛开世密封工业有限公司	2008 年	技术进步奖	二等奖

（续）

序号	项目名称	申报单位	获奖时间	获奖类别	等级
28	端面迷宫式油封	青岛开世密封工业有限公司	2008 年	技术进步奖	三等奖
29	唇口多头锥形螺旋线发动机油封的设计研制	青岛开世密封工业有限公司	2008 年	技术进步奖	三等奖
30	BFM1015 系列水冷柴油机密封总成	青岛开世密封工业有限公司	2009 年	技术进步奖	二等奖
31	大偏心洗衣机门封	青岛开世密封工业有限公司	2009 年	技术进步奖	三等奖
32	油田抽油机用大浮动式尾座轴承座油封	青岛开世密封工业有限公司	2009 年	技术进步奖	三等奖
33	重大装备用高性能密封件	广州机械科学研究院	2010 年	技术进步奖	一等奖
34	斯太尔汽车车桥输入轴和输出轴内、外侧油封、斯太尔汽车车桥后轮毂内、外侧油封	重庆杜克高压密封件有限公司	2010 年	技术进步奖	一等奖
35	汽车发动机冷却系统用密封条	安徽中鼎密封件股份有限公司	2010 年	技术进步奖	二等奖
36	起重机液压缸新型静密封	河北隆立密封技术有限公司	2010 年	技术进步奖	三等奖
37	汽车半轴用大偏心旋转轴密封圈	安徽中鼎密封件股份有限公司	2010 年	技术进步奖	三等奖
38	高性能长寿命夹布密封件的研制	广州机械科学研究院	2011 年	技术进步奖	一等奖
39	橡胶纳米复合材料在油封中的应用技术研究	安徽中鼎密封件股份有限公司	2011 年	技术进步奖	一等奖
40	北方奔驰重型货车车桥油封开发	青岛开世密封工业有限公司	2011 年	技术进步奖	一等奖
41	聚氨酯密封件的开发及在煤炭、油田业的应用	青岛开世密封工业有限公司	2011 年	技术进步奖	二等奖
42	seal-n-c 橡塑密封件数控加工系统	瑞钛（南京）科技有限公司	2011 年	技术进步奖	二等奖
43	轮边减速桥新型轮毂油封的研发	青岛开世密封工业有限公司	2011 年	技术进步奖	三等奖
44	高性能低能耗氟橡胶材料的开发及应用	青岛开世密封工业有限公司	2012 年	技术进步奖	二等奖

（续）

序号	项目名称	申报单位	获奖时间	获奖类别	等级
45	免底涂高性能汽车风窗玻璃密封胶的研制	广州机械科学研究院有限公司	2013 年	技术进步奖	二等奖
46	高弹性膨体聚四氟乙烯密封件关键技术及应用	上海金由氟材料有限公司	2013 年	技术进步奖	二等奖
47	新型耐高温发动机气缸盖罩密封垫	安徽中鼎密封件股份有限公司	2013 年	技术进步奖	二等奖
48	洗衣机用橡胶水封	安徽中鼎密封件股份有限公司	2014 年	技术进步奖	二等奖
49	液压马达用高压油封	安徽库伯密封技术有限公司	2015 年	技术进步奖	二等奖
50	大型及行走式工程机械关键密封技术研究	广州机械科学研究院有限公司、清华大学	2015 年	技术进步奖	二等奖
51	微型阀及组装方法	宁波利达气动成套有限公司	2011 年	技术发明奖	三等奖

橡塑密封行业企业近年来获授权专利千余项，其中发明专利约占 1/3。

5.1.4 产业技术基础建设

1. 标准化情况

橡塑密封行业制修订了多项技术标准，包括国家标准和行业标准，有的企业还制定了本企业的技术标准。企业对标准的认识越来越高，积极参与国家标准和行业标准的制修订工作，已经成为标准制修订的主体。如 GB/T 36879—2018《全断面隧道掘进机用橡胶密封件》、GB/T 37995—2019《风力发电机组主传动链系统橡胶密封圈》、GB/T 34896—2017《旋转轴唇形密封圈 摩擦扭矩的测定》和 HG/T 2021—2014《耐高温润滑油 O 形橡胶密封圈》等国家标准和行业标准，很好地丰富和完善了橡塑密封件的质量标准，为橡塑密封件的应用企业和生产企业提供了设计选型、生产组织和质量控制及验收标准的指导。“十二五”期间颁布实施的橡塑密封行业相关技术标准见表 5-6。

表 5-6 “十二五”期间颁布实施的橡塑密封行业相关技术标准

序号	标准名称	标准号
1	静密封橡胶制品使用寿命的快速预测方法	GB/T 27800—2011
2	标准弹性体材料与发动机油的相容性试验	GB/T 28607—2012

（续）

序号	标准名称	标准号
3	板式热交换器用橡胶密封垫片	GB/T 28719—2012
4	用于非石油基液压制动液的汽车液压制动缸用的弹性体皮碗和密封圈	GB 29334—2012
5	汽车液压制动系统用橡胶护罩	GB/T 29615—2013
6	日用压力锅橡胶密封圈	GB 29992—2013
7	汽车齿轮齿条式动力转向器唇形密封圈性能试验方法	GB/T 30911—2014
8	汽车液压盘式制动缸用橡胶密封件	GB/T 30912—2014
9	汽车循环球式动力转向器唇形密封圈性能试验方法	GB/T 31330—2014
10	耐高温润滑油 O 形橡胶密封圈	HG/T 2021—2014
11	拖拉机挠性万向节橡胶衬套	HG/T 2329—2011
12	水闸橡胶密封件	HG/T 3096—2011
13	汽车滤清器用橡胶密封件	HG/T 4392—2012
15	耐二甲醚橡胶密封材料	HG/T 4622—2014
16	船用货舱盖橡胶密封带	HG/T 4623—2014
17	汽车滑销防尘密封保护套	HG/T 4624—2014
18	汽车发动机空气滤清器橡胶密封件	HG/T 4785—2014

2. 自主创新能力建设

目前，橡塑密封行业企业拥有国家级工程技术研究中心 1 家、省级工程技术研究中心 5 家、国家认定企业技术中心 3 家、省级企业技术中心 15 家、博士后科研工作站 3 家。在合作创新上，有产学研联盟、产学研实体、产业技术战略联盟等多种机制与模式，共有 8 家相关的行业组织。

经过多年努力，橡塑密封行业的自主创新能力明显提高，现拥有国家级工程技术研究中心、企业工程中心、行业级工程技术中心、重点实验室、院士工作站及博士工作站等。橡塑密封行业自主创新能力建设情况见表 5-7。

表 5-7 橡塑密封行业自主创新能力建设情况

名称	承建单位
国家橡塑密封工程技术研究中心	广州机械科学研究院
国家级企业工程技术中心	安徽中鼎密封件股份有限公司
机械工业橡塑密封工程研究中心	广州机械科学研究院

（续）

名称	承建单位
机械工业流体动力传输技术重点实验室	燕山大学
机械工业橡塑密封重点实验室	广州机械科学研究院
机械工业重大技术装备润滑液压技术设备工程实验室	四川川润股份有限公司

3. 自主创新平台建设

2015 年，为贯彻落实国务院《中国制造 2025》规划精神，加快促进工业基础能力提升，围绕重大工程和重点领域亟需实现突破的关键基础材料、核心基础零部件（元器件）、先进基础工艺和产业技术基础工程化及产业化，夯实工业发展基础，提升工业发展的质量和效益，广州机械科学研究院还承担了工业和信息化部工业转型升级强基工程——高端橡塑密封元件研发检测技术基础公共服务平台的建设。

平台重点任务是突破以下技术：高压液压缸密封可靠性设计技术，高压液压缸密封材料分析测试技术，高压液压缸密封台架模拟检测及水平评价技术，高压液压缸密封典型产品的研发技术；高速旋转密封可靠性设计技术，高速旋转密封材料分析测试技术，高速旋转密封台架模拟检测及水平评价技术，高速旋转密封典型产品的研发技术。

平台建成后将具备为重大装备提供密封系统、密封材料、密封系统的技术评价及可靠性设计等方面的服务能力，可为重大装备研发关键密封产品、制定技术标准、提供寿命评估方法，建立相关行业标准或规范，并通过试验评价过程指导行业企业的研发与制造，为橡塑密封行业的产品研发提供强有力的支撑，推动行业技术进步。

4. 产业基地建设

宁国橡塑密封件特色产业基地作为国内橡塑类密封件最大的生产基地，近年来以“创新主体、产学研一体、创新服务载体”为主要抓手，引导企业加大研发投入，建立研发机构，指导企业制订创新发展规划，引进创新型人才，已初步形成技术创新体系。

（1）科技企业孵化器强劲发展　基地拥有建筑面积约 7 000m^2 的企业孵化中心，专门为高新技术企业和初创期科技型企业提供创新创业服务。截至 2018 年，孵化中心累计入驻企业 24 家，总收入达到 2 190 万元。2019 年，还将在国家级开发区重新规划建设高标准的“苗圃—孵化器—加速器—园区”科技企业孵化器，以进一步整合各类创新创业服务平台资源，促进基地企业发展，加快扩大基地规模。

（2）中介机构服务日趋完善　制订并出台加快现代服务业发展的相关政策，积极吸引优质的中介服务机构来宁国橡塑密封件特色产业基地执业。组建宁国生产力促进中心和科技路路通宁国分中心等公共服务平台，为法律、会计、审计、人力资源、经纪代理等各类中介机构提供专门业务场所。引进吴江农商银行、民生村镇银行、融资担保机构、保险服务机构等金融机构，建立起较为完善的现代金融组织体系，为基地企业提供更加完备的金融服务。正在筹建宁国市成果转化中心，完善创新要素交易市场，为各类创新要素合理流动提供服务。

（3）产学研合作渐成体系　制订并出台促进产学研合作的相关政策，鼓励企业与高校院所合作，通过“引进来”和“送出去”，加大创新型人才的引进和培育力度，鼓励以技术、资金、项目、标准、成果转化等为纽带，组建产业技术创新战略联盟，加快科技成果向生产力转化。目前，基地内超过 100 家企业与浙江省内外的高校院所建立了长期合作关系，正在积极组建中鼎院士工作站、瑞泰院士工作站，以及涵盖专家学者库、技术成果库、企业需求目录、投资合作之窗等内容的网络服务平台，深入推动企业与高校院所的合作。

（4）企业共性研发平台加快建设　围绕橡胶零部件产业，采取政府引导、企业主导、市场化运作的方式建设技术试验和产品检验检测中心，吸引了青岛大学、安徽大学和合肥工业大学等高校、科研院所来宁国建立研发中心或研发分支机构。目前，基地已拥有“国家级企业技术中心”“国家认可产品检测试验中心”“博士后科研工作站”等技术平台，正在组建中鼎公用型汽车零部件检验检测中心，并与工业和信息化部电子第五研究所达成共建赛宝基础零部件产业技术研究院的合作意向（宁国市拟投资 1 000 万元），旨在为三大主导产业在质量和可靠性方面提供技术研发、检验检测、技术培训等服务。

2010 年，广州机械科学研究院启动了以密封件生产能力改造（炼胶、骨架密封及大型密封件制造）、密封胶扩产（硅酮胶生产线、UV 胶生产线）及科学城基地条件建设为主要内容的“重大装备关键密封元件研发及产业化技术改造”项目。该项目历经 4 年，到 2013 年年末基本完成了预定建设内容。2015 年 11 月 2 日，广州市发展改革委与广州市工业和信息化委员会联合组织专家对上述列入国家重点产业振兴和技术改造项目（第三批）及中央预算内 2010 年投资建设项目进行了竣工验收。

这是广州机械科学研究院自“八五”密封技术改造以来完成的第二个国家投资的技术改造项目。项目总投资 1.339 亿元，已形成年产高性能橡胶、橡塑复合、高性能聚氨酯、高性能聚四氟乙烯等关键密封件 469.1 万件和高性能硅酮密封胶 2 400t 的生产能力，科学城基地基本建成，为重大装备所需密封件和密封胶的国产化提供了研发条件和制造能力。

5.1.5 资产重组及产业结构调整

2007 年 1 月 15 日，中鼎控股（集团）股份有限公司（简称中鼎集团）在收购原安徽飞彩车辆股份有限公司股权的基础上，经重大资产置换重组后成立了安徽中鼎密封件股份有限公司（简称中鼎股份）。

2008 年，中鼎股份向特定对象非公开发行股票（简称“定向增发”），所募集资金用于收购中鼎集团所持有的安徽中鼎泰克汽车密封件有限公司、安徽宁国中鼎模具制造有限公司、上海采埃孚中鼎橡胶金属技术有限公司以及安徽中鼎精工技术有限公司的全部股权，同时投资建设发动机（冷却、三滤系统）用密封件技改项目和技术中心工程项目。这是中鼎集团自 2007 年控股收购 ST 飞彩、实现借壳上市以来，旗下核心上市企业中鼎股份首次实施的定向增发方案。

2009 年，为了整合北美出口资源，中鼎股份收购了美国 MRP 公司和 BRP 公司，这两家公司为美国三大主机厂的一级供应商。中鼎股份以“美国模式”接单、组织生产及交付，但将主要生产工序转移至国内以降低成本，使出口产品毛利率明显提升，并可有效避免贸易保护。在国际金融危机中，中鼎股份由于财务状况良好而承接了不少北美市场竞争对手转移的业务。

2009 年，中鼎股份独资设立了中鼎密封件（美国）公司，统筹管理中鼎股份在美国境内的生产型子公司并优化管理体制，在北美地区形成完整的研发—装配—物流—售后服务的产业链，整合采购、销售等各环节资源。

近几年来，中鼎股份的国际化进程呈逐渐加快的趋势，先后收购整合了欧美多家拥有先进技术的企业，在海外成立了研发中心，同时进入全球采购平台。2011 年收购了美国库伯公司，之后在美国成立了“中鼎公司旋转密封工程技术研发中心”；2012 年，中鼎股份收购美国 Acushnet 公司。该公司在航空航天、石油、天然气（含页岩气）、工程机械、汽车用高端密封件等领域拥有丰富的生产经验和广阔的市场。同时，中鼎股份还寻求在国外建立“中鼎公司往复密封工程技术研发中心”，并在国内建设“中鼎公司密封材料技术研发中心”和“中鼎公司密封技术及应用研发中心”，以逐步推进中鼎股份高端密封件国际化的研发和生产基地的建设。

2014年，中鼎股份成功收购生产高端密封件的德国KACO公司，投资总额1.8亿雷亚尔（约合8 000万美元）。德国KACO公司成立于1914年，是世界著名的特种橡胶密封件研发生产企业，是密封技术的全球领军企业，拥有多项革命性专利，产品销售遍布40多个国家和地区。旗下现有6家工厂，分布在德国、奥地利、匈牙利和中国，并在法国、英国和日本设立了3个技术服务办公室。德国KACO公司为大众、克莱斯勒、福特、保时捷、奥迪、宝马、布加迪、中国一汽、戴姆勒、通用、特斯拉、沃尔沃、博世、博格华纳和采埃孚等全球知名厂商配套，被全世界最重要的制造商公认为高端密封件（含电动车和新能源汽车用）产品的领军供应商，目前拥有超过200个由世界主要的汽车制造商颁发的质量奖项和证书。

收购德国KACO公司将大幅提升中鼎股份的产品品质和生产效率，显著增强公司的研发创新能力，从而提升公司的盈利能力和经济效益。

中鼎股份将充分利用KACO公司的先进生产工艺及品牌优势，利用自身雄厚的技术基础，对引进技术消化吸收再创新后，大力进军国内高端密封件产品领域。本次收购完成后，中鼎股份将逐步打破国外厂商在汽车及工程机械用高端密封产品市场的长期垄断地位，其产品逐步替代进口产品，有效缓解我国高端橡胶密封件产品长期依赖进口、技术及性能落后于主机发展的状况，对推动我国橡胶密封件行业的发展具有深远意义。

2015年，中鼎集团收购了德国WEGU公司。该公司具备强有力的研发团队及全方位的静音降噪系统解决方案，并能为汽车总成、电动汽车提供智能解决方案。该公司主要产品有排气降噪阻尼系统、动力系统降噪阻尼器、底盘系统降噪阻尼器、转向系统降噪阻尼器，主要为宝马、奔驰、奥迪、路虎等世界顶级主机生产商配套。收购WEGU公司将使中鼎集团逐步打破国外厂商在汽车用高端减振产品市场的长期垄断地位。从振兴我国工业基础零部件产业的角度来看，中鼎集团收购WEGU公司将提升我国汽车零部件在该领域的国际竞争力，对于企业自身和国内行业发展都具有重大意义，这也是中鼎集团此次入围海外并购20强名单的主要原因。

中鼎欧洲控股与Green Motion SA股东签署了股权转让协议，中鼎欧洲控股拟收购瑞士Green Motion SA42.87%的股权，投资总额为1 200.55万瑞士法郎。

5.1.6 产业地域分布情况

橡塑密封产业主要分布在铁岭、北京、青岛、河北、广州、武汉、南京、重庆和安徽宁国等地区，骨干企业分布在广州、安徽宁国、青岛、重庆等地。安徽中鼎密封件股份有限公司、广州机械科学研究院有限公司、青岛开世密封工业有限公司、重庆杜马斯克科技有限公司（原重庆杜克高压密封件有限公司）、中车集团南京七四二五工厂、青岛海力威密封有限公司等企业在自主创新、信息化管理、科技成果、企业规模和生产能力等方面对行业发展起着引领作用。

5.2 国际竞争力分析

5.2.1 主要发达国家橡塑密封产业概况、水平和规模

世界橡塑密封产业已十分集中，主要由德国、瑞典、法国、美国和日本等发达国家的密封件行业巨头垄断。这些国家无一不是装备制造业的强国。橡塑密封行业的发展与装备制造业，尤其是汽车、工程机械、石油化工装备、能源动力装备等高端制造业的发展是密不可分的。

橡塑密封行业国际巨头的产业扩张从未停止过。它们通过产业扩张，整合产业链上的优势企业，控制优质资源，降低整体生产、营销成本和研发费用，以期获得规模效益和垄断利润。为了应对发达国家内部趋向饱和的市场和日渐激烈的市场竞争，橡塑密封行业的国际巨头在不同的市场采取了不同的产业扩张策略。一方面，在发达国家的成熟市场，通过同业并购或产业链上下游企业并购的方式，达到控制产业资源、提高市场竞争力的目的；另一方面，在发展中国家的新兴市场，通过成立独资公司或合资公司，利用技术及资金优势达到抢占新兴市场的目的。

5.2.2 世界橡塑密封产业技术和产品发展趋势

橡塑密封件属于机械基础件，橡塑密封技术是支撑装备制造业的关键基础技术。橡塑密封件应用十分广泛，只要有液压气缸、泵、阀、管等需要防止流体或固体微粒从相邻接合面间泄漏，或防止外界杂质如灰尘、水分与气体等侵入的地方，就要使用密封件。与密封件协同完成密封功能的部件组合称为密封装置。密封装置的功能，表面上看是防止介质的泄漏或侵入，实质上是防止或降低主机能量流失（传递或转换能量的介质流失）、磨损失效（外界杂质侵入导致传动部件的磨损）、控制失准（流体介质的失稳导致控制精度下降）的风险。密封失效会导致主机不能高效、可靠运行，甚至造成重大环境或安全事故。所以，密封性能

的优劣、质量的好坏直接关系到主机的质量水平，是主机装备技术水平的主要评价因素之一。

橡塑密封产业的技术和产品服务于装备制造业，并随着装备制造业的升级与变革而发展。同时，橡塑密封产业装备自身的发展及新材料、新工艺、新技术的应用，应使橡塑密封产业的技术和产品既要保证持续满足装备制造业发展的应用要求，也要保证满足环境、能源变化以及社会发展的战略及政策要求。

目前，机械工程技术呈现绿色、智能、超常、融合、服务的发展趋势。以液压元件为例，液压元件向高功率密度、低能耗、低振动、低噪声、环保介质、无泄漏、微型或大型方向发展，要具有高性能、高质量、高可靠性，密封件的作用至关重要。因此，橡塑密封产业的技术和产品也应呈现以下发展趋势：

1）应用高性能新材料、新型成型工艺，实现极端尺寸、极端参数的高性能产品制造，适应复杂介质、宽温域、高速、高压及应力冲击等严苛工况要求。

2）创新密封结构，利用集成信息传感技术，在线监测密封界面温度、应力、磨损等变化并进行实时分析，实时调整密封功能，实现密封系统的低摩擦、低磨损、低能耗，并预测及延长其服役寿命。

3）推广应用环保橡塑材料、助剂，革新节能环保工艺及装备，适应新型环保工作介质，向节能环保、绿色制造方向发展。

4）应用有限元仿真设计技术、制造执行系统（MES）、基于机器视觉的质量检测技术、实验室信息管理系统（LIMS）等技术，实现橡塑密封产品的数字化、智能化设计及制造。

5）根据应用工况要求，进行个性化定制，适应装备制造业升级与变革的需求。

5.2.3 跨国集团公司在我国的投资和发展概况

在装备制造业中，燃油汽车、工程机械、石化装备等是橡塑密封件的主要传统应用领域。随着我国改革开放的逐步深入，尤其是合资汽车制造业的蓬勃发展，自 20 世纪 90 年代起，外资企业以合资或独资的方式大举进入国内密封件市场。

在合资企业方面，宁国巴尔卡密封件有限公司、广州奥力斯油封有限公司、青岛基珀密封工业有限公司、保定天威今三橡胶工业有限公司、湖北派克密封件有限公司和沈阳派克密封件有限公司等一批中外合资企业先后成立。合资之初，双方无不抱有以市场换技术的美好愿景，但事与愿违，经过短暂的蜜月期后，合资双方迥远不同的期望难以达成，外资几乎悉数撤出。但外资离场后，部分企业通过转制步入了快速发展的通道。1992 年，通过改制成立的中鼎股份有限公司，于 2007 年上市并更名为安徽中鼎密封件股份有限公司，自此展开了一系列的并购与扩张，发展成为大型跨国公司，2019 年销售额达 17 亿美元，位列 2018 年度全球非轮胎橡胶制品 50 强中的第 13 位。

在独资企业方面，世界流体动力领域的知名企业在国内几乎都有投资。除少数企业在投资初期尝试建立合资公司外，掌握着世界密封领先技术的国外知名公司，几乎都以独资的形式分享国内市场快速增长的盛宴。2000 年之前，它们主要以投资工厂为主，其后才开始逐步投入研发机构。斯凯孚密封技术（青岛）有限公司的前身是爱科诺莫斯（青岛）密封技术有限公司。2006 年，爱科诺莫斯（青岛）密封技术有限公司加入瑞典斯凯孚（SKF）集团后更名并成为斯凯孚集团的全资子公司。SKF 集团的核心关键技术公司都是独资形式，工业服务公司则是采取与重要市场客户合资的方式，这既利于业务推广，又贴近市场，能够为用户提供及时的、先进的整体技术解决方案。世界非轮胎橡胶制品 50 强部分企业在国内密封件领域的投资情况见表 5-8。

表 5-8 世界非轮胎橡胶制品 50 强部分企业在国内密封件领域的投资情况

投资方	企业性质	企业名称	注册时间	注册资本
NOK-Freudenberg	独资	长春恩福油封有限公司	1992 年	9 000.0 万元
		无锡恩福油封有限公司	1995 年	2 905.8 万美元
		太仓恩福密封产品有限责任公司	2005 年	300.0 万欧元
特瑞堡	独资	特瑞堡密封系统（中国）有限公司	2005 年	500.0 万欧元
		特瑞堡工程系统（青岛）有限公司	2008 年	2 150.0 万美元
		特瑞堡模塑件（无锡）有限公司	2008 年	424.5 万美元
		特瑞堡汽车部件（无锡）有限公司	2011 年	680.0 万美元
		特瑞堡护套（孝感）有限公司	2016 年	1 500.0 万元
斯凯孚	独资	斯凯孚密封系统（芜湖）有限公司	1996 年	576.0 万美元
		斯凯孚密封技术（青岛）有限公司	2001 年	145.0 万美元
		斯凯孚（大连）轴承与精密技术产品有限公司	2005 年	7 140.0 万美元
	合资	斯凯孚（上海）工业服务有限公司	2007 年	1 528.3 万元
		斯凯孚工业服务（武汉）有限公司	2014 年	1 209.4 万元
派克汉尼汾	独资	派克汉尼汾工程材料（无锡）有限公司	2018 年	1 000.0 万美元
		派克汉尼汾液压系统（上海）有限公司	1999 年	2 000.0 万美元

（续）

投资方	企业性质	企业名称	注册时间	注册资本
圣戈班	外商合资	圣戈班高功能塑料（上海）有限公司	1995 年	10 700.0 万元
		圣戈班研发（上海）有限公司	2005 年	8 200.0 万元
芬纳	独资	赫莱特密封科技（上海）有限公司	2005 年	710.0 万美元
哈金森	独资	哈金森（武汉）汽车橡胶制品有限公司	1995 年	37 009.2 万元

除传统领域外，高档数控机床和机器人、航空航天装备、海洋工程装备及高技术船舶、先进轨道交通装备、节能与新能源汽车、新一代信息技术、新材料及生物医药等战略性新兴产业及其装备，均需要高性能的密封件及先进的密封技术。制造业的转型升级和跨越发展，对密封行业既是机遇也是挑战。没有掌握基础件的核心关键技术，成套技术解决方案就是空中楼阁，我国装备制造业由大变强的愿景只能是水中月、镜中花。

5.3 我国橡塑密封行业存在的主要问题及国内外差距分析

目前，我国与国外橡塑密封产业的发展水平还有较大差距。得益于工业化进程以及橡胶工业尤其是特种橡胶工业的发展，国外密封技术研究及应用较早，有些企业已有 100 多年的历史，它们技术先进且成熟；国内密封技术起步较晚，基础薄弱，主要依靠开放后的国外技术引进。虽然近 30 年橡塑密封技术与产品随装备制造业的高速发展而获得发展，中低端装备的密封产品已能实现自主生产，但就产业发展状况来说，无论是规模还是技术水平，均与发达国家有较大差距。总的来说，国外橡塑密封产业规模庞大，产品品种齐全，质量稳定，技术力量雄厚，产业链完整，占领高端市场。而国内橡塑密封产业规模较小，品种较少，质量不稳定，技术力量薄弱，没有形成有效的产业链，主要面向中低端市场。

5.3.1 存在的主要问题

橡塑密封行业主要存在以下问题：

（1）基础材料发展滞后，技术发展受制于人　随着橡塑密封件使用工况条件的日趋苛刻，对橡塑密封材料的性能要求也越来越高。聚氨酯材料因其优异的物理力学性能、耐介质能力和耐压能力，已发展成为液压缸的主体密封材料。但其摩擦系数大、易生热且不耐高温的特性限制了其使用范围，只有少数国外密封件企业掌握了耐高温、低摩擦的高性能聚氨酯弹性体材料技术，垄断了高端液压缸密封市场。高性能密封材料如聚四氟乙烯、乙丙橡胶、聚丙烯酸酯橡胶、氢化丁腈橡胶及氟橡胶等主要依赖进口，含氟丙烯酸酯橡胶、低温氟橡胶、四丙氟橡胶等依赖进口，全氟醚橡胶及其制品等被限制出口。

（2）产业集中度低，产业结构性过剩　橡塑密封行业以中小企业为主，与国内市场完全相匹配的骨干企业很少，更缺少能参与国际市场竞争的龙头企业。美国《橡胶与塑料新闻》公布的 2018 年度全球非轮胎橡胶制品 50 强排行榜中，安徽中鼎密封件股份有限公司是我国唯一入榜的密封件企业，与我国密封件产量与用量名列世界第一的地位不匹配。众多中小企业无序竞争，也严重阻碍了优势企业的成长，形成了低端产品过剩、高端产品缺失的局面。一方面，中低档产品产能过剩，形成同质化恶性竞争；另一方面，高档产品品种少，不能满足主机需求，即使有自主创新的产品，它们也很难进入某些重点配套领域，导致关键橡塑密封件长期依赖进口。

（3）专业技术深度及产业链展度不够，集成服务劣势明显　以中小企业为主的产业结构限制了橡塑密封产业在专业上技术的深度和在产业链上的影响程度。除个别细分及垄断市场外，大多数密封件企业服务于中低端制造业，靠价格竞争维系生存，很难在材料上与上游供应商协同发展，在应用上影响下游装备制造业的设计与选型，进而在技术上难有创新和突破，更谈不上提供技术集成与标准引领的服务。

（4）缺少公共平台，研发检测服务体系待完善　密封行业公共服务平台建设明显不足。建设行业的研发检测服务体系需要系统的设计规划、巨大的资金投入、长时间的技术积累和充分的市场化培育。在以中小企业为主的产业结构中，密封件企业自身的研发检测体系十分脆弱，表现出业务领域窄、技术水平低、公信力不足的问题；市场化运作的服务体系尚处于起步阶段，发展举步维艰。所以，在未来相当长的一段时间内，还需依托高校、研究院所和行业联盟所建立的公共服务平台，开展行业基础、共性技术研究。

5.3.2 国内外差距分析

我国橡塑密封行业与国外同行业存在较大差距。一方面，我国工业化起步较晚，与橡塑密封行业相关的基础材料领域全面落后，缺乏相关技术的积累与沉淀；而发达国家自第一次工业革命以来，制造业尤其是汽车工业和橡胶工业的发展，促进了密封行业近 100 年的持续发展。另一方面，受制于市场、政策及体制等多方面影响，国内橡塑密封件等基础件行业前期未能抓住装备制造业快速发展的机会，没能占据主机尤其是汽车、工程机械等行业的巨大配套市场，市场规模及产业技术发展慢，丧失了在高端市场上与国外先进企业竞争的能力。

目前，国内外橡塑密封行业的差距主要表现在：

（1）产品性能和使用寿命的差距　我国橡塑密封行业由于缺乏应用积累，在产品寿命设计与优化方面缺乏系统性研究，涉及发动机、变速器、高端工程机械等领域的密封产品的使用寿命与国外先进水平还存在较大差距。差距的突出表现为：结构设计与材料研发技术落后，密封界面润滑不足，摩擦力矩过大、磨损严重；产品使用寿命短，稳定性、一致性差。这些加剧了用户对国产品牌的不信任。

（2）自动化程度的差距　受制于我国橡塑密封企业规模和国内装备制造业现状，我国橡塑密封企业的自动化程度普遍偏低，产品生产、检验、包装等工序往往需要大量的人工参与，从而大大增加了不可控的因素，产品一致性难以保证。

（3）产业结构的差距　我国橡塑密封产业集中度不高，规模以上企业占比较低，行业整体呈小、散、乱，产品多集中在低端，高端产品严重不足，部分高端产品依然是空白。行业整体表现出结构性产能过剩，产品利润率普遍较低，企业发展动力不足。

（4）专业人才、高端人才不足，企业缺乏人才培养机制　我国经济处于高速发展时期，由于基础件制造业不能提供有竞争力的薪酬，造成专业人才外流，特别是高端人才外流至其他行业，影响了行业和企业未来的发展。同时，很多企业缺乏人才培养机制，影响技术人员的能力提升。

（5）基础研究投入少，原始创新不足，产学研用合作有待加强　相比于国外大型橡塑密封企业，我国绝大部分橡塑密封企业基础研究投入严重不足，基础研究主要集中在少数高校及科研院所。由于产学研用合作程度较低，导致基础研究不能很好地为企业服务，原始创新缺乏理论支持。

5.4 关键技术及工艺

橡塑密封制造的关键技术应始终围绕密封的可靠性，以可靠性为中心，以质量稳定性、生产效率、生产效益、环境影响为指标，从材料开发技术、结构设计技术、生产加工技术、检验测量技术、智能控制技术和寿命预测技术 6 个方面提供保证。

材料开发技术：涵盖组成密封件的高分子材料（橡胶、塑料、纤维）及其辅助材料、金属材料等相关技术，主要包括材料合成技术、材料改性技术（配合技术、复合技术）和材料介面技术（减摩技术、粘合技术、防锈技术）等。

结构设计技术：包括密封系统设计技术、密封件结构设计技术、密封流体动力设计技术等。

生产加工技术：与产品实现过程的质量、效率相关的技术，主要包括模具设计及加工技术、过程装备及工艺技术、自动化技术、生产及质量管理技术等。

检验测量技术：包括原 / 辅材料检测分析技术、在线产品检测技术、模拟试验技术和泄漏监测技术等。

智能控制技术：整合密封设计技术、检测技术、信息传递技术和计算机技术，以实现密封智能控制和寿命预测等功能的融合技术。

寿命预测技术：储存、使用寿命预测技术及在役剩余寿命预测技术。

相较于国外先进水平，国内橡塑密封落后的主要技术内容见表 5-9。

表 5-9　国内橡塑密封落后的主要技术内容

主要技术内容	落后的主要技术内容
材料开发技术	高性能（耐宽温域、耐特殊介质、洁净高纯）原（辅）材料依赖进口；专用原材料牌号不全、性能不稳定；材料配合、改性技术落后
结构设计技术	仿真设计技术、高密低摩结构设计技术、组合密封设计技术
结构生产加工技术	专用生产设备及工装设计技术、自动化技术、生产管理技术
检验测量技术	专用（材料及制品）检测设备依赖进口，模拟试验技术落后，缺乏在线泄漏监测技术
寿命预测技术	动态仿真计算技术、模拟试验技术
智能控制技术	缺乏智能控制相关技术研究

5.4.1　绿色制造和智能制造基础技术

绿色制造技术首先是使用绿色环保的原（辅）材料。橡塑密封件配方技术是密封件制造过程中的一项关键技术，应尽量避免使用对人体和环境有害的原（辅）材料、加工媒介，减少制造过程中挥发性有机物（VOCs）的排放，开发高性能环保材料及助剂是当务之急。国外对这些化学物质已做出了限制或禁用规定，如全球汽车申报物质清单（GADSL）中列出了禁（限）用类物质，欧洲 REACH 法规提出的关于化学品的注册、评估、许可和限制等相关规定影响包括橡塑密封制品在内的几乎所有产品。其次是制造和使用过程中对有害废弃物、排放物质的无害化处理，以及开发固体废弃物的新用途。如聚四氟乙烯车削料经破碎、研磨后，可以作为减摩填充材料使用；生产过程产生的硫化橡胶废料、聚氨酯车削余料、报废密封件材料（包括橡胶材料、金属骨架材料、弹簧等）的回收利用等。节能降耗也是绿色制造技术不可忽视的环节，应用先进的工艺流程、节能装备、能源管理技术，可以显著降低单位产值的能源消耗。如特瑞堡的一种采用液态硅胶注射成型来生产O形圈的技术，可以将材料损耗减少30%以上，免除二次加工的能源及质量成本。

倍优自动化公司给出了智能工厂建设的实施步骤（图5-1），描述了各个阶段的建设内容以及可以实现的效益目标。目前，国内橡塑密封件行业整体制造水平较低，少数企业处于智能工厂的一期中期建设水平，个别企业启动了智能工厂的二期建设，究其原因，主要有以下几个方面：行业集中度低，难有大的资金投入；装备自动化水平低，数字化率低，重视生产主机的投入，忽视自动化流水线建设；基础工艺研究不足，工艺分析优化能力弱；产品处于中低端水平，以价格竞争为主，升级改造意愿不足。

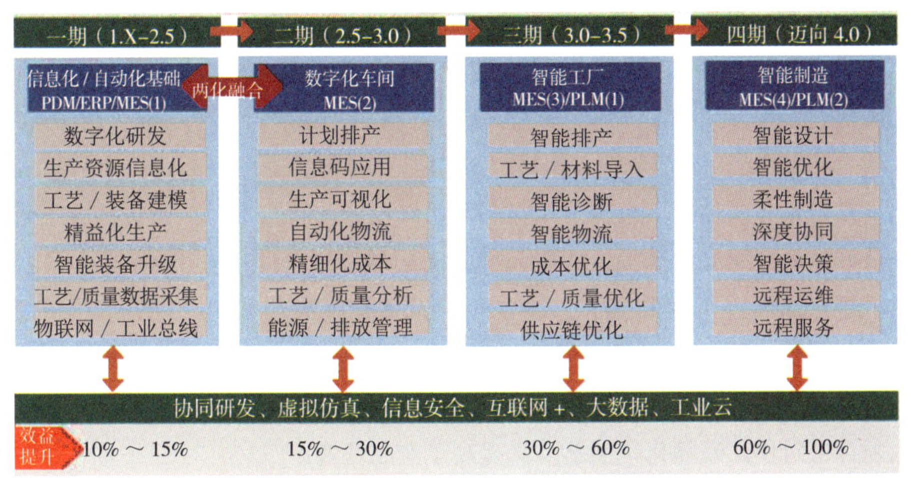

图5-1 智能工厂建设的实施步骤

5.4.2 互联网+橡塑密封技术

“互联网+工业”是传统制造业与现代信息通信技术的有机结合，即采用移动互联网、云计算、大数据、物联网等信息通信技术令传统制造业焕发生机。

一方面，在制造过程中应用互联网技术，以改造原有的研发、生产和营销方式。智能工厂的建设、智能制造离不开互联网技术。不仅如此，在供应链优化、协同开发、远程运维、远程服务方面更依赖互联网技术。另一方面，在应用过程中应用互联网技术，或者说改造原有产品。如理想的智能密封系统，能根据密封件使用状况来调整密封能力、监测密封水平、预测密封寿命，可大幅提高密封件的可靠性及使用寿命，减少泄漏、停机维修成本和能源消耗，是密封技术研究的前沿技术。智能密封技术需将检测技术、信息技术、微动力技术等方面的最新成果与传统的密封结构设计、密封材料研发相结合，以实现自动调整、主动控制和寿命预测的智能密封系统的功能。

5.4.3 关键制造工艺技术与装备

近年来，橡塑密封件的制造工艺与装备发展较快，体现在以下几个方面：

1）自动化、数字化水平提高，以适应数字化工厂建设的需要。如硫化机增加了自动喷脱模剂系统、自动洁模装置、自动脱模系统及自动送料系统，以及使用自动化全检机等。

2）生产效率提高。如高压高速高温射出机采用全伺服液压系统，压力稳定，动作顺畅快速，缩短了硫化时间；硫化机的双机多层结构、一备一用双模具结构或一公两母模具结构等，能提升生产效率 50% 以上；自动化全检机能实现产品形状与尺寸、缺陷等方面的自动化检测，大大提高检测效率，有效降低了人为导致的漏检、误检。

3）精密制造，工艺革新，提高产品性能及材料利用率。如冷流道注射成型工艺加精密模具制造，大幅提升了材料利用率及产品合格率。广州机械科学研究院设计开发的聚氨酯旋转浇注成型、高温增强、精密车削加工一体化装备及工艺，整体成型产品的直径达 13.3m，成功应用于大型水轮发电机组、大型盾构机等高端装备的密封（图 5-2）。迈申思密封科技有限公司开发的一体化注射成型的多材料密封件（图 5-3），将不同性能不同硬度的材料整体注射成型，改组合密封件为复合密封件，既简化了工艺，又提高了产品性能。

图 5-2　整体成型大型密封件

图 5-3 一体化注射成型的多材料密封件

4）通过能源管理降低单位产值的能源消耗；通过废气管理，变无组织排放为有组织排放，方便废气处理及改善工作环境。

5）应用无模具 3D 打印技术快速制样或提供特殊环境下的密封需求。

随着我国橡胶机械行业的不断进步以及规模的不断壮大，橡塑密封行业专用设备的技术水平也得到很大提升，品类日趋齐全，但依然存在重主机、轻辅机、自动化及智能化装备不足的问题。密封件硫化成型设备包括模压硫化机和注射成型机，已出口到世界各大密封件先进企业，但高性能橡胶密炼机、密封制品全检机仍依赖进口。对自动化辅助设备的研究较少，缺乏全自动流水生产线的设计能力。

据《欧洲橡胶杂志》公布的 2017 年全球橡胶机械报告，在全球橡胶机械 36 强企业中，我国企业占据 16 个席位，而且入围企业数连续 13 年居首位。2015—2016 年全球橡胶机械企业前十位见表 5-10。

表 5-10 2015—2016 年全球橡胶机械企业前十位

序号	公司名称 / 国别	2016 年	2015 年
1	H-F 公司 / 德国	1	1
2	VMI 公司 / 荷兰	2	3
3	软控股份有限公司 / 中国	3	2
4	三菱重工公司 / 日本	4	5
5	神户制钢公司 / 日本	5	4
6	特罗埃斯特公司 / 德国	6	6
7	萨驰集团 / 中国	7	9
8	LWB 公司 / 德国	8	10

（续）

序号	公司名称 / 国别	2016 年	2015 年
9	德斯玛公司 / 德国	9	8
10	大连橡胶塑料机械有限公司 / 中国	10	7

据前瞻产业研究院分析，2016 年全球橡胶机械行业总销售收入下降 4.2%，我国大多数橡胶机械企业呈现下降。拥有高新技术如自动及智能制造设备的企业实现增长，而传统橡胶机械企业下降的居多。

5.4.4 关键材料

随着技术的进步，不断有新型橡胶密封材料推出。氟硅橡胶综合了氟橡胶、硅橡胶的性能，既具有硅橡胶耐高低温范围广的特点，又具有氟橡胶耐高温耐油的特点，使用温度扩展为 -80 ～ 250℃。耐低温性能好的氟橡胶也已问世，如比利时苏威公司的氟橡胶可耐 -40 ～ -50℃的低温。美国杜邦公司的丙烯酸酯橡胶（ACM）也可耐 -40℃的低温。全氟醚橡胶具有与普通氟橡胶一样良好的物理力学性能，但它的耐高温、耐特殊介质性能是普通氟橡胶不可比拟的。全氟醚橡胶使用温度可以高达 310 ～ 330℃，在普通氟橡胶无法适用的醚类、胺基化合物、酮类、氧化剂、有机溶剂、燃料、酸、碱等环境中，全氟醚橡胶都能显示出其卓越的稳定性，它几乎对所有化学品都具有优异的耐受性。

新型聚氨酯密封材料不断涌现。这些材料的耐高低温性能、摩擦磨损性能，尤其是耐高温性能得以改善，可以在 120℃下长期工作，远超过普通聚氨酯 80℃的使用温度。以聚醚醚酮（PEEK）或聚醚醚酮酮（PEEKK）为主体的多元高分子复合材料，力学性能优良，是韧性和刚性兼备并取得平衡的特殊材料，其耐疲劳性可与合金材料相媲美，并且具有优异的滑动特性，吸水率很低，具有优异的电绝缘性、耐辐射性和耐天候老化性能，适合制造 -40 ～ 350℃温度范围内泵、阀门、压缩机用低摩擦系数和高耐磨的密封件。

随着战略性新兴产业的发展和“中国制造 2025”目标的逐步实现，在“上天、入地、下海”等高端装备中，密封件应用的环境和工况条件日趋恶劣，可靠性、寿命、环保节能要求越来越高，密封材料也需创新和发展。需要开发的密封材料有：

1）开发适合新型介质的密封材料，如新能源动力电池、氢燃料电池、乙醇汽油、生物柴油、航空生物燃料、二甲醚燃料、水液压介质等适用的密封材料。

2）利用高分子材料的分子设计技术、改性技术、纳米材料及表面处理技术等开发新型密封材料，如自润滑密封材料、减摩涂层密封材料，改善密封材料的摩擦、磨损等特性，减少设备运转能耗，延长密封件使用寿命。

3）开发易于成型的密封材料，如液体注射成型材料、反应注射成型材料、免二段硫化快速成型材料、3D 打印密封材料。

4）应用卫生安全、环保的各类橡胶基材、配合剂、胶粘剂，如低游离单体聚氨酯材料、环保增塑剂、老化剂、促进剂、硫化剂及胶粘剂等。

5）应用新型材料如石墨烯、碳纤维、记忆性材料、骨架材料等，开发特殊工况用途密封件。

6）应用高性能橡塑密封基体材料，如耐高温抗蠕变工程塑料、耐高温低压缩永久变形聚氨酯材料、耐低温氢化丁腈橡胶、耐低温氟橡胶、高性能氟硅橡胶及耐高温丙烯酸酯橡胶等。

5.4.5 测试设备和测试技术

测试设备和测试技术一方面是量产产品质量的最后保障，另一方面又是研发产品质量的评定基础，同时也是基础理论研究的条件。除通用的高分子材料测试设备和测试技术外，橡塑密封行业专用的测试设备和测试技术还可以根据检测对象与目的，划分为在线检测和离线检测。

在线检测是为产品制造服务，是生产流程的组成部分，检测内容有：

1）形状、尺寸和外观缺陷的在线检测。如用于 O 形圈、垫片、油封等密封件在线质量检测的全检机，利用机器视觉技术，通过软件计算检测制品的尺寸和外观缺陷，同时对过程能力进行及时分析和调整。尺寸检测包括内径、外径、长度及高度等，精度可达 0.005mm；外观缺陷检测包括飞边、缺胶、粘模、流痕、错位及异物等。检测速度可达 10 件 /s 左右，相当于 25 个人的工作效率，而且还可以降低由于人工疲劳所带来的误判。相对产品外观检测，橡塑密封件的内部缺陷检测目前还没有可靠的技术和方法。

2）密封功能性在线检测。如油封气密性检测、液压缸保压性检测、动力电池组气密性检测等，应用气体、液体等介质，在密封件出厂或装配阶段逐个加压检测，进一步筛出制造或装配异常的产品，确保出厂的密封件或元器件质量。

离线检测是为新产品开发、产品定型服务的，是可靠性验证及评价的主要手段。离线检测包括基于产品实际使用工况的台架模拟试验、实际装机考核试验等。全工况模拟台架试验几乎不可行，近工况台架模拟试验由于技术难度高、投资大，一般中小企业很少开展。

除此之外，开展橡塑密封的基础技术、共性技术研究，需要进行大量的试验和检测，包括原理性、元件和系统的验证试验及检测等。科研人员往往需要根据研究的目的，自行开发试验装置及技术。这些试验装置及技术成熟后，通过标准化，可以转化为行业的专用检测设备和检测技术。

5.5 高端橡塑密封件重点产品、技术及材料

针对重大技术装备对橡塑 密封件的配套需求，以高端橡塑密封件高性能、长寿命、可靠性为主攻方向，密切产需合作，加强基础技术研究，加速创新能力建设，着力推进产品质量、可靠性和寿命的升级，加大先进技术的推广应用和产业化力度，提升橡塑密封行业的整体水平和国际竞争力，为实现装备制造业由大变强奠定坚实基础。

1. 重点产品

重点产品包括高性能液压元件回转油封、高压往复密封件及密封系统、汽车变速器轴和离合器轴密封件、发动机水泵轴承密封件、海洋大功率往复压缩机密封件、带有多极磁性橡胶编码器的密封件耦合单元、风电偏航变桨轴承密封件、新能源页岩气采集 / 输送设备密封系统及密封件、大飞机液压系统密封件（商用飞机）、8 万 t 大型模锻液压机平台超高压液压系统密封材料及关键密封件。

2. 重点技术

重点技术有：绿色、智能制造基础技术；智能化密封技术；密封数值仿真设计技术；快速制样技术；橡胶绿色环保配方技术；橡塑密封件智能化制造工艺。

3. 关键材料

关键材料有：氟橡胶；硅橡胶；丙烯酸酯橡胶；PEEK 或 PEEKK 为主体的多元高分子复合材料；新型 PTFE 复合材料。

5.6 橡塑密封技术路线图

橡塑密封技术路线图（2010—2030 年）如图 5-4 所示。该技术路线图提出了未来 20 年橡塑密封技术发展的重点、发展趋势及时间序列。

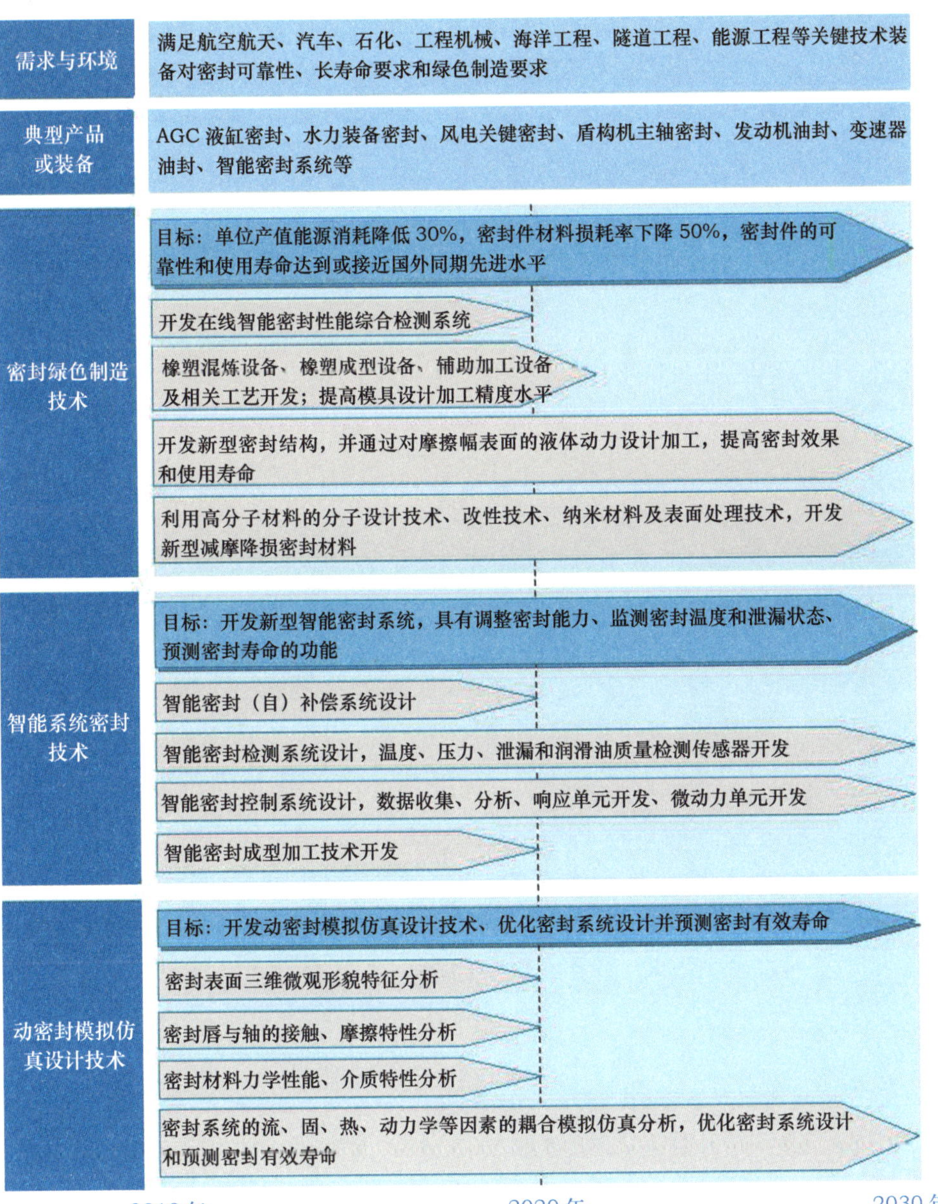

图 5-4　橡塑密封技术路线图（2010—2030 年）

第6章

机械密封与填料静密封行业现状及发展趋势分析

机械密封和填料静密封件（简称机填密封）是流体输送（通用机械）设备、流体输送管道及流体储存容器等不可缺少的重要部件，其密封性能、运行寿命及可靠性决定了设备（尤其是泵、风机、压缩机等）的维修周期、能耗（效率），输送介质是否会泄漏而对环境造成污染，以及装备的安全生产甚至人员的生命安全。

机械密封也称端面密封，是用于泵类、搅拌反应釜、离心压缩机、潜水电动机等回转机械的轴端密封装置，用以阻止回转机械内部的工作介质外泄，是解决跑、冒、滴、漏必不可少的一种密封形式。机械密封有许多不同的结构型式，但其基本原理都是相同的，主要由摩擦副（旋转环、静止环组成）、弹性补偿元件及辅助密封等组成。机械密封与其他动密封如传统的填料密封相比，具有消耗功率小（节能）、泄漏量少（减少环境污染）、使用寿命长及自动补偿无须调整等优势。因此，在回转机械中越来越多地采用机械密封作为其轴端密封。

机械密封是旋转轴断面动密封，按其应用进行分类，主要有泵用机械密封、釜用机械密封、透平压缩机用机械密封、风机用机械密封、潜水电动机用机械密封、冷冻机用机械密封及其他主机用机械密封等。

填料密封和静密封产品分为两大类：

1）垫片密封件。按材料和结构划分，垫片密封件大致可分为三大类。①非金属垫片，包括橡胶垫片、石棉橡胶板、柔性石墨垫片及聚四氟乙烯垫片等。②金属复合型垫片，包括各种金属包垫片、柔性石墨金属复合垫片及金属缠绕垫片等。③金属垫片，包括金属平垫片、齿形垫片、环形垫片、透镜垫片、三角垫片、双锥环、C 形环及中空 O 形环等。

2）填料密封。填料密封属于动密封的范畴，它是在轴与壳体之间用弹塑性材料或具有弹性结构的元件堵塞流体泄漏通道的轴封装置，按其结构特点可分为软填料密封、成型填料密封、 油封及硬填料密封等。在旋转轴的径向密封和往复轴的接触密封中，均可使用填料密封。由于这类密封结构简单，在工况条件不太苛刻的范围内有较好的密封性，因此应用极为广泛。

填料、垫片密封的特点是结构简单、品种繁多、应用广泛且拆卸方便。据石油炼化企业统计，垫片密封占静密封总数的 70% 以上。在各种动密封中，填料密封也占有相当高的比例。随着现代工业特别是石油工业、化学工业、原子能工业及大型电站的兴起，要求密封向高温、高压、高真空、深冷和大型化、单系列方向发展，对填料静密封行业不断提出新的要求，而密封件行业各种新型结构的密封制品和新材料不断出现，解决了许多长期存在的密封难题。例如柔性石墨材料一经问世，就以其优良的密封性能立即得到推广和应用。

机械密封和填料静密封技术是控制被密封介质沿旋转轴与相对静止壳体、管道法兰连接之间泄漏的技术，是保证重大装备安全运行的关键技术，是安全生产的主要屏障。机械密封和填料静密封件看似简单，实则汇集了流体力学、固体力学、材料学、热力学、摩擦学和机械工程等多学科知识，要具有结构紧凑、尺寸精度高、耐高压、耐磨损、抗冲击、抗疲劳和长寿命等性能特点，技术含量高，应用领域广泛。

进入21世纪以来，国家高度重视基础件的发展，机械密封和填料静密封行业在为重大技术装备配套过程中取得了显著进步。在“十五”“十一五”“十二五”和“十三五”发展规划的引领下，机械密封和填料静密封行业企业为石油、化工、冶金、核电、火电、航天、医药及食品等领域提供了许多新产品。尤其是国务院发布了《关于加快振兴装备制造业的若干意见》《装备制造业调整和振兴规划》，工业和信息化部发布了《机械基础件、基础制造工艺和基础材料产业“十二五”发展规划》《关于加快推进工业强基的指导意见》以后，企业加大了投资强度，加快了技术改造力度，扩建了生产厂房，更新了机加工设备、检测设备，进一步提高了产能，提高了产品质量，提升了自身的国际竞争力。特别是为核电机组研制了核主泵及核二级、核三级泵的机械密封件，主燃烧器用C形密封圈、O形密封圈、核级管道密封垫片，填补了国内空白，并迅速实现国产化，打破了国外公司的垄断，使进口件的价格大幅下降50%以上。

6.1 机填密封行业发展现状

6.1.1 产业规模

我国机填密封行业经过几十年的发展，已经成为品种规格齐全、基本可以满足我国各种装备要求并具有一定国际竞争力的产业，成为我国机械工业的重要基础行业。目前，我国机填行业生产企业有1 000余家，年产值约120亿元，其中年产值达到亿元以上的大型企业有14家。我国机填密封行业企业主要分布在沈阳、大连、北京、成都、合肥、杭州、宁波、慈溪、上海及西安等地。产品以中低参数机械密封及一般领域应用的金属缠绕垫片、复合增强垫片、编织填料、模压填料、金属垫片、柔性石墨板材等为主，部分骨干企业可生产高参数机械密封，部分填料静密封产品已达到国外同类产品的技术水平，产品出口量呈逐年上升的趋势。但是，由于小型企业众多，产品技术水平参差不齐，总体研发能力较差。同时，适应新兴产业及极端环境的特殊功能要求的产品不足，高参数密封产品部分仍依赖进口。

2018 年机填密封行业重点联系企业产、销、存情况见表 6-1。

表 6-1　2018 年机填密封行业重点联系企业产、销、存情况

产品名称	生产量	销售量	库存量
机械密封产品（39 家单位）			
机械密封产品 / 万件	5 168	4 855	278
机械密封产品配件 / 万件	9 921	9 709	301
填料静密封产品（10 家单位）			
垫片 / 万件	6 478	6 610	366
金属密封圈 / 万件	1 265	1 289	100
石墨填料 /t	1 054	1 045	101
盘根 /t	971	954	72
其他 / 万件	76 303	75 540	2 642

6.1.2　为重大装备配套情况

近 50 年来，特别是自 2008 年国际金融危机以来，橡塑密封行业奋发努力，取得了丰硕的科技成果。特别是自主研发制造的核电站用机械密封、密封垫片、金属 O 形密封圈和 C 形密封圈，已经打破国外垄断，实现了国产化。自主研发制造的反应堆压力容器用 C 形密封环已成功应用，达到国际先进水平并获得发明专利，打破了国外垄断，有力地保障了我国核电站建设自主化的进程。国产的核级石墨密封垫片、反应堆压力容器用 O 形金属密封环及蒸汽发生器、稳压器等设备的人孔、手孔、眼孔用的石墨金属缠绕垫片等核岛关键设备密封件，符合核电站设计要求和技术规范，能够满足核电站建设和运行的需要。

东方电气阿海珐核泵有限责任公司研制成功的核电站主泵的轴密封为机械密封，采用三级相同的流体动压密封串联而成，动环材料为石墨，静环材料为碳化钨，其他静密封材料为乙烯丙烯橡胶（EPDM）。三级密封各自承受的压力降按系统压力的 40%、40%、20% 来分配，但每级的承压设计成能承受系统的全压力。各级密封压降值的分配是靠流过节流装置的受控泄漏流来实现的，第一级和第二级密封的节流装置由两组盘绕式毛细管组成，第三级密封节流装置是依靠一只节流器来实现的。在所有工况下，轴密封工作寿命至少为 10 000h。

核电主泵轴密封的制造成功，攻克了百万千瓦级核反应堆冷却剂泵国产化的最后一个堡垒，结束了国内不能生产百万千瓦级核反应堆冷却剂泵用轴密封的历史，标志着百万千瓦级核反应堆冷却剂泵成套设备制造实现了完全国产化，是核电设备国产化取得的又一重大成果，大大推进了我国核电设备国产化的进程。

宁波天生密封件有限公司完成的“核电站密封新技术、新产品及应用”项目，发明了以石墨基材为核心的不同刚度材料组成的新的密封结构型式，给出了根据介质压力等级决定密封结构和石墨容积的整套设计方法，所制造的密封产品创造了泄漏率低于 $1\times10^{-7}Pa\cdot m^3/s$ 和应力松弛率小于 1% 的世界最高水平；在石墨基材方面达到世界上该类指标最苛刻的法国 PMUC 标准的要求。该项目我国拥有自主知识产权，我国也因此成为世界上唯一一个既能生产核一级（最高等级）密封产品，又能制造核一级石墨基材的国家。该产品已成功应用于国内所有运行核电站的核一级设备中。

该项目发明了全新的密封件结构型式，获得了柔性石墨与金属的结合技术、柔性石墨板材的制备技术、辐射加速老化实验技术、受力模型分析技术及防泄漏技术 5 项核心技术，取得了密封产品结构型式创新、石墨膨化过程工艺创新及石墨材氧化剂、插层剂配方创新等 7 项创新成果。还建立了新的石墨基材制备工艺，创造了多种不同基材的配比工艺，自主开发了整套研究和检测设备。创新使这个项目中的 40 余项技术指标能充分保证核电站安全运行 60 年。该项目获得 2010 年国家科技进步奖二等奖。

浙江国泰密封材料股份有限公司研制的“石墨填充改性 PTFE 纤维编织盘根”，是以特定的拉伸烧结和网状割丝工艺制成的石墨改性聚四氟乙烯纤维线为原料，采用石墨浸渍剂对纤维线进行预处理，经编织、浸渍而成。产品具有抗蠕变、自润滑、耐温、耐磨、压缩回弹性好等特点，广泛应用于石油、化工、化纤、造纸、医药、电力、环保、冶炼等行业的轴、泵、阀、管的动、静密封。该项目产品的主要技术指标为：密度 $1.88g/cm^3$，耐温失量（260℃）0.85%，摩擦系数 0.10，磨耗量 0.01g，压缩率 28.8%，回弹率 44.9%。项目已获得国家发明专利 1 项、实用新型专利 2 项。

四川日机密封件股份有限公司研制的“核电站主泵油机械密封”通过国家能源局组织的专家鉴定，“压水堆核电站核二级、核三级泵用机械密封的研制”项目则获得中国机械工业科学技术奖二等奖。

核二级、核三级泵用机械密封是压水堆核电站的关键部件之一。为了满足市场需求以及避免我国核电安全生产受制于国际政治环境，从 2008 年开始，四川日机密封件股份有限公司开始了核二级、核三级泵用机械密封的研制工作。

核二级泵用机械密封在辐照环境下工作，同时需要考虑地震引起的振动冲击及热冲击等事故工况，以及使用条件恶劣等情况。再加上核二级、核三级泵用机械密封有非常高的可靠性要求，因此，不但要解决具体设计方法等理论问题，还要解决产品制造工艺、产品测试以及产品安装等问题。

该项目设计了具有抗震性、抗颗粒介质的集装机械密封，确定了耐高温、耐辐照的密封零件材料，完成了在高 PV 值条件下，确保机械密封长寿命、高可靠性地运行的关键技术的研究。该项目设计、建成了核二级、核三级泵用机械密封试验装置，能够覆盖核二级、核三级泵用机械密封热冲击试验、杂质试验、性能试验等试验。该公司在自制的试验装置上完成了自主研制的核二级、核三级泵用机械密封的性能试验、寿命试验，并且随核二级、核三级泵进行了寿命、起停、杂质和热冲击等鉴定考核试验。四川日机密封件股份有限公司研发的机械密封运行正常，性能优异，均满足《二代加压水堆核电站核级泵用机械密封技术规格书》的要求。

到目前为止，四川日机密封件股份有限公司相继完成了余热排出泵、安全壳喷淋泵、低压安注泵、辅助给水泵、冷冻水泵等全部核级泵用机械密封及重要的非核级泵用机械密封的研制，完成了 AP1000/AP1400 余热排出泵用机械密封样机的研制，并随泵通过了鉴定。

从 2010 年开始，四川日机密封件股份有限公司为秦山、田湾核电站进行了主给水泵、凝结水泵、辅助给水泵等泵的机械密封的修复和国产化工作。迄今为止，该公司已完成 1 500 多套核主泵、核二级高压安注泵、核三级设备冷却水泵、重要厂用水泵、重要冷冻水泵、辅助给水泵及其他重要的非核级泵用的机械密封的修复和国产化工作，已成功实现了核二级、核三级泵用机械密封的国产化。

在为石油化工配套方面取得明显进展。四川日机密封件股份有限公司研制的百万吨乙烯装置用“乙烯三机干气密封”，主要应用于国内大型乙烯装置（年产 80 万 t 及以上），如应用于神华宁煤 400 万 t/a 煤制油项目的油品延伸配套工程，包括乙烯、聚乙烯、聚丙烯等单元，其中裂解装置乙烯单元的“乙烯三机”替代了进口产品。

该项目形成了具备自主知识产权的“乙烯三机干气密封”完整的设计技术；掌握了关键零部件的制造工艺；研发了低温试验装置及控制系统，满足了产品的性能试验要求。该项目设计合理，制造工艺装备齐全，试验检测条件完善，质量保证体系运行有效，已具备批量生产能力。

在西气东输管线工程二线、三线的建设中，大连华阳密封股份有限公司完成了高陵站 3 号机组首台（套）干气密封的国产化研制，以及抚州站 1 号机组、烟墩站全站 3 台机组、江津站全站 3 台机组的干气密封及控制系统的配套，实现了天然气长输管线压缩机干气密封及控制系统的国产化，打破了国外垄断，填补了国内空白。

6.1.3 科技成果

机填密封行业承担了国家技术改造、重大科技成果转化项目，以及科技支撑计划、“863”“973”国家重点新产品计划、火炬计划等国家重点项目，取得许多成果。国家科技支撑计划“关键基础件和通用部件”项目及承担单位见表 6-2，产业振兴和技术改造及科技成果转化项目见表 6-3，2010—2014 年国家重点新产品计划立项项目见表 6-4，2010—2014 年国家火炬计划立项项目见表 6-5。

表 6-2 国家科技支撑计划“关键基础件和通用部件”项目及承担单位

序号	课题名称	课题承担单位
1	高性能核电站冷却剂主泵机械密封技术开发与研究	合肥通用机械研究院
2	核电设备密封关键技术研究	四川日机密封件股份有限公司
3	高参数泵机械密封装置关键技术研究与应用	合肥通用机械研究院
4	核二级、核三级泵机械密封	宁波伏尔肯机械密封件制造有限公司
5	高性能碳化硼陶瓷规模化制备技术开发（“863”计划项目）	宁波伏尔肯机械密封件制造有限公司

表 6-3 产业振兴和技术改造及科技成果转化项目

序号	项目名称	项目承担单位	时间
1	核电站重要泵用机械密封成果转化	四川日机密封件股份有限公司	2012 年
2	年产 10 万套高端机械密封项目	东营海森密封技术有限责任公司	2013 年
3	能源装备用特种橡塑密封技术改造项目	安徽中鼎密封件股份有限公司	2015 年

表 6-4　2010—2014 年国家重点新产品计划立项项目

序号	项目名称	承担单位	时间
1	NT-60 轻质硬质合金	宁波东联密封件有限公司	2010 年
2	碳纤维编织填料	浙江国泰密封材料股份有限公司	2011 年
3	常压烧结微孔碳化硅石墨自润滑密封环	宁波东联密封件有限公司	2011 年
4	百万千瓦压水堆核电站反应堆压力容器 C 形密封环	宁波天生密封件有限公司	2014 年
5	干气密封 GCTL	四川日机密封件股份有限公司	2014 年

表 6-5　2010—2014 年国家火炬计划立项项目

序号	项目名称	承担单位	时间
1	螺旋槽端面机械密封	沈阳北碳密封有限公司	2010 年
2	高强度、高韧性碳化硅陶瓷密封件	浙江东新密封有限公司	2010 年
3	海洋油气混输泵机械密封装置	江苏华青流体科技有限公司	2011 年
4	焊接金属波纹管迷宫组合密封装置规模化生产	新疆乌苏市北方新科有限公司	2011 年
5	PEK-PTFE 组合唇形密封环	浙江国泰密封材料股份有限公司	2012 年
6	AP1000 余热排出泵用机械密封装置	江苏华青流体科技有限公司	2013 年
7	新型耐高温发动机气缸盖罩密封垫	安徽中鼎密封件股份公司	2014 年
8	高吸振降噪 SUV 车型发动机液压悬置产业化	中鼎减震橡胶技术有限公司	2014 年
9	汽车涡轮增压器软管总成	中鼎金亚汽车管件制造有限公司	2014 年
10	汽车发动机用高性能塑料进气管产业化	中鼎橡塑制品有限公司	2014 年

机填密封行业获得国家科学技术奖二等奖 2 项；获得原机械部科学技术奖 9 项，其中，二等奖 6 项，三等奖 3 项；获得中国机械工业科学技术奖 15 项，其中，一等奖 1 项，二等奖 2 项，三等奖 12 项。获得液压气动密封行业优秀新产品 14 项；获得液压气动密封行业技术进步奖 64 项，其中，一等奖 5 项，二等奖 20 项，三等奖 39 项。2002—2015 年机填密封行业获得中国液气密行业技术进步奖（优秀新产品）情况见表 6-6。机填密封行业获得其他政府和社会组织奖 12 项，详见表 6-7。

表 6-6 2002—2015 年机填密封行业获得中国液气密行业技术进步奖（优秀新产品）情况

序号	项目名称	完成单位	获奖年度	获奖种类及等级
1	高温高压 W 型缠绕垫片	慈溪博格曼密封材料有限公司	2002 年	优秀新产品
2	干式气体密封	天津新技术产业园区鼎名密封有限公司	2003 年	优秀新产品
3	C8 系列多弹簧式机械密封	丹东克隆集团有限公司	2003 年	优秀新产品
4	无压烧结碳化硅密封环	浙江东新密封有限公司	2003 年	优秀新产品
5	常压烧结碳化硅密封环	奉化市飞固凯恒密封工程有限公司	2003 年	优秀新产品
6	S 系列抗结晶磨蚀静置集装式机械密封	自贡机械密封件厂	2003 年	优秀新产品
7	AIG 预紧碟簧	艾志机械工业技术有限公司	2005 年	优秀新产品
8	高水基新型复合密封填料	南京佳盛机电器材制造有限公司	2005 年	优秀新产品
9	C156 系列浆液类介质专业机械密封	丹东克隆集团有限责任公司	2005 年	优秀新产品
10	2m 宽柔性石墨卷（板）材与密封垫	浙江国泰密封材料股份有限公司	2005 年	优秀新产品
11	TS6010 密封辅助系统	大连博格曼有限公司	2005 年	优秀新产品
12	集装式脱硫泵机械密封件	浙江奉化市釜用密封件有限公司	2005 年	优秀新产品
13	低硫宽幅膨胀石墨卷材	宁波信远工业器材有限公司	2005 年	优秀新产品
14	舰船泵用集装式机械密封件	合肥通用机械研究院	2005 年	优秀新产品
15	高性能高参数无压烧结碳化硅机械密封件	宁波伏尔肯机械密封件制造有限公司	2007 年	技术进步奖一等奖
16	C550 型渣浆泵用密封	丹东克隆集团有限责任公司	2007 年	技术进步奖二等奖
17	TM11 型泵用干气密封	约翰克兰鼎名密封（天津）有限公司	2007 年	技术进步奖二等奖
18	浮动式磁力机械油封	艾志工业技术集团有限公司	2007 年	技术进步奖三等奖
19	CK 系列集成式机械密封	丹东克隆集团有限责任公司	2007 年	技术进步奖三等奖

（续）

序号	项目名称	完成单位	获奖年度	获奖种类及等级
20	CL30 系列整体式磁力油封	丹东克隆集团有限责任公司	2007 年	技术进步奖三等奖
21	FULTEX 波纹金属复合垫片	宁波天生密封件有限公司	2007 年	技术进步奖三等奖
22	零泄漏阀用组合填料	浙江国泰密封材料股份有限公司	2007 年	技术进步奖三等奖
23	低蠕变聚四氟乙烯密封板垫	浙江国泰密封材料股份有限公司	2007 年	技术进步奖三等奖
24	2240 亚克力纤维浸渍聚四氟乙烯盘根	浙江国泰密封材料股份有限公司	2007 年	技术进步奖三等奖
25	低蠕变聚四氟乙烯密封板垫	浙江国泰密封材料股份有限公司	2008 年	技术进步奖一等奖
26	高强度、低磨损、长寿命复合材料（密封件）的研究与应用	合肥通用机械研究院、合肥豪克化工设备工程公司	2008 年	技术进步奖三等奖
27	5505/5505H 双环剖分式轴承保护器	艾志工业技术集团有限公司	2008 年	技术进步奖三等奖
28	金属波纹管浮环组合机械密封装置	新疆乌苏市北方新科有限公司	2008 年	技术进步奖三等奖
29	聚四氟乙烯纤维盘根	浙江国泰密封材料股份有限公司	2008 年	技术进步奖三等奖
30	纤维增强柔性石墨橡胶板（垫）	浙江国泰密封材料股份有限公司	2008 年	技术进步奖三等奖
31	核电站核级石墨密封垫片	宁波天生密封件有限公司	2009 年	技术进步奖一等奖
32	6030 改性四氟板垫	浙江国泰密封材料股份有限公司	2009 年	技术进步奖二等奖
33	碳纤维编织填料	浙江国泰密封材料股份有限公司	2009 年	技术进步奖二等奖
34	CGY 型高压密封	丹东克隆集团有限公司	2009 年	技术进步奖三等奖
35	BTG-CF-350 螺旋槽端面零泄漏机械密封	沈阳北碳密封有限公司	2010 年	技术进步奖二等奖
36	多晶硅还原炉用大直径垫片	浙江国泰密封材料股份有限公司	2010 年	技术进步奖二等奖

（续）

序号	项目名称	完成单位	获奖年度	获奖种类及等级
37	碳纤维增强多孔型常压烧结碳化硅密封环	宁波伏尔肯机械密封件制造有限公司	2010 年	技术进步奖二等奖
38	压水堆核电站核二、三级泵用机械密封	四川日机密封件股份有限公司	2010 年	技术进步奖二等奖
39	YOCHZ500/3000/4440 调速型液力偶合器	大连液力机械有限公司	2010 年	技术进步奖二等奖
40	PEK－PTFE 组合唇形密封环	浙江国泰密封材料股份有限公司	2010 年	技术进步奖三等奖
41	煤气化炉除积碳敲击装置	合肥通用机械研究院	2010 年	技术进步奖三等奖
42	N5000K-D 系列渣浆泵用机械密封	浙江兰天机械密封件有限公司	2010 年	技术进步奖三等奖
43	机械密封用缠绕式波形弹簧	宁波伏尔肯机械密封件制造有限公司	2010 年	技术进步奖三等奖
44	261 型搅拌机用机械密封	浙江长城减速机有限公司	2010 年	技术进步奖三等奖
45	双环剖分式轴承保护器研制项目	艾志工业技术集团有限公司	2010 年	技术进步奖三等奖
46	油气混输泵用新型机械密封	张家港华清科技有限公司	2010 年	技术进步奖三等奖
47	QGX 型旋转接头	无锡腾旋技术有限公司	2010 年	技术进步奖三等奖
48	环保型无石棉密封板（垫）	浙江国泰密封材料股份有限公司	2011 年	技术进步奖二等奖
49	高回弹性 SU 型缠绕垫项目	艾志环保管接技术股份有限公司	2011 年	技术进步奖一等奖
50	HA4100-D 型中高温高浓度渣浆泵机封装置研制	浙江兰天机械密封件有限公司	2011 年	技术进步奖三等奖
51	船用金属增强橡胶垫片	浙江国泰密封材料股份有限公司	2011 年	技术进步奖三等奖
52	浮动式磁力机械油封	艾志工业技术集团有限公司	2011 年	技术进步奖三等奖
53	机械密封用高参数摩擦副材料性能配对研究	宁波伏尔肯机械密封件制造有限公司	2012 年	技术进步奖二等奖

（续）

序号	项目名称	完成单位	获奖年度	获奖种类及等级
54	发动机用积层金属橡胶缸垫	烟台石川密封垫板有限公司	2012年	技术进步奖二等奖
55	石墨填充改性PTFE纤维编织盘根	浙江国泰密封材料股份有限公司	2012年	技术进步奖二等奖
56	新型罐盖专用盘根	浙江国泰密封材料股份有限公司	2012年	技术进步奖三等奖
57	一种包装罐检测设备的密封装置	宁波伏尔肯机械密封件制造有限公司	2012年	技术进步奖三等奖
58	干运转无菌搅拌机械密封装置	宁波伏尔肯机械密封件制造有限公司	2012年	技术进步奖三等奖
59	核电站反应堆压力容器用C形密封环	宁波天生密封件有限公司、中国核动力研究设计院、中国一重集团公司	2013年	技术进步奖一等奖
60	无石棉长网抄取板	烟台石川密封垫板有限公司	2013年	技术进步奖三等奖
61	B型旋转接头	江苏腾旋科技股份有限公司	2013年	技术进步奖三等奖
62	新型蜂窝密封	沈阳北碳密封有限公司	2013年	技术进步奖三等奖
63	无泄漏耐磨损泵用新型机械密封（P-LMS）的研发与应用	温州天固密封有限公司、浙江工业大学	2013年	技术进步奖三等奖
64	中低水头水轮机用剖分受油器	四川日机密封件股份有限公司	2013年	技术进步奖三等奖
65	核电站余热排出泵机械密封	丹东克隆集团有限责任公司	2014年	技术进步奖二等奖
66	核级阀用柔性石墨填料	浙江国泰密封材料股份有限公司	2014年	技术进步奖二等奖
67	千万吨级炼油加氢装置循环氢压缩机高压干气密封及其控制系统	四川日机密封件股份有限公司	2014年	技术进步奖二等奖
68	反应堆压力容器螺栓法兰联结系统密封性能技术研究	中广核工程有限公司、天津大学	2014年	技术进步奖二等奖
69	安全环保型高温导热油旋转接头	福建省闽旋科技股份有限公司	2014年	技术进步奖三等奖

（续）

序号	项目名称	完成单位	获奖年度	获奖种类及等级
70	多部位免机械加工高性能硬质合金材料及成品密封环的研制及应用	四川科力特硬质合金股份有限公司	2014年	技术进步奖三等奖
71	SYF型脱硫非金属补偿器及材料	沈阳市红星密封材料厂、沈阳化大高分子材料研发中心有限公司	2014年	技术进步奖三等奖
72	大型煤化工煤制丙烯装置丙烯制冷压缩机大轴径干气密封	四川日机密封件股份有限公司	2014年	技术进步奖三等奖
73	反应堆压力容器O形密封环	宁波天生密封件有限公司、上海核工程研究设计院	2015年	技术进步奖一等奖
74	液膜润滑非接触式机械密封关键技术研究与开发应用	东营海森密封技术有限责任公司	2015年	技术进步奖二等奖
75	炼油装置离心压缩机用15～19MPa高压干气密封	成都一通密封有限公司	2015年	技术进步奖二等奖
76	MXQL系列高温蒸汽旋转接头	福建省闽旋科技股份有限公司	2015年	技术进步奖三等奖
77	环保型半金属缠绕式垫片	慈溪市高新密封材料有限公司	2015年	技术进步奖三等奖
78	高补偿性金属石墨复合垫片	浙江国泰密封材料股份有限公司	2015年	技术进步奖三等奖

表6-7　机填密封行业获得其他政府和社会组织奖项

序号	项目名称	主要完成单位	获奖年度	颁发单位	获奖等级
1	低硫柔性石墨密封材料	滨州双峰石墨密封材料有限公司	1998年	国家机械局	科技进步奖三等奖
2	降低石墨填料对阀杆的电化学腐蚀	合肥通用机械研究所	1998年	国家机械局	科技进步奖三等奖
3	船舶密封材料体系研究	海军舰船所、合肥通用机械研究院	2001年	海军总装备部	科技进步奖三等奖
4	干式气体密封	天津鼎名密封有限公司	2003年	国务院	科学技术奖二等奖
5	组合式螺旋浮环	天津鼎名密封有限公司	2003年	天津市	技术发明奖二等奖
6	螺旋槽气体润滑端面密封开发研究	四川日机密封件股份有限公司	2003年	四川省	科技进步奖三等奖

（续）

序号	项目名称	主要完成单位	获奖年度	颁发单位	获奖等级
7	舰船艉轴填料密封技术研究	海军舰船所、合肥通用机械研究院	2003 年	海军总装备部	科技进步奖二等奖
8	核级舰船用高强石墨/金属复合垫片开发及密封技术研究	浙江国泰密封材料股份公司	2006 年	海军总装备部	科学技术奖三等奖
9	新型超低硫石墨编织盘根密封件开发技术研制	浙江国泰密封材料股份公司	2007 年	上海市	科学技术奖三等奖
10	核级密封材料开发及密封寿命可靠性研究	浙江国泰密封材料股份公司	2007 年	教育部	科学技术进步奖二等奖
11	舰用蒸汽动力装置经济性改进提高研究	宁波天生密封件有限公司	2008 年	海军总装备部	科技进步奖二等奖
12	低蠕变聚四氟乙烯密封板垫制造技术	浙江国泰密封材料股份公司	2009 年	中国建筑材料工业协会	科学技术奖二等奖

6.1.4 产业技术基础建设

1. 标准化

根据国家标准化改革的总要求，企业要成为标准化工作的主体。机填密封行业企业高度重视标准化工作，积极参与行业标准化工作。全国机械密封件标准化技术委员会和全国填料静密封标准化技术委员会均挂靠在合肥通用机械研究院有限公司，负责组织技术标准的制修订工作。目前，机填密封行业标准几乎全部由企业制修订，企业已经成为技术标准制修订的主体。机械密封和填料静密封分会还参与了《中华人民共和国职业分类大典（2015）》的修订工作，制定了“机械密封制造工”的工种标准。

2. 自主创新体系建设

机填密封行业现有机械工业机械密封工程技术研究中心、机械工业机械密封件及柔性石墨密封件产品质量监督检测中心，均设在合肥通用机械研究院有限公司。机械密封工程技术研究中心建立了核主泵用机械密封试验装置及其测控系统、符合 API682 标准的密封试验装置及系统、高速干气密封试验装置及其测控系统、超大直径（500mm）机械密封试验装置及系统等试验装置。该中心为机械密封行业提供了一个开放的试验平台，对带动行业整体技术进步、提高行业自主创新能力起到积极的推动作用。在促进技术进步方面，掌握了高参数密封的理论分析技术、设计和结构优化技术，端面变形控制技术、抗干扰技术及试验技术等关键技术。

机填密封行业研制出具有自主知识产权的核主泵用机械密封装置，并通过了极限高压工况下运转 1 000h 的性能考核；研制的核电站典型核二级、核三级泵用机械密封实现了装机应用；研制的石化高温高压加氢进料泵等高参数泵用机械密封在国内实现了批量应用。

3. 产业集群建设

浙江省慈溪市密封产业基地被中国液压气动密封件工业协会认定为“国家液压液力气动密封行业产业集群示范基地”，这是全国首个密封产业集群示范基地。

慈溪市是国内柔性石墨密封件工业生产的发源地，是国内生产柔性石墨密封件制品集中程度最高的区域。慈溪市密封行业始于 20 世纪 70 年代末，盛于 20 世纪 90 年代，在全国填料静密封行业中占有重要地位。目前，全市填料静密封企业数量超过 100 家，约占全国的 1/3，销售收入约占全国的 40%，2012 年，慈溪市密封行业实现销售收入超过 19 亿元，出口额超过 4.6 亿元。行业内涌现了宁波天生密封件有限公司、宁波信远工业器材有限公司、慈溪市恒立密封材料有限公司等一大批具有较强研发能力和生产能力的企业，形成了从产品主要原材料到各种密封元件的门类齐全的企业集群。

2006 年 1 月，慈溪市成立密封行业协会。该协会是全国唯一的地方性填料静密封行业协会。2012 年 9 月，市政府向中国液压气动密封件工业协会提出了设立“中国填料静密封产业集群基地”的申请，于 2012 年 12 月 1 日获得“国家液压液力气动密封行业产业集群示范基地”称号。

机填密封行业还有多家国家级高新技术企业、院士工作站、博士后工作站，这些都是自主创新的重要力量，应充分发挥它们的作用。

6.1.5 资产重组及产业结构调整

四川日机密封件股份有限公司首次公开发行人民币普通股的申请已获中国证券监督管理委员会（证监许可〔2015〕954 号）核准。本次发行的股票在深圳证券交易所创业板上市。经四川日机密封件股份有限公司和国金证券股份有限公司协商确定，本次发行新股 1 334 万股。并于 2015 年 6 月 2 日分别通过深交所交易系统和网下发行电子化平台实施。

6.2 国际竞争力分析

6.2.1 主要发达国家机填密封产业技术水平现状

近十年来，机填密封行业高速发展，持续保持了年均 10% 以上的增速，国内市场占有率已达 80% 以上，重大技术装备自主化配套水平显著提高，自主创新能力大大增强，国际竞争力明显提升。但我国机填密封行业的国际竞争力仍然不足。国外著名企业技术力量雄厚，它们生产的机械密封产品使用参数很高，如大型石化成套装置用的高压干气密封，已经可以提供最高工作压力达 45MPa、最高线速度为 200m/s 的成熟产品。而我国生产的干气密封产品最高使用压力为 15MPa，最高使用线速度为 140m/s。

国外公司基本垄断了高参数领域和核级密封领域（如核岛内主循环泵用机械密封装置）的机械密封产品，包括已运行和在建核电站的核岛关键设备的重要密封垫片、密封填料。在非石棉橡胶板、膨体聚四氟乙烯、碳纤维、芳纶纤维、酚醛纤维等高分子复合材料及其改性材料的技术水平、生产工艺、产品性能、高参数、高端填料静密封技术和标准体系研究、基础材料试验手段方面，国外知名企业仍然保持着巨大的优势。

6.2.2 世界机填密封产业技术和产品发展趋势

填料静密封是最为古老的密封形式，填料静密封行业是从西方工业化革命开始时就同步发展起来的行业。早期的填料静密封产品有棉绳、石棉垫片、软金属垫片等，随着工业化进程的发展，各类动力机器及设备对密封的要求也随之增高。19 世纪后期，英国 Crane-Parking 公司、德国博格曼公司及美国 Garlock 公司等开始专门生产填料垫片密封件，解决这类设备中的密封问题。在回转机械中，随着线速度的增高，对密封性能的要求也越来越高。在 19 世纪末期，英国出现了第一个机械密封的专利 —— 发动机冷却水泵机械密封。至 20 世纪初，英国 Crane-Parking 公司、德国博格曼公司从专门生产填料垫片密封转为生产机械密封，随后美国约翰克兰公司开始专门生产机械密封。这些国家的密封技术及密封材料的发展与工业发展紧密相关，密封技术及材料不断向高参数化方向发展，以满足现代工业的发展需要。20 世纪 50 年代，美国西屋电气公司、德国凯士比公司先后研制出流体静压型核主泵密封装置和流体动压型核主泵密封装置，英国克兰公司在 20 世纪 60 年代后期研制出干气密封装置。相比而言，日本的密封行业发展与欧美不同，其填料密封行业发展较晚，机械密封行业发展则更晚一些，其主要技术来源于美国，如日本伊格尔公司的金属波纹管密封技术来源于美国 Sealol 公司，其干气密封技术从美国约翰克兰公司引进，三菱公司则从美国西屋电气公司引进核主泵以及核主泵密封技术。随着工业的迅速发展，日本的机械密封与填料静密封企业发展很快，但从技术特点等来看，基本属于引进消化吸收再创新。

国际上著名的机械密封生产厂商有美国约翰克兰公司、伊格尔－博格曼工业公司、美国福斯公司、美国赤士盾公司、美国西屋电气公司等。其中，约翰克兰公司规模最大，是世界上最大的机械密封及相关产品的设计者、制造商和供应商，产品遍及世界各地，年产值达 30 亿美元。在高参数领域和核级密封领域（如核岛内主循环泵用机械密封装置）的机械密封产品，目前基本上被几家国外公司所垄断。

6.3 机填密封行业存在的主要问题及国内外差距分析

6.3.1 存在的主要问题

近年来，随着我国制造业的高速发展，我国已经成为世界第一制造大国。而国外的先进技术已经对我国进行封锁，很难引进。虽然这些年国内经济快速发展，但密封件高端产品还不能完全满足主机行业发展的需求，高端装备所需密封件依赖进口的局面仍未显著改善。

我国机填密封技术水平与国外先进水平的主要差距表现在以下几个方面。

（1）高参数机械的密封理论研究及试验研究的技术水平差距较大　随着经济的发展及节能增效的要求，生产装置的规模不断扩大，机械密封的运行条件趋向极端化、复杂化，要求密封产品趋向于高可靠性、集成化、高精度化、智能化。我国在密封高端产品领域至今还未形成完善的技术支撑体系，缺乏对极端条件下高参数机械密封的理论、测试技术及可靠性等共性关键基础技术的系统性研究，与国外仍存在较大的差距。

（2）密封基础材料性能落后　目前，我国的高性能石墨、硬质合金、工程陶瓷、高分子复合材料等密封基础材料，在产品性能及质量稳定性等方面与国外相比存在较大差距，特别是制造高端机械密封所需的碳石墨材料近乎全部依赖进口。

（3）密封技术研发投入不足　密封技术的自主创新需要的投入高、周期长、风险大。国外密封企业十分重视密封技术的研发和自主创新，研发经费支出占销售收入的比例在 5% 以上。而我国大型密封企业的研发经费占销售收入的比例普遍不超过 2%，中小企业的研发经费更少。从而导致我国密封企业的创新能力弱，拥有自主知识产权的核心技术和产品少，产品性能不稳定、可靠性差、寿命短，不能满足核电、石化等行业运行工况复杂、连续化生产以及追求高效益的使用要求。

（4）高端产品领域国际市场竞争力差　在机填密封的高端领域，目前我国大部分的技术和产品只相当于发达国家 20 世纪 80 ～ 90 年代的水平，国内产品的技术水平与国外相比还有相当大的差距。如核电站反应堆主循环泵机械密封装置，核级垫片与填料密封，尤其是核反应堆压力容器用 C 形密封环、O 形密封圈，以及大型石化成套装置用高压干气密封基本都为国外公司所垄断。在超大直径高参数机填密封件产品方面，国外已经有直径大于 1 000mm 的整体密封件产品，而我国产品的最大直径仅为 500mm 左右。

（5）标准制修订工作滞后、执行力差　发达国家十分重视机械密封与填料密封标准化技术体系的建设，全面支撑本国通用机械设备发展的需要。例如美国石油协会出台的离心泵和转子泵用机械密封系统的最新标准（API682），同时也是国际最高标准。美国核电标准是依靠原创技术推动形成的以专业为主线、适用于多种技术发展需要的通用体系标准（含 ASME、IEEE、ANS、ASTM 等协会标准），该标准能够全面满足核电厂选址、工程设计建造、运行和维护的需要。法国则立足本国工业，参照美国标准，形成了主要以工程型号为主线的压水堆专用体系标准（RCC 系列标准）。日本和韩国也参考国际标准及美国、法国的核电标准，逐步构建了本国的核电体系标准。

目前，我国机械密封与填料静密封行业共有国家标准 10 项，行业标准 90 余项，而且这些标准只针对一般工业的通用密封产品。核电密封标准方面，针对核电安全、寿命及耐辐照等技术要求尚未建立完善的核级密封技术标准体系。标准制定滞后、修订周期长，执行力差。不能及时采用国外先进标准，严重制约了我国密封技术水平的进步和密封产业的发展。

6.3.2　国内外差距分析

国内外关键技术及工艺差距主要表现在以下几个方面。

（1）绿色、智能制造基础技术　绿色、智能制造是指在产品及其生命周期全过程的设计、加工、生产中，充分考虑资源和环境的影响，采用人工智能和智能制造技术，充分考虑产品的功能、质量、开发周期和成本，使得产品及其制造过程对环境的总体影响最小，对资源消耗最少。

当今工业发达国家的密封制造产业已发展为高端智能制造产业，主要表现在可对设计、加工、生产、销售服务的信息进行智能化、网络化集成和共享，对产品生命周期的每一个环节进行分析、推理和决策，最大限度地提高产品质量、降低生产成本、 缩短产品开发周期和产品上市时间。

我国密封企业尚未摆脱高投入、高消耗、高排放的发展模式，资源能源消耗量和污染排放量与国际先进水平仍存在较大差距，资源环境承载能力已近极限。在实施绿色、智能制造过程中，要虚心学习国外制造业的先进经验，积极与国外制造业企业合作，提高技术标准，抢占国际市场。

（2）互联网 + 机械密封及填料静密封技术　一个国家的经济发展离不开强大的制造业。目前，在新一轮科技革命和产业变革中，世界各国纷纷提出新概念、新战略、新举措。德国“工业 4.0”基于制造业基础向互联网融合，美国“工业互联网联盟”利用互联网优势，激活传统制造业以提升工业价值创造能力。我国推出“中国制造 2025”，强调顺应“互联网 +”的发展趋势，并将智能制造作为“两化”深度融合的主攻方向，其实质也是通过互联网与工业深度融合，抢占产业变革先机，实现工业由大变强的历史性跨越。

“互联网 +”推动产业结构升级，制造业服务化成为产业发展新趋势。制造业服务化发展有三种主要形态：一是工业企业利用互联网开展远程运维、远程监控等信息服务，实现制造业服务化转型。二是工业企业在推广应用互联网的过程中，衍生出信息系统咨询设计、开发集成、运维服务等一系列专业性信息服务企业。三是工业互联网在应用中产生各类平台型服务业，专门为工业企业提供研发设计、生产制造、经营管理、市场销售等互联网信息平台服务。

国外密封企业，例如约翰克兰公司，在全球拥有 50 余家工厂、100 多个服务中心，在 40 个国家中有 200 多个机构、雇用了 8 500 多人，其中有 1 000 多名应用销售工程师；拥有世界领先的电子商务平台，服务中心通过专业的服务工程师向用户提供全天候的专家咨询和现场技术支持，并向当地用户提供完善的密封修复与试验。美国西屋电气公司早在 20 世纪 90 年代就把智能制造决策支持系统引入到核级泵密封产品的研发、制造生产和服务系统的并行工程过程中，建立了系统知识库和智能推理决策系统，对制造专家的智能信息进行收集、存储、完善、共享、继承和发展，实现了整个产品生命周期的高度柔性化和集成化，并从该系统的实施中取得了显著的管理效益和经济效益。西屋电气公司还为客户提供“一站式服务”和“全方位服务”，包括产品的安装维护、工程支持、零部件的更换、产品升级等服务。其服务收入已占总收入的50%以上。福斯公司在全球55个国家拥有18 000名员工，设立了245个办事处、195个快速响应中心，同时拥有一支专家团队和服务车队，确保及时响应客户需求，不管设备处于世界的哪个角落，配合前沿远程监控和诊断设备，福斯公司都能够实时快速诊断并排除故障。

目前，我国密封企业以劳动密集型的中小企业为主，信息化停留在仍以局部应用为主的初级阶段，对网络协同制造、大规模个性化定制等新型生产模式的变革认识不充分，尚无法利用互联网开展远程运维、远程监控等信息服务。少数企业已建立了ERP系统、PDM系统、CRM系统、订单处理系统、生产进度跟踪系统、图样无纸化管理系统等，实现了从设计、生产、销售、服务等环节的全过程计算机智能化管理。但跟国外公司相比，技术服务和引导消费能力尚有欠缺。

（3）关键制造工艺技术与装备　目前，我国密封企业大都拥有了加工中心、自动化生产线等先进装备，部分骨干企业也建有自己的设计软件及制造工艺数据库，在制造能力上与跨国公司的差别并不大，但在系统集成的能力方面还相对较弱。

（4）关键零部件及材料　机械密封的关键零部件为摩擦副，碳石墨是摩擦副材料中用量最大最广的材料。而我国高端机械密封所需的碳石墨密封环材料却长期依赖进口，其主要原因是国内的碳石墨生产企业规模小，研发能力不足，生产工艺落后，生产高强度细颗粒机械密封用碳石墨材料的关键设备，如破碎、磨粉、搅拌、造粒、烧结等设备，不能满足产品精度及环保要求，生产的产品与国外产品相比，差距主要表现在自润滑性、强度、浸渍均匀度等方面，不能满足高端机械密封产品的使用要求。

同样，硬质合金、工程陶瓷、高分子复合材料等密封基础材料制造企业普遍存在规模小、技术指标、工艺水平落后及质量不稳定等问题。而国内开展的密封基础材料研究由于受到技术封锁和投资的限制，仍然难以赶超国外水平。

（5）测试设备和测试技术　国外跨国公司大多拥有先进完善的试验测试平台，并独立开发了先进的密封专用数值仿真软件，具有很强的基础研发能力，可对机械密封端面间隙、温度分布等技术参数进行试验研究和有限元分析。

我国大部分机械密封企业仅具有机械密封产品出厂检验的性能测试手段。我国在高端密封产品领域至今还未形成完善的技术支撑体系，缺乏对极端条件下高参数密封产品的测试技术、可靠性研究等共性关键基础技术研究，与国外仍存在较大的差距。

鉴于此，我国需要开展密封可靠性设计、延寿、运行试验技术研究；开发高性能检测、可靠性评估和测试设备；建立高参数密封件关键基础性试验平台，工业传感器、智能仪器仪表性能及可靠性测试平台；对相关基础技术、关键部件与产品进行试验验证，建立性能及可靠性评价标准体系。

6.4 机填密封行业转型升级

机填密封的运行条件趋向极端化、复杂化，要求密封产品趋向于高可靠性、集成化、高精度、智能化。机填密封行业转型升级的主要目标是加强基础理论和技术研究，提高机填密封产品的供给能力和产品可靠性。

6.4.1 密封基础理论及技术研究

1. 密封理论

随着国内流体力学、热力学、固体力学、摩擦学等密封基础学科和基本理论的进步，密封理论将朝着解决极端条件下的变形、传热、润滑、磨损、泄漏等方向发展。流、固、热多学科耦合设计和优化技术的突破将推动密封设计理论与方法的重大改进，新型密封产品将在更宽泛、更极端的工况参数内安全运行。

2. 数字化设计技术

随着数字仿真技术的发展，密封产品的数字化设计将成为主流。密封产品的模拟分析、设计将完全实现数字化，密封装置的强度、韧性、寿命、应力应变、稳定性等性能将会得到全方位的模拟分析和改进。

3. 数控加工技术

随着密封产品向大型化、集成化、极端参数化方向的发展，需要密封产品的加工技术在微纳制造、极端制造、数字制造等方面得到同步发展。纳米级机械加工、电子束和离子束加工、光刻（LIGA）技术、扫描隧道显微等高科技加工技术将大量被引入到密封产品的加工制造中。

4. 材料和工艺技术

新材料和新工艺是推动密封技术发展的重要因素，也是提高密封环、填料密封、辅助密封等密封部件可靠性和运行寿命的关键技术。高性能碳石墨、碳化硅、碳化钨、柔性石墨、新型复合材料等密封材料的研制，以及表面改性、在线加工精度测控等工艺技术的进步将成为密封技术发展的重要方向。

5. 智能化试验、检测与监控技术

三维可视化技术、传感技术、光电技术、数据采集技术等测量和分析手段的进步，将进一步揭示密封元件的运行机理和运行状态。可利用先进的测量仪器对密封装置的关键部件进行在线状态监测和故障诊断；利用先进的电子技术实现对密封装置的远程控制；拓宽密封产品工作参数以适应工艺流程变化对密封工况参数变化的要求。

6.4.2 机填密封行业重点产品

机填密封行业的重点产品包括核电站主冷却剂循环泵密封装置、水下油气混输泵用机械密封、航空发动机主流道气膜密封、高参数旋转接头密封、离心压缩机用高压干气密封、超高速涡轮泵轴密封、高性能长寿命汽车发动机冷却水泵机械密封及高温高压釜用机械密封等。

6.4.3 关键零部件及材料

机填密封行业的关键零部件及材料有核级碳化硅密封环材料、核级硬质合金机械密封材料、耐腐蚀硬质合金机械密封环材料、高强度细颗粒机械用碳石墨材料及具有自润滑功能的特殊碳化硅密封材料。

6.4.4 关键设计技术

机填密封行业的关键设计技术有绿色制造和智能制造基础技术、高参数机械密封的多场耦合分析技术、流体动压式机械密封的成膜技术、超高速机械密封的稳定性分析技术、机械密封热平衡分析技术、低逸散性排放密封技术研究、低转矩密封填料的开发与应用、大直径聚四氟乙烯密封垫片工艺技术研究、多层齿形组合密封垫片的开发与应用、高分子复合密封材料生产工艺技术研究、高性能机械密封的可靠性及寿命试验评估技术及机械密封性能实时智能检测控制技术。

6.5 机填密封技术路线图

机填密封技术路线图（2010—2030 年）如图 6-1 所示。该技术路线图对到 2030 年机填密封行业的技术发展提出了前瞻性、战略性、可操作性的技术路线。

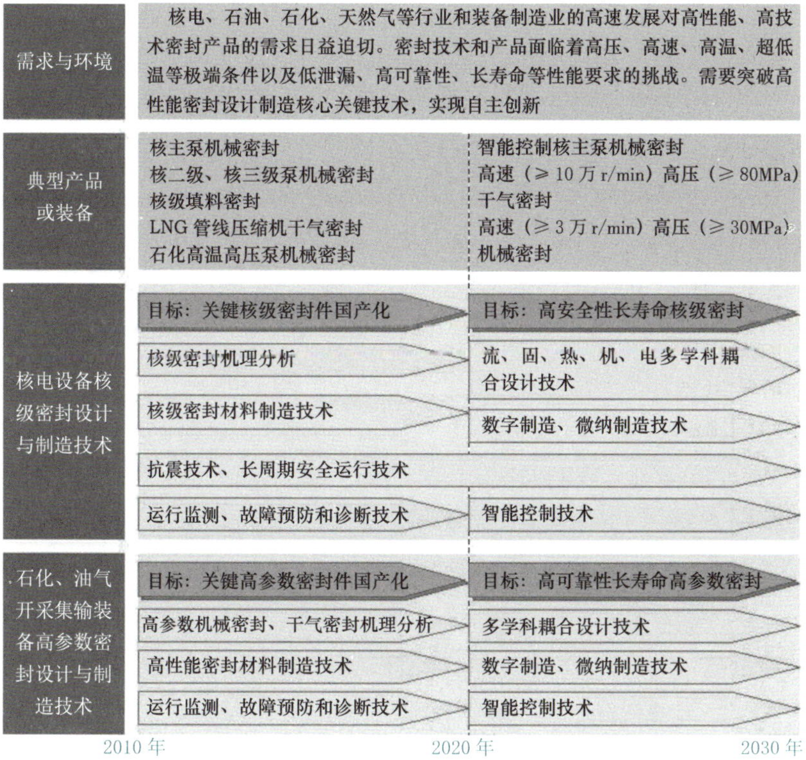

	2010年—2020年	2020年—2030年
需求与环境	核电、石油、石化、天然气等行业和装备制造业的高速发展对高性能、高技术密封产品的需求日益迫切。密封技术和产品面临着高压、高速、高温、超低温等极端条件以及低泄漏、高可靠性、长寿命等性能要求的挑战。需要突破高性能密封设计制造核心关键技术，实现自主创新	
典型产品或装备	核主泵机械密封 核二级、核三级泵机械密封 核级填料密封 LNG管线压缩机干气密封 石化高温高压泵机械密封	智能控制核主泵机械密封 高速（≥10万r/min）高压（≥80MPa）干气密封 高速（≥3万r/min）高压（≥30MPa）机械密封
核电设备核级密封设计与制造技术	目标：关键核级密封件国产化	目标：高安全性长寿命核级密封
	核级密封机理分析	流、固、热、机、电多学科耦合设计技术
	核级密封材料制造技术	数字制造、微纳制造技术
	抗震技术、长周期安全运行技术	抗震技术、长周期安全运行技术
	运行监测、故障预防和诊断技术	智能控制技术
石化、油气开采集输装备高参数密封设计与制造技术	目标：关键高参数密封件国产化	目标：高可靠性长寿命高参数密封
	高参数机械密封、干气密封机理分析	多学科耦合设计技术
	高性能密封材料制造技术	数字制造、微纳制造技术
	运行监测、故障预防和诊断技术	智能控制技术

2010年　2020年　2030年

图6-1　机填密封技术路线图（2010—2030年）

附　录

附录 A 液压行业“十三五”重点发展的

液压行业“十三五”重点发展的关键产品和关键技术见表 A-1 和表 A-2。

表 A-1 液压行业“十三五”

序号	项目名称	主要工作（研发）内容
1	智能型行走机械液压系统	（1）不同主机的产品方案设计、结构数字化设计 （2）系统元件的匹配特性和闭式信息反馈、能量补偿、自动控制等技术的研究 （3）系统可靠性试验研究
2	高压轴向柱塞泵／马达	（1）对滑靴与斜盘、缸体与配油盘两对摩擦副的静液压轴承特性进行研究 （2）对缸体和配油盘表面及缸体柱塞孔双金属铸造技术的研究 （3）液压泵／马达试验检测技术的研究 （4）对配油盘、柱塞副和缸体等关键零件加工工艺的研究 （5）在行走机械上应用技术的研究
3	高压轴向柱塞马达和减速机总成	（1）对滑靴与斜盘、缸体与配油盘两对摩擦副的静液压轴承特性进行研究 （2）对缸体和配油盘表面及缸体柱塞孔双金属铸造技术的研究 （3）液压泵／马达试验检测技术的研究 （4）对配油盘、柱塞副和缸体等关键零件加工工艺的研究 （5）在行走机械上应用技术的研究 （6）高压轴向柱塞马达和减速机总成的设计、制造及检测技术研究
4	整体式液压多路换向阀	（1）高重复精度，低滞环等特性的研究 （2）阀体铸造技术的研究 （3）阀芯和阀孔配合副表面处理技术的研究 （4）检测技术的研究 （5）在工程机械上应用技术的研究

关键产品和关键技术

重点发展的关键产品

主要技术指标	预期目标
工作压力≥ 28MPa；具有 GPS 定位、远程控制、工况自我感知和分析、故障诊断、自维护、实时监控和多模式功率自动控制功能；负载口独立、单操纵手柄主从控制、电子流量匹配控制系统	（1）达到国外同类产品先进水平 （2）满足智能型行走机械工况要求 （3）系统平均无故障时间≥ 5 000h
（1）5 ～ 6t 装载机、4 ～ 10t 小型挖掘机用开式轴向柱塞泵：额定压力 28MPa，最高压力 35MPa，变量方式为负荷传感，电比例控制，自吸模式下的最高转速≥ 2 360r/min；排量 40 ～ 100mL/r （2）20 ～ 25t 及以上挖掘机用开式轴向柱塞双泵：额定压力 35MPa，最高压力 42MPa，变量方式为电比例排量控制、电比例压力切断、功率控制、流量控制、压力控制及上述变量组合，自吸模式下的最高转速≥ 2 360r/min；排量 120 ～ 280mL/r （3）路面机械、混凝土机械、变速器用闭式轴向柱塞泵：额定压力 42MPa，最高压力 45MPa，变量方式为电比例排量控制	（1）具有自主知识产权 （2）达到国外同类产品先进水平 （3）实现产业化后，其质量和产量满足国内行走机械配套需求 （4）进行关键技术攻关，使装机平均无故障时间＞ 5 000h，国产液压挖掘机装机率达 40% 以上
（1）20 ～ 25t 挖掘机用行走总成：额定输出转矩＞ 37 000 N • m，最高输出转速 50r/min，液压马达最高使用压力 35MPa，变量方式为二点变量，减速机速比 55.6 （2）20 ～ 25t 挖掘机用回转总成：额定输出转矩≥ 10 500 N • m，最高输出转速 90r/min，液压马达额定压力 32.4MPa、最高压力 39.2MPa，减速机速比 20.01 （3）大型平板运输车、混凝土机械、路面机械及各种轮式和履带式机械闭式系统用液压马达：额定工作压力 42MPa，电比例变量	（1）具有自主知识产权 （2）达到国外同类产品先进水平 （3）实现产业化后，其质量和产量满足国内行走机械配套需求 （4）进行关键技术攻关，重点提高液压马达和减速机的可靠性，使整套装置平均无故障时间＞ 5 000h，装机率达 20% 以上
（1）20 ～ 25t 挖掘机用整体式多路阀：额定压力泵侧 35MPa、执行机构侧 42MPa，流量＞ 220L/min，控制方式为液压控制、电液控制，功能为负流量控制、正流量控制、与负载压力无关的流量分配控制 （2）5 ～ 6t 装载机及小型挖掘机用整体式多路阀：额定压力泵侧 28MPa、执行机构侧 32MPa，流量＞ 200L/min，控制方式为液压控制、电液控制，功能为负荷传感控制、电比例控制	保证整体多路阀平均无故障时间＞ 5 000h，装机率达 30% 以上

序号	项目名称	主要工作（研发）内容
5	液压电子控制器	（1）样机研制 （2）软件开发 （3）标准制订 （4）检测技术
6	数字变量柱塞泵	（1）研制数字变量调节装置，使柱塞泵的排量可以数字化控制 （2）研制负载敏感控制调节装置及计算机控制软件和调节算法 （3）拓展数字伺服调节装置的环境适应能力 （4）降低成本 （5）适合对现有变量柱塞泵的数字化升级
7	数字马达	（1）研制数字伺服调节控制装置以满足马达的数字化控制 （2）拓展数字伺服调节装置的环境适应能力 （3）提高宽工作条件下的可靠性 （4）降低构成成本 （5）适合对现有马达的数字化升级
8	数字伺服阀类	（1）样机研制 （2）数字伺服阀数字控制算法软件 （3）标准制订 （4）检测技术 （5）适合现有液压缸数字化升级
9	数字伺服液压缸	（1）多品种系类化完善 （2）软件开发 （3）标准制订 （4）检测技术 （5）产业化工艺完善

（续）

主要技术指标	预期目标
CPU 主频率 150MHz，宽电压输入 9 ～ 48V DC，工作温度 -40 ～ 85℃，防护等级为 IP67，相对湿度 30% ～ 95%，通信方式为 CAN2.0B，遵循 CAN-open 总线通信协议，接口数量≥ 2 个，电磁兼容性应符合 ISO 13766 中规定，MTBF ≥ 5 000h	进行关键技术攻关，重点是监控器和控制器的可靠性，平均无故障时间＞ 5 000h，装机率达 20% 以上
泵的排量输出数字化，即电脉冲的数量对应输出的排量 （1）数字伺服变量柱塞泵：压力 0 ～ 35MPa，流量调节重复误差≤ ±1%，流量适合全系列 （2）负载敏感数字变量柱塞泵：压力 0 ～ 35MPa，功率调节重复误差≤ ±2%，流量适合全系列 （3）电动机数字直传柱塞泵：压力范围 0 ～ 35MPa，流量误差≤ ±1%，响应时间＜ 100ms	具有自主知识产权；数字变量调节装置平均无故障时间≥ 5 000h；满足挖掘机、装载机等工程机械及机器人使用需要
马达本体及数字调节控制装置一体化，单阀及反馈机构实现腔体容积闭环控制，无须电传感器及电控系统，使马达转速与电脉冲频率对应、马达转角与电脉冲数量对应。压力 21 ～ 35MPa，工作温度 -40 ～ 100℃ （1）数字液压马达：转速 0 ～ 1 500r/min，速度误差≤ ±1%，马达重复定位精度误差≤ ±1° （2）数字摆动马达：输出转矩 0 ～ 10 000N·m；单叶和双叶，重复定位精度≤ ±（0.1° ～ 0.2°）	具有自主知识产权；数字马达调节控制装置平均无故障时间≥ 5 000h；满足挖掘机、装载机等工程机械及机器人使用需要
无须复杂电控系统及参数整定，借助单阀及反馈装置结合，即可实现液压缸或马达的腔体容积闭环控制，使液压缸或马达速度与电脉冲频率对应，液压缸行程或马达转角与电脉冲数量对应。压力 0 ～ 35MPa，工作温度 -40 ～ 100℃ （1）数字伺服阀：流量 0 ～ 500L/min （2）数字插装伺服阀：流量 0 ～ 5 000L/min （3）负载敏感数字伺服阀（直接控制数字敏感伺服泵）：流量 0 ～ 500L/min （4）负载敏感数字多路阀：3 ～ 8 联装，适应于工程机械、农业机械、机器人等的用需要	具有自主知识产权；数字伺服阀调节控制装置平均无故障时间≥ 5 000h；满足冶金设备、石化设备、工程机械及机器人使用需要
液压缸本体及数字伺服调节装置一体化；无须电传感器及电控系统，凭借单阀及反馈机构实现腔体容积闭环控制，使液压缸速度与电脉冲频率对应，液压缸行程与脉冲数量对应。压力 21 ～ 35MPa，工作温度 -40 ～ 100℃ （1）高精度数字伺服液压缸：重复定位精度 0.001 ～ 0.003 mm （2）超长行程数字伺服液压缸：行程＞ 2 000mm，重复定位精度 0.1 ～ 0.2mm （3）高速数字伺服液压缸：速度＞ 1 000mm/s，重复定位精度 0.2 ～ 0.5mm （4）多级数字伺服液压缸：长度 0 ～ 15m；重复定位精度 0.5 ～ 1mm （5）超高频数字伺服振动液压缸：振动频率 0 ～ 500Hz；推力 0 ～ 100kN （6）新型液压缸内置数字传感器	具有自主知识产权；数字伺服液压缸控制调节装置平均无故障时间≥ 5 000h；满足冶金机械、石化机械、工程机械及机器人使用需要

序号	项目名称	主要工作（研发）内容
10	机器人用高功率密度数字液压特殊单元（用于机器人关节和基座）	（1）研制新的摆动马达配油方法，取消传统意义上的阀控配油方法，进一步提高控制精度、降低成本、减小结构尺寸 （2）研制新的数字伺服液压缸配油方法，取消传统意义上的阀控配油方式，进一步减小数字伺服液压缸外形尺寸，进一步降低成本、提高可靠性 （3）研究用于各种工程机械、工作主机、机器人等配套的智能控制硬件 （4）开发新的控制软件
11	高压精密液压元件铸铁件	（1）材料研发 （2）熔炼工艺试验 （3）铸造工艺方案试验 （4）专利技术发明
12	大型金属成形装备用高压超大排量柱塞泵	（1）柱塞泵可靠性设计与研究 （2）摩擦副材料试验研究 （3）检测标准与方法制订
13	大型金属成形装备用高压大排量电液比例插装阀	（1）插装阀可靠性设计研究 （2）先导电液比例阀设计制造技术 （3）检验设备研制 （4）技术标准制订
14	高频响电液伺服阀和比例阀	（1）可靠性提升 （2）耐久性强化试验方法 （3）检测设备研制 （4）标准制订
15	工程机械静液压驱动及功率分流装置	（1）高压柱塞泵与马达设计制造技术 （2）静液压驱动与功率分流装置匹配技术 （3）功率分流系统控制技术 （4）可靠性及检测技术

（续）

主要技术指标	预期目标
（1）数字式无阀伺服摆动马达：输出转矩 0 ～ 1 000N·m；单叶和双叶，重复定位精度≤ ±（0.05° ～ 0.1°） （2）无阀数字伺服智能液压缸：取消传统意义上的阀控技术。进一步提高响应速度和减少安装空间，满足外骨骼等大、中、小型机器人严格的空间安装要求。行程 0 ～ 500mm，重复定位精度 0.03 ～ 0.05mm （3）数字信号输出液压缸：保持普通液压缸安装长度基本不变，直接输出液压缸的速度和位置信号，与数字伺服阀构成全数字闭环控制单元，实现各种现有主机的升级改造 （4）数字液压总线化、智能化、远程化、无人化等的配套电子元器件研究和控制算法	具有完全独立知识产权，可广泛应用于机器人领域，可进一步扩大数字液压技术在世界上的领先优势并进一步降低成本，从而大大加快各种主机数字化的进程
（1）高强度精密柱塞泵 / 马达泵体等球墨铸铁件：耐压 35 ～ 42MPa，组织均匀、致密、无渗漏 （2）整体式多路阀球墨铸铁件 1）阀孔变形量＜ 7μm 2）阀体中心抗拉强度＞ 500MPa，屈服强度 400MPa，延伸率＞ 8%，布氏硬度 210 ～ 230HBW 3）石墨数量＞ 125 个 /mm^2 4）尺寸精度：外形 CT7，内腔 CT6 5）表面粗糙度值 *Ra* ≤ 12.5μm 6）疲劳寿命（测试）＞ 100 万次	进行关键技术攻关，突破铸造技术的瓶颈，使铸件满足工程机械用高压液压泵、马达和整体多路阀的配套要求，实现替代进口
额定压力≥ 35MPa，额定转速≥ 1 200r/min，排量≥ 500mL/r，变量时间 150 ～ 250ms，使用寿命≥ 10 000h	满足大型和超大型高速锻压机、旋压机、压力机等金属成形机床要求，特别是数控成形机床要求
工作压力 35MPa，通径 32 ～ 80mm，公称流量 1 000 ～ 4 500L/min，最大流量 2 000 ～ 10 000L/min，响应时间（100% 行程）≤ 30ms，滞环≤ 0.1%，重复精度 ±0.1%，可双向流动	满足大型和超大型高速锻压机、旋压机、压力机等金属成形机床要求，特别是数控成形机床要求
工作压力 31.5MPa，频响≥ 20Hz，力滞环≤ 3%，电流滞环≤ 3%，线性度≤ 1%，重复精度≤ 1%	提高产品可靠性及耐久性 30% 以上
输入功率＞ 70kW，输入转速≥ 2 200r/min，液压泵 / 马达额定压力＞ 28MPa、最高压力＞ 32MPa，总效率≥ 85%	满足大型农业机械、工程机械、军工车辆的行走驱动要求，包括大型拖拉机、喷灌设备及大型轮式工程车辆

序号	项目名称	主要工作（研发）内容
16	轮式农业机械行走液压驱动系统关键液压件	（1）主机需求调研，确定轴向柱塞泵 / 马达 / 减速机产品技术参数和性能指标 （2）产品方案设计、结构数字化设计 （3）内部流动 CFD 分析、仿真及优化 （4）试验规范、试验技术及装备 （5）关键零部件工艺设计、制造及测量 （6）关键摩擦副配对试验研究 （7）高强度复杂油道精密铸件研发
17	机械液压动力传动装置（HMT）	（1）主机需求调研，确定轴向柱塞泵 / 马达 / 减速机产品技术参数和性能指标 （2）产品方案设计、结构数字化设计 （3）内部流动 CFD 分析、仿真及优化 （4）试验规范、试验技术及装备 （5）关键零部件工艺设计、制造及测量 （6）轻量化、低成本材料及成形研究 （7）电控液压换挡、换向技术研究 （8）高强度铝合金铸件
18	机器人用高功率密度液压伺服单元	（1）伺服单元轻量化设计技术 （2）新材料试验与应用 （3）检测技术及检测设备研制 （4）标准制订
19	民用航空用超高速液压泵	（1）研究高承载低能耗摩擦副结构设计、高速转子的搅拌能耗损失机理与轴系动力学 （2）研制超高速泵的摩擦副宏微观特征参数检测实验装备，具备滑靴副、柱塞副、搅拌损失的宏微观特性测试功能
20	水液压元件（含 CPV 高水基液压叶片泵）	（1）研究水介质对转子、定子、叶片以及轴的腐蚀和零件之间摩擦副的耐磨等问题 （2）研究适应水介质的定子曲线，在定子上设计防止气蚀的结构，减少泵的流量以及压力脉动
21	高频响比例阀用电磁铁	（1）选用强导磁材料，提高产品磁性能 （2）购置高精度数控机床和加工中心，提高产品加工精度和一致性 （3）线圈绕制采用全自动生产线，保证线圈电阻的一致性 （4）采用非接触式数字在线测量系统 （5）电磁铁仿真系统运用

（续）

主要技术指标	预期目标
输入功率 74.60 ～ 119.36kW，额定压力 32MPa，峰值压力 40MPa，总效率≥ 70%，泵排量 71mL/r、90mL/r，马达排量 63mL/r、80mL/r，减速比根据主机要求，寿命≥ 3 000h（随主机考核）	完成产品系列化开发，实现在玉米收割机和小麦收割机上批量配套
输入功率 37.3 ～ 74.6kW，额定压力 28MPa，峰值压力 35MPa，综合传动效率≥ 80%，液压泵排量 22mL/r/37mL/r，马达排量 22mL/r/37mL/r，减速比根据主机要求，寿命≥ 3 000h（随主机考核）	完成产品样机，实现在乘坐式高速插秧机、拖拉机上应用示范
伺服单元关键元件：最高工作压力 35MPa（先导阀 / 主阀），额定流量（压力为 1MPa 时）20L/min，最大流量 60L/min，控制油流量（阶跃信号，压力为 31.5MPa 时）2L/min，响应时间 100ms，滞环≤ 1%，重复精度≤ 0.5%，温漂：温差 40℃时零位流量变化＜ 1%	用于大功率机器人，满足大功率机器人轻量化及精度控制要求
转速 9 000 ～ 16 000r/min；压力 28 ～ 35MPa，压力脉动率＜ ±3%，总效率≥ 85%，功重比 5kW/kg	研制 9 000r/min、12 000r/min 和 16 000r/min 的演示验证样机，掌握超高速轴向柱塞泵的核心设计技术
额定工作压力＞ 16MPa，最高压力为 25MPa，容积效率等同液压油作为工作介质的标准，压力脉动≤额定压力的 ＋0.05%	实现液压产品低成本、无污染、绿色环保的目标
输出力变化不超过 ±0.5N，稳态电流 - 力特性要求具有非常好的线性度，死区≤ 1%，滞环≤ 0.5%，频响达到 50 ～ 150Hz	电磁铁性能达到国际水平，在特殊情况下替代进口，填补国内空白，解决频响低、寿命短等问题

序号	项目名称	主要工作（研发）内容
22	低功耗阀用电磁铁	（1）磁芯管采用少无切削加工 （2）线圈采用内置滤波整流电路 （3）磁芯管采用全自动焊接 （4）实现工序间在线检测，确保产品质量稳定性 （5）降低电磁铁温升

表 A-2　液压行业“十三五”

序号	项目名称	主要工作（研发）内容
1	提高液压件可靠性设计制造技术	根据元件关键位置应力分析和疲劳试验数据，分析液压元件的主要故障和失效方式，以及结合具体实验数据，计算实际载荷谱下元件的可靠性系数和工作寿命
2	高压液压元件摩擦偶件的关键技术	研究液压元件的摩擦副过早磨损问题，结合相应的摩擦理论，改善柱塞泵摩擦性能，研究并开发用于制造摩擦副零件的抗咬合性好且有高耐磨性的新材料，提高摩擦表面的抗疲劳腐蚀性能，解决柱塞泵摩擦副过早磨损问题
3	电液融合控制技术	（1）系统元器件功能的综合、优化技术 （2）原动机功率的综合利用 （3）系统元器件优化和高效、节能技术 （4）机械 / 液压 / 电子 / 电器一体化的集成技术
4	数字液压元件设计及系统集成技术	（1）计算机技术与液压技术的高度融合技术 （2）计算机数字脉冲电子信号转换为功率强大的液压输出（液压缸和液压马达）信号的匹配技术 （3）数字液压元件与系统集成技术制造标准制订
5	智能液压制造技术	根据主机需求确定
6	水液压传动技术	（1）水液压元件的摩擦副制造技术 （2）水阀门流动特性研究（包括压力、流量、气蚀特性） （3）水液压元件的材料适应性研究（包括耐蚀性） （4）水液压系统控制 （5）水液压元件（包括液压泵、液压马达、液压缸、液压阀和液压附件等）的设计制造技术

（续）

主要技术指标	预期目标
适用环境温度 -5 ～ 40℃，有效行程 3mm，全行程 6mm，额定功率 10W	电磁铁性能达到国际水平，单台产品降耗 60%

重点发展的关键技术

主要技术指标	预期目标
针对液压元件在高压、高低温、盐雾等恶劣工作环境下出现的早期磨损、疲劳、失效等早期故障和可靠性问题开展研究	提高高端液压元件性能和可靠性指标，从设计制造技术上防止早期故障的发生
柱塞泵 / 马达：工作压力≥ 35MPa、工作转速 2 500r/min 时，摩擦副的平均无故障工作时间＞ 5 000h，容积效率 95%	提出改善摩擦润滑状态的方法及液压元件偶件磨损和烧伤的机理，从设计、制造和使用等方面提出改善性能、延长摩擦副使用寿命的工艺，开发抗咬合性好且有高耐磨性的新材料，解决柱塞泵摩擦副过早磨损和烧伤的问题
根据主机配套需求确定技术参数	电液融合控制技术是机械 / 液压 / 电子 / 电器一体化的集成技术，是近年针对主机系统各环节进行融合优化而发展起来的一种技术，综合节能提高 30% 以上
（1）数字变量泵：压力 21 ～ 35MPa 全系列各类数字液压泵 （2）数字液压马达：压力 21 ～ 35MPa 全系列液压马达 （3）数字摆动马达：压力 16 ～ 21MPa；输出转矩 0 ～ 5 000N·m，重复定位精度 ±（0.05° ～ 0.1°） （4）数字液压缸：压力 21 ～ 35MPa 全系列	用 3 ～ 5 年的时间，将我国的液压件中的传统模拟液压部分升级到数字液压，并推广应用到各行业，促进我国液压行业智能制造的技术进步
（1）计算机控制技术 （2）现场总线控制技术 （3）电液伺服比例控制技术 （4）数字液压控制技术 （5）变频调速控制技术	开发智能液压产品和自主可控的智能液压装置，用信息化提升传统液压产品，推动产品结构升级
工作压力≥ 16MPa，传动介质为淡水和海水	水液压技术是利用淡水或海水作为工作介质的液压元件和液压系统的设计、制造、应用技术，是近年发展起来的环保、节能的绿色传动技术。通过本项目实施，使水液压技术得到有效应用推广

序号	项目名称	主要工作（研发）内容
7	比例多路阀（系列）制造技术	（1）具有先导控制、负载传感和压力补偿等功能的插装式比例阀和比例多路阀设计 （2）电控先导操作、无线遥控和有线遥控操作功能验证 （3）在挖掘机、推土机、装载机、铲运机、汽车起重机、轮胎起重机及履带起重机等机械上装机应用
8	厚大球铁阀体内部高密度铸造技术	（1）材料研制 （2）熔炼工艺试验 （3）铸造工艺方案试验 （4）专利技术发明
9	整体多路阀砂芯无粘结组合技术	（1）砂芯组合工艺研究 （2）组合设备研发
10	轮式农业机械行走液压驱动系统关键技术	（1）变量控制及系统仿真技术 （2）手动伺服换向技术 （3）高负载摩擦副技术 （4）电控液压换挡技术 （5）齿轮传动降噪技术 （6）高可靠性技术
11	机械液压动力传动装置（HMT）关键技术	（1）变量控制及系统仿真技术 （2）电控液压换挡、换向技术 （3）产品总成动态试验技术 （4）高强度铝合金制造技术 （5）液压、机械匹配技术 （6）污染度控制技术 （7）齿轮传动降噪技术
12	比例阀用电磁铁关键技术	（1）选用强导磁材料，提高产品磁性能 （2）采用高精度数控机床和加工中心进行加工，保证产品精度。 （3）对线圈进行绝缘处理，提高产品防护等级等可靠性，从而使电磁铁的应用范围更加广泛 （4）优化线圈模具成形，使线圈均匀包裹，从而使线圈可短期通过 120 ～ 200℃的冲击测试 （5）采用双轴承结构，减小零件摩擦力 （6）实现电磁铁在线数据化检测
13	不锈电磁纯铁材料研发	（1）在经表面自纳米化的工业纯铁表面渗入 Cr、Ni 元素 （2）通过高能喷丸处理，在纯铁棒样的端面上制得纳米晶粒尺寸的表面层结构 （3）对喷丸后的试样在 600 ～ 850℃温度范围内进行单 Ni 扩散和 Cr-Ni 共扩散处理以实现纯铁表面的合金化 （4）对材料表面进行纳米晶粒和变形层晶粒扩渗处理

（续）

主要技术指标	预期目标
流量 40 ～ 350L/min，最大压力 35MPa，分片式结构，最多可达 7 联，先导压力 1.6 ～ 2.5MPa，先导流量（至每片）0.3 ～ 1L/min，电源电压 12V/24V DC，环境温度 -20 ～ 70 ℃，中位至最大位置响应时间 200ms，控制电流范围 200 ～ 1 000mA，单轴双向摇杆控制电阻 5kΩ/10kΩ	制定产品标准，形成比例多路阀产品系列及稳定的生产制造技术，目标年产量 10 万台
（1）石墨数量 > 125 个 /mm^2（100 倍显微镜下） （2）无显微缩松	达到国际先进水平，实现替代进口
（1）不采用粘结剂 （2）各砂芯组合后的位置精度达到 ±0.1mm 以内	消除砂芯粘结导致的阀体内腔飞边及粘结剂导致的气孔缺陷
输入功率 37.3 ～ 74.6kW，额定压力 32MPa，峰值压力 40MPa，总效率≥ 70%，泵排量 71mL/r、90mL/r，马达排量 63mL/r、80mL/r，减速比根据主机要求，寿命 3 000h（随主机考核）	完成系列化产品开发，在玉米收割机、小麦收割机上实现批量配套
输入功率 37.3 ～ 74.6kW，额定压力 28MPa，峰值压力：35MPa，综合传动效率≥ 80%，液压泵排量 22mL/r、37mL/r，马达排量 22mL/r、37mL/r，减速比根据主机要求，寿命 3 000h（随主机考核）	完成产品样机，在乘坐式高速插秧机、拖拉机上实现应用示范
适用环境温度 -25 ～ 70℃，力滞环≤ 3%，电流滞环≤ 2.5%，重复精度≤ 1%，防护等级 IP65/IP67	电磁铁性能达到国际水平，拓宽国内使用市场
（1）适用环境温度 -25 ～ 70℃ （3）具有良好的耐蚀性，盐雾试验达到 48h （3）材料表面达到不锈钢性能，且适合冷挤压加工	使纯铁表面层的成分达到或接近不锈钢的水平，心部仍保留为纯铁，这样既满足了对不锈钢的需要，又节省了很大的成本和资源，对实际工程应用有很大意义

附录 B　液力行业“十三五”

液力行业“十三五”重点发展的关键产品和关键技术见表 B-1 和表 B-2。

表 B-1　液力行业“十三五”

序号	项目名称	主要工作（研发）内容
1	轿车扁平化液力变矩器	（1）用基于三维流动理论和 CFD 的轿车扁平化液力变矩器叶片现代设计理论与方法进行轿车液力变矩器设计 （2）用基于三维流动理论和 CFD 的轿车扁平化液力变矩器叶片现代设计理论与方法设计轿车扁平液力变矩器，其能容系数按照与轿车发动机最佳匹配且变矩系数按照牵引要求采用虚拟样机技术一次性设计成功
2	磁力偶合器	按市场要求丰富磁力偶合器的品种，解决中功率磁力偶合器的发热问题
3	高速高功率前置增速液力偶合器传动装置	开展工作轮、滑动轴瓦、油路系统等的研发工作
4	适用于恶劣工况的后置增速液力偶合器传动装置	开展工作轮、高温滑动轴瓦、油路系统等的研发工作
5	大功率液力传动装置	（1）大功率液力传动的理论研究 （2）大功率液力传动试验检测方法研究，制订台架试验标准 （3）变矩器结构系列化和优化设计 （4）配备液力变矩器的变速器半自动和自动换挡控制系统的研究和攻关，并实现电子监控和自动故障诊断 （5）零部件的再循环再利用率达到 80% 以上
6	工程机械低转速大能容高效液力变矩器	（1）液力变矩器能容控制技术 （2）高速重载单向离合器技术
7	导叶可调式液力恒输出调速装置	（1）用基于三维流动理论和 CFD 的液力变矩器叶片设计理论方法对导叶可调式液力变矩器进行设计 （2）对导叶调节机构进行设计 （3）基于导叶可调液力变矩器，对行星齿轮进行匹配设计

重点发展的关键产品和关键技术

重点发展的关键产品

主要技术指标	预期目标
最高效率比传统理论提高 2% ～ 4%，高效区范围扩大 5% ～ 10%	（1）年产 10 万台，按每台 3 000 元计算，年产值可达 3.0 亿元，增加利润 6 000 万元以上。可替代进口，每年可节约外汇 6 400 万美元 （2）年产 10 万辆自动变速轿车，可节省资金 1.5 亿元
开发 355kW 以上的磁力偶合器：转速 ≤ 1 500r/min，功率 355 ～ 2 400kW	磁力偶合器近年来比较受欢迎，小功率的磁力偶合器可以与变频调速竞争，提升调速节能设备的技术含量和可靠性
用于 35 万 kW 机组锅炉给水泵，转速 5 660r/min；功率 6 545kW；开拓 35 万 kW 机组国内液偶力合器市场领域	取代进口产品，逐步形成系列化。
用于天然气压缩机，转速 9 000r/min，功率 2 300kW。适用于国内国外的沙漠环境，环境温度为 55℃，冷却条件为风冷	开拓国内市场，打入国际市场，逐步形成系列化
（1）额定最大输入功率 300kW 以上 （2）变矩器最高效率 ≥ 84% （3）零速变矩系数 ≥ 2.8 （4）电液换挡，可实现自动和半自动换挡	液力变速器年产量 5 万台以上，产值 15.0 亿～ 20.0 亿元以上
（1）转速 1 800 ～ 2 300r/min （2）效率 ≥ 83%	形成产品系列化
变矩器最高效率 ≥ 80%，传递功率达到 2MW 以上，调速范围达到 ±150r	形成产品系列化

序号	项目名称	主要工作（研发）内容
8	大功率轨道工程车、石油钻机、挖泥船用液力变矩器	（1）用基于三维流动理论和 CFD 的液力变矩器叶片设计理论方法对方形腔液力变矩器进行优化设计 （2）对起动变矩器的叶栅进行优化设计，提高起动转矩
9	叉车用液力变矩偶合器	基于三维流动理论和 CFD 数值计算方法进行叉车用液力变矩偶合器设计

表 B-2　液力行业“十三五”

序号	项目名称	主要工作（研发）内容
1	高速大功率多元复合调速系统	多个液力元件之间的匹配研究；与该调速系统适应的热平衡技术研发；功率流复杂的工作轮研究；与该调速系统相适应的油路系统开发；控制器的软件与硬件开发
2	大功率液力恒输出调速系统	（1）液力调速系统导叶可调式液力变矩器的研究。导叶可调式液力变矩器的性能决定液力调速系统的调速性能及效率，其内部流动复杂、设计困难，是本项目拟解决的技术难点 （2）液力调速系统内部复合轮系的研究。复合轮系的结构参数直接决定液力调速系统的调速范围 （3）研究导叶开度与液力调速装置工作状态的变化关系
3	粒子图像测速技术（PIV）研究	（1）基于 PIV 技术，测量液力变矩器内部流场，实验测量结果将为 CFD 计算提供可靠的数据支撑 （2）改进现有 PIV 算法，结合拓扑图论、神经网络、模糊聚类等理论，研究高精度 PIV 图像相关计算方法 （3）在液力变矩器内流场测量方面应用 Micro-PIV 技术和 3D-PIV 技术
4	仿生科技与液力传动的交叉融合	采用形态仿生和结构仿生两种方式优化设计液力变矩器结构。具体包括：基于鱼类自由游弋流线型形态的叶片仿生、海豚形体仿生、仿生非光滑表面和超疏水现象应用
5	磁力调速系统	大功率磁力调速系统开发；永磁体布局开发；磁力调速机构的开发；与磁力调速系统适应的热平衡技术研发

（续）

主要技术指标	预期目标
（1）变矩器最大输入功率 600 ～ 700kW （2）变矩器形式：起动变矩器——单级三元件，方形腔，离心式涡轮；运转变矩器——单级三元件，方形腔，离心式涡轮 （3）变矩器最高效率：起动变矩器最高效率≥ 87%，运转变矩器最高效率≥ 90% （4）起动变矩比为 6.3 ～ 7.2	批量生产
失速变矩比达到 1.5 以上，最大效率≥ 95%	批量生产

重点发展的关键技术

主要技术指标	预期目标
（1）实现复合调速装置各个液力元件之间的最优匹配 （2）对控制器进行 V 形设计开发，达到液力调速控制要求	应用在石油、化工、冶金领域，实现调速节能
（1）导叶开度的变化能够满足响应时间与响应精度的要求 （2）液力调速装置的传动效率≥ 90%	应用在风力发电领域，实现变速输入、恒速输出，调速过程中能量损失小，系统效率≥ 85%
提高液力变矩器内流场测量精度	建立应用 PIV 技术测量液力变矩器内流场的实验流程与规范；应用 Micro-PIV 技术测量液力变矩器微观流场；应用 3D-PIV 技术测量空间三维流场
实现液力变矩器仿生结构设计，减阻降耗、减振，提高变矩器效率	设计并制造具有减阻降耗能力的液力变矩器仿生叶片
磁力调速系统的优化组合、减振、节能，提高可靠性	形成系列化，占领与其相适应的调速节能市场，可替代进口，提升调速节能的技术含量

附录 C　气动行业“十三五”重点

气动行业“十三五”重点发展的关键产品、关键技术（工艺）及关键材料见

表 C-1　气动行业“十三五”

序号	项目名称	主要工作（研发）内容
1	洁净空气系统气动元件	（1）调研应用行业，弄清生产产品的工艺流程，以及各流程对所需气动产品的功能要求 （2）研究实现功能的设计结构、材料及相关配件，完成下列主要产品 1）高分子膜式干燥器 2）超微油雾分离器 3）除臭过滤器 4）洁净型气体过滤器 5）洁净型减压阀 6）洁净型气控阀 7）精密洁净型减压阀
2	高真空室系统的气动元件	（1）调研应用行业，弄清生产产品的工艺流程，以及各流程对所需气动产品的功能要求 （2）研究实现功能的设计结构、材料及相关配件，完成下列主要产品 1）供气（大气）、排气（真空）用阀（分电控、气控、人控） 2）减压阀 3）压力开关
3	洁净搬运系统气动执行元件	（1）调研应用行业，弄清生产产品的工艺流程，以及各流程对所需气动产品的功能要求 （2）研究实现功能的设计结构、材料及相关配件，完成下列主要产品 1）洁净标准型气缸 2）洁净导向型气缸 3）洁净无杆型气缸 4）洁净正弦气缸 5）洁净低速气缸 6）洁净端锁气缸 7）洁净高精度气缸 8）洁净气爪 9）洁净电动执行器

发展的关键产品、关键技术（工艺）及关键材料

表 C-1 ～表 C-3。

重点发展的关键产品

主要技术指标	市场分析
（1）稳定供给低露点（-70 ～ -20℃）、低发尘（0.1μm 以上的粒子少于 1 个）的洁净空气 （2）过滤精度 0.01μm （3）精密洁净型减压阀：灵敏度 0.3%F.S，重复性 1%F.S.	该产品是半导体、液晶等电子信息工业装备和生产线不可缺少的核心零部件（元器件），也是其他高端装备制造业和国防军工装备所需的核心气动元件。目前该产品需大量进口，是“卡脖子”的产品
（1）使用压力为大气压～ 1×10^{-6} Pa （2）无泄漏、耐腐蚀	同序号 1
不同功能的执行元件，为使其符合洁净搬运性能要求，必须对发尘、冲击、始动时急速伸出、防静电、吸附痕迹等各要素及其复合要素采取对策	同序号 1

序号	项目名称	主要工作（研发）内容
4	智能化气动控制系统与元件	（1）智能阀岛 （2）气电比例压力阀（规格 6mm/10mm/12mm） （3）气电比例流量阀（规格 6mm/10mm/12mm）
5	智能化气动执行系统与元件	（1）电动执行器及位置控制器 （2）数字气缸研究
6	超高频小型电磁阀和轻小型低功耗电磁阀	（1）超高频小型电磁阀研究内容 1）研究高频响、超长寿命、降低功耗的结构及大位移输出驱动材料 2）加工工艺研究 3）研究通过先导控制或加永磁部件，实现开关阀稳态自保持 4）研究高速开关阀的小型化，以及减少开关冲击 （2）轻小型低功耗电磁阀研究内容 1）3 通、5 通阀 2）弹性密封 3）按 4 种接口规格系列开发 4）电磁先导结构设计与制造工艺
7	高性能气缸	（1）低速气缸 （2）高速气缸 （3）低摩擦气缸
8	特殊环境气动产品	（1）耐高温气缸 （2）耐高温气爪 （3）耐高温真空吸盘 （4）耐高温速度控制阀 （5）耐高温精密减压阀 （6）耐化学品、耐纯水（氟树脂）的洁净型减压阀、流量传感器 （7）耐腐蚀性气体的高真空阀 （8）深海超高压（50MPa 以上）气动系统
9	超高压天然气电磁阀	（1）超高压 2 通、3 通电磁阀 （2）超高压减压阀 （3）高低温密封结构与材料 （4）抗振性试验
10	高压气电比例/伺服控制阀与伺服控制系统	（1）研发高压气电比例控制阀 （2）研发基于高压气体的压力伺服控制技术

（续）

主要技术指标	市场分析
（1）阀岛：系列开发，具有集成诊断、系统优化、环境监测等功能，多针式、总线式控制，流量300～1 500L/min，具有模拟量输入/输出模块和512个I/O点，即拆即装 （2）比例压力阀：灵敏度0.2kPa，直线性小于±1%FS，迟滞小于±0.5%F.S. （3）比例流量阀：灵敏度0.5%F.S.，重复性小于3%FS，迟滞小于3%F.S.	同序号1
重复定位精度±0.1mm	同序号1
（1）超高频小型电磁阀产品参数 1）工作压力0～1.0MPa 2）驱动电压48V DC 3）频率≥800Hz 4）流量120L/min 5）寿命1亿～3亿次 （2）轻小型低功耗电磁阀产品参数 1）功耗为0.1W（带节电回路）和0.35W（标准） 2）驱动缸径分为40mm/63mm/80mm/100mm	本产品是新一代信息产业、节能与高端汽车、生物医药及高性能医疗器械，以及高端纺织机械所需要的核心气动产品，目前依赖进口
对应左列产品 1）速度3～50mm/s 2）速度≥1 000mm/s 3）起动压力比标准气缸低50%左右	同序号1
对应左列产品 （1）～（5）的环境温度≥150℃ （5）的灵敏度0.2%F.S.，重复性0.5%F.S.。所有产品在高温，或腐蚀性流体，或超高压环境下，产品性能正常、无泄漏、耐腐蚀	同序号1
（1）通径4mm/6mm/8mm/10mm （2）介质为天然气、空气 （3）最高工作压力20～50MPa （4）环境温度-40～120℃ （5）抗振性：频率17Hz，振幅1.2mm	（1）用于天然气输送，需求量大。目前依赖进口 （2）是特殊行业、舰艇、船舶等国防军工所需要的核心气动产品
对应左列产品 （1）工作压力12MPa，流量1 000～1 400L/min，频率200Hz （2）工作压力10～70MPa	填补高压气动比例/伺服控制技术与核心零部件空白；在某国防装备中实现负载高速、高精度、大范围变化的控制；应用于高压气动系统，高频响、高精度连续控制的场合

序号	项目名称	主要工作（研发）内容
11	智能化柔性抓取气动系统与元件	（1）标准型气缸和导向型气缸的智能化 （2）气动放大器研制 （3）气电压力伺服阀研制 （4）抓取机构研制 （5）传感器选配研究 （6）气动柔性驱动与实时调节抓取力控制技术研究
12	高效气体增压装置	（1）全气动、大流量高效节能型增压装置的研制 （2）电动大流量增压装置的研制 （3）密封结构与材质研究

表 C-2　气动行业“十三五”

序号	项目名称	主要工作（研发）内容
1	高性能密封技术研究	分别研究方向阀、减压阀、流量阀、气缸等产品在下列工作条件下正常工作的密封结构 1）高真空超洁净条件 2）高压条件 3）高温和低温条件
2	气动元件洁净工艺技术研究	研究气动元件加工、清洗、成品零件存放的洁净管理，产品组装、检查、包装的洁净工艺、设备，制订工艺规范和工艺纪律
3	气动阀流道优化设计研究	对气动方向阀、压力阀、流量阀的气路流道进行空气力学特性研究，建模、仿真解析，为最佳设计提供数据
4	气动电磁阀电磁线圈参数优化设计研究	（1）研究气隙磁导、磁路设计、电磁吸力计算的数学模型 （2）电磁阀动态特性仿真分析研究 （3）对关键配套件的材料，如漆包线、铜材、不锈软磁、弹簧等的物理性能进行测试分析与选型（含进口材料）
5	气电比例／伺服控制技术研究	（1）气电比例／伺服控制机理 （2）电－机械转换器研制 （3）气动放大器研制 （4）系统动态特性研究，理论建模，仿真解析 （5）气电比例控制系统与元件合理匹配，根据电流或电压大小控制气流压力或流量
6	气动控制元件精密高效制造技术及工艺仿真优化研究	（1）阀体、阀杆、阀芯工艺路线与工艺方法分析 （2）高精度高效率加工设备与检测设备分析研究 （3）高精度高效率切削参数、切削液与 CAPP 技术试验研究 （4）制造工艺仿真优化研究 （5）清洗、去毛刺工艺与洁净装配技术与设备研究

（续）

主要技术指标	市场分析
（1）抓取机构缸径 6 ～ 63mm （2）使用压力 0.1 ～ 0.7MPa （3）重复精度 ±（0.01 ～ 0.02）mm （4）动作方式为双作用、单作用 （5）环境温度 -5 ～ 60℃ （6）最高使用频率：ϕ6 ～ 25mm 为 120 次 /min，ϕ32 ～ 63mm 为 60 次 /min	用于医疗康复、工业中易碎、形状不规则、不损伤表面、重量变化等产品的抓取。该技术也属于软件机器人领域，是当今的研究热点
（1）增压比 2∶1 （2）最大流量：3m^3/min （3）耐压 1.6MPa （4）噪声≤ 70dB	当今国内使用的增压装置基本为国外产品，且流量小，无法满足企业节能改造中对大流量的要求。本项目市场广泛

重点发展的关键技术（工艺）

主要技术指标	市场分析
（1）低露点（-70 ～ -20℃）、低发尘（0.1μm 以上的粒子少于 1 个以下）的洁净空气；真空压力为大气压～ 1×10^{-6}Pa （2）高压：20 ～ 70MPa （3）环境温度 -40 ～ 120℃ 在上述（1）（2）（3）条件下，要求无泄漏、耐腐蚀	是本表各项重点发展的关键产品的关键配件，也是提升各类气动产品性能的关键配件，需求量大
气动元件正常工作的排气、进气应符合洁净空气系统室要求，即低露点（-70 ～ -20℃）、低发尘（0.1μm 以上的粒子少于 1 个以下）	是洁净产品必须攻克的制造工艺
在额定压力下有较大流量、较小压降	建立最佳流道设计数据库，为自主创新研发各类高流量特性气动阀奠定基础
（1）电磁阀阀口通径 1 ～ 4mm （2）根据设定的工作压力、流量（或通径）、功率、线圈温升等，建立电磁阀电磁线圈参数优化设计数据库	建立电磁阀核心技术自主知识产权数据库，为自主创新研发各类电磁阀奠定基础
（1）最高使用压力 1.0MPa （2）响应时间 0.03 ～ 0.05s （3）迟滞 3%F.S. （4）重复精度 3%F.S. （5）敏感度 0.5%F.S.	为自主创新研发气电比例阀、气电控制伺服技术奠定理论基础，提供设计依据
（1）提高阀体、阀杆加工精度 （2）降低阀孔表面粗糙度值	实现气动控制元件的高精度高效率制造，达到量产且质量稳定，为智能制造打基础

序号	项目名称	主要工作（研发）内容
7	节能型压铸技术研究	（1）用于铝合金压力铸造的节能环保高性能冷室压铸机的研制 （2）压铸机高性能控制系统的研制 （3）热量回收式节能环保燃料熔炉的研制 （4）外接触式节能环保电熔炉的研制
8	气动元件可靠性技术	（1）换向阀、带活塞杆气缸、减压阀 3 种产品的可靠性研究 （2）按 ISO 19973 标准规定的方法：试验条件、失效模式、阈值、置信度，以及数据处理方法，开展可靠性试验研究 （3）分析影响产品最低寿命的原因，研究提高措施
9	智能总线传感控制器技术	研究气动控制系统中的电磁阀、各类电气开关和传感器的信息集成和智能控制器，以及采用 Ether CAT 和 Ether Net IP 通信协议的以太网总线技术
10	基于气动执行器的高速并联机器人	以高速气缸为执行器，兼带行程测量的位移传感器，研究人工智能控制算法，实现高速精密搬运的并联型工业机器人
11	气动元器件智能选型技术及其软件平台	（1）建立气缸、换向阀、减压阀及过滤器等元器件的数据库 （2）确立气缸驱动回路中各元件参数的计算方法，开发相应软件 （3）建立选型经验专家库，开发专家选型系统 （4）开发基于 WEB 的开放式选型平台

表 C-3　气动行业“十三五”

序号	项目名称	主要工作（研发）内容
1	不锈钢软磁材料	（1）对国产 0Cr18Mo2Ca 不锈钢软磁材料与目前采用的国产材料做性能测试和金相分析，并与国际先进水平气动电磁阀所用材料对比测试分析 （2）确定符合要求的材质，并做样机测试验证
2	超高频小型电磁阀阀芯摩擦副材料	（1）对国外超高频气动电磁阀做全性能测试，分析其设计结构，对所用材料做金相分析 （2）确定符合要求的材质，并做样机测试验证
3	不同工作介质和特殊环境的密封材质	（1）工作介质和特殊环境：化学品、化学液、纯水、氟树脂、药液、腐蚀性气体、天然气；温度 -40 ～ 150℃，速度≥ 1 000mm/s （2）密封类型：动密封 O 形圈、QY 圈，静密封垫片，膜片 （3）将（2）中不同材质的密封件，分别浸泡在（1）中的不同介质中，并经高低温且高速运转 24h 以上，测量密封件的形状、尺寸、性能
4	气动用高精度纤维过滤材料	（1）聚丙烯纤维滤材 （2）高分子膜滤材

（续）

主要技术指标	市场分析
（1）柴油节油率达到 30% （2）节电率达到 20%	提高气动产品压铸质量，节省能耗
3 种产品按 ISO 19973 标准通过试验判定可靠性的最低寿命分别达到下列指标 1）换向阀：600 万次 2）气缸：500km 3）减压阀：100 万次	找出 3 种产品失效因素和提高可靠性的办法，制订 3 种产品可靠性指标
兼容气动控制系统中所有电气传感和控制信号的规格，具备标准化的工业网络通信能力	为自主研发智能气动系统与元件提供可靠的控制技术
3 ～ 4 自由度，额定负载 1 ～ 3kg，运动范围直径 1 300mm，高度 500mm，重复定位精度 ±0.1mm，运动速度 500mm/s	适于从事精密取放作业、组装、整理和包装，广泛应用在食品、半导体、微小零件的生产线上，尤其是对效率要求高、作业简单的场合
在国内大型元器件生产厂家中开发至少 2 种不低于 1 万个型号的产品的选型平台软件。特征如下 1）Web 架构 + 网络数据库（产品数据库、知识库、业务数据库） 2）产品 3D 数据可下载 3）问答式输入的友好人机界面 4）知识库具有自学习和用户记忆功能 5）数据库可动态更新	大幅提高产品选型便利性，引导用户选用国产产品 1）减少选型错误 2）提高选型效率 3）减少选型过大造成的浪费

重点发展的关键材料

主要技术指标	市场分析
要求导磁密度大，磁滞小，不生锈，耐腐蚀，易加工	各类电磁阀的关键材料
要求频率≥ 800Hz	超高频小型电磁阀必须解决的材料
要求：尺寸、形状、性能无变化。	是附录 E 中特殊环境气动产品必须解决的材料
（1）用于超净空气过滤器，过滤精度 0.01μm （2）用于空气干燥器，要求大气压露点 -70 ～ -20℃	是附录 E 中洁净空气系统气动元件必须解决的材料

附录 D　气动行业“十三五”

气动行业“十三五”高校可供企业转化成果见表 D-1。

表 D-1　气动行业“十三五”

序号	项目名称	项目简介与核心技术指标
1	基于超声减摩机理的低摩擦气缸	在气缸上附加超声振动以减小摩擦力。样机摩擦力减小 1/3 ～ 1/2
2	基于超声电动机的高精度压力控制阀	现有压力控制阀耗电量大、结构复杂，或结构简单而精度低，且使用场合受限。本项目将超声电动机技术应用于压力控制阀，控制精度可达微米级至纳米级
3	70MPa 氢气超高压控制阀	国家“863 计划”项目，达到并超过国外同类产品水平 压力：0.16 ～ 35MPa；0.16 ～ 70MPa
4	气动伺服阀	该气动伺服阀用于解决具有容腔的气动系统非对称性和非线性控制问题，可以实现任何气动系统的特性对称与精确控制
5	汽车车身电阻点焊智能系统	该项目是应用于轿车车身柔性焊接生产线上的智能点焊系统，包括气动伺服焊钳、高效节能焊接电源模块及高速稳定地与机器人交互通信模块。项目技术指标 1）焊接压力最大 5 000N（可调），误差＜ 20N，调整时间小于 0.2s 2）焊接行程 100mm，误差＜ 0.1mm 3）焊接电源功率最大 90kW，焊接电流最大 10kA，焊接时间 5 ～ 300ms 4）控制器与机器人之间数据传输速率 100Mb/s
6	射流管气动伺服阀	该射流管气动伺服阀的主要特点是能耗低、动态性能好、控制精度高 主要性能指标：驱动电压 12V；输入电阻 100Ω；气源压力 0.5 ～ 2.5MPa；频响≥ 25Hz（带输出力＞ 2 000N 的气缸） 关键技术：特殊阀口设计及力矩电动机结构

高校可供企业转化成果

高校可供企业转化成果

项目所处阶段与合作方式	市场分析	高校 / 联系人
1）已完成机理研究和样机，已申报多项发明专利 2）合作研制	在需要任意位置控制、速度控制及高精度输出力控制的场合及高端装备等领域有广泛市场。目前全部依赖进口	哈尔滨工业大学 / 包钢
1）已完成样机，可显著提高控制精度。快速性、寿命等还需继续研究 2）合作研制	气动压力控制广泛应用，常规压力控制阀难以实现高精度压力控制。本项目可开拓广泛的应用领域	哈尔滨工业大学 / 包钢
1）可提供超高压元器件的产业化技术和图样，已可批量生产 2）成果转化 / 产业化	可直接用于燃料电池电动汽车车载高压储氢容器及其配套部件，属核心元器件。有望取得车载超高压控制阀、高压容器国际标准认可。替代进口产品，实现出口	同济大学 / 闾耀保
1）已取得气动伺服阀、非对称气动伺服阀的系列基础理论。已完成样机试制和应用性考核。可技术转化、批量生产 2）成果转化 / 产业化	在汽车、飞机、火车、轨道交通装备、高端机床、机器人及自动生产线等领域得到广泛应用 可替代进口产品	同济大学 / 闾耀保
1）样机，实验室阶段 2）技术合作	当前汽车车身定位焊设备已不适应生产的需要，气动伺服驱动机构属现代升级换代产品，国外已研制，国内是空白。该项目可大幅度减少电耗，明显提高焊接性能。一条汽车车身焊接生产线需求量约 20 台，市场容量可达每年 3 亿元	北京理工大学 / 王涛
1）成熟 2）待定		北京理工大学 / 姚晓先

序号	项目名称	项目简介与核心技术指标
7	PWM 气动伺服控制阀与控制器系列产品	该伺服阀主要特点是成本低、动态性能好、控制精度高及应用领域广 主要性能指标：驱动电压 24V；输入电阻 100Ω；气源压力 0.4 ～ 2MPa；频响≥ 10Hz（根据要求） 关键技术：阀设计及控制器设计
8	电磁阀岛	多针式或总线式电磁阀岛
9	气电比例压力阀	比例压力阀（压力 /MPa）
10	万能吸盘	该吸盘采用全新的负压生成机理，完全解决了真空泄漏问题，能够取代橡胶真空吸盘。主要特点有 1）能吸附抓取、移动搬运表面粗糙不平的物体 2）能吸附抓取具有三维形状且形状不规则的物体 3）吸盘采用金属材质结构，能够正常工作在高温、低温、水下以及极端恶劣的环境 4）可采用压缩空气驱动方式，也可采用电源驱动方式
11	攀爬机器人	该攀爬机器人采用全新的墙面吸附技术，完全解决了真空泄漏问题，墙面与吸附结构之间处于无接触、零摩擦状态。主要特点有 1）能够攀爬表面极端粗糙或是不平整的垂直墙面 2）机器人可实现大型化的设计，可为额外设备的安装提供足够的空间 3）结构简单，机械故障率极低，因此能够正常工作在高温、低温、水下以及极端恶劣的环境 4）可采用压缩空气驱动方式，也可采用电源驱动方式
12	非接触式吸附装置	该装置采用“正压反馈＋负压吸附”的方式来实现完全无接触的平板状工件的吸附，对工件表面的侵害为零。主要特点有 1）低功耗、低电压的工作模式 2）工件与装置之间的气隙以及吸附力可控制和调节

（续）

项目所处阶段与合作方式	市场分析	高校 / 联系人
1）成熟 2）待定		北京理工大学 / 姚晓先
1）已经完成产品的设计、生产与寿命试验，与国外同类产品性能相当，已有小批量投入使用 2）待定	集成化是气动技术的必经之路，阀岛在自动化流水线上具有结构紧凑、使用方便的优势	浙江大学 / 翁之旦
1）已经完成产品的设计与试验，性能达到国外同类产品的要求 2）待定	比例阀已经在自动化设备上大量使用，但基本上都是国外的产品	浙江大学 / 陶国良
1）已成熟 2）发明专利：我国已授权 1 项，专利号为 CN103496589A；申请日本、国际 PTC 各 1 项 3）待定	用于食品、食材的分拣装箱作业、高温铸件的抓取和搬运、水下打捞等。属高端核心零部件，应用前景广泛	浙江大学 / 黎鑫
1）已成熟 2）发明专利：申请中国专利 3 项、国际 PTC1 项 3）待定	用于大型路桥工程的检修作业，高层建筑的清理和维护，抢险救灾，军用侦察、反恐等。属高端核心零部件，应用前景广泛	浙江大学 / 黎鑫
1）已成熟 2）发明专利：我国已授权 1 项，专利号为 ZL201010607157.2；日本已授权 1 项，专利号为 JP5282734；申请中国、日本、美国、欧洲、韩国、国际 PTC 各 1 项； 3）待定	用于精密工件的吸附搬运，如硅晶圆、太阳能电池板、液晶玻璃基板等。属高端核心零部件，应用前景广泛	浙江大学 / 黎鑫

序号	项目名称	项目简介与核心技术指标
13	基于稳定平台的气压式自动抛绳装备	用于应急救助抛绳作业，广泛用于船舶拖带、舰船补给、应急救助等。该成果将传统手动发射的抛绳枪改造成为能自动根据环境条件变化的自动发射装备，并与能自动补偿载体摇摆的稳定平台结合，大大提升了抛绳装备的抛射精准度与智能化程度。产品技术指标：适应 6 级海况条件，发射参数可调，发射距离不小于 230m，横向偏差不大于射程的 10%
14	管道清洁机器人	该机器人是能够沿管道行走，携带一种或多种传感器及操作机械，在遥控或自动控制下，对管道进行清洁、清洗、维护、保养等工作的气、电、机、仪一体化系统 主要技术指标：适用介质为压缩空气；总质量＜ 10kg；气源压力 0.6 ～ 0.8MPa；擦拭行程 80mm；高低速可调；电压 24V DC
15	真空失效遮断阀	该真空失效遮断阀结构简单、成本低廉、通用性好，可避免多吸盘真空吸取系统工作过程中由于吸盘泄漏而造成的失效。该项目能保证系统安全可靠地工作
16	柔顺主被动膝关节康复训练器械	该技术主要应用于膝关节损伤患者手术后进行康复训练的关节康复，提供柔顺、主被动膝关节的康复训练
17	新型节能气动增压泵	现有国内外气动增压泵的驱动腔耗气量很大，运行成本高。该项目研制了节能型气动增压泵，结构简单、新颖，大幅降低压缩空气耗气量 主要技术性能 1）驱动气体压力 0.4 ～ 1.0MPa 2）增压比 30∶1；增压气体进口压力 2 ～ 12MPa，增压气体最大出口压力 20MPa 3）节能耗气量：机械式增压泵的耗气量为现有气动增压泵耗气量的 10%；电控式增压泵的耗气量为现有气动增压泵耗气量的 70% 4）可压缩空气、氮气、氢气、氧气、二氧化碳等多种气体
18	选针器	选针器是一种依照织物花型组合的电信号依次驱动选针机件的换能器，是电脑横机 / 圆机控制系统用来实施选针控制的执行元件。选针器的频响、寿命、可靠性等直接影响选针的准确性及设备性能
19	高效气动喷嘴 / 高性能消声器	高效气动喷嘴：出力强、节能、低噪，除尘、除水效率高 高性能消声器：可降噪 40dB 以上
20	高端呼吸机技术	该技术不仅提高了呼吸机的气流压力与流量的控制精度，而且具有呼吸力学参数在线预估的功能，整体水平达到国际先进、国内领先

（续）

项目所处阶段与合作方式	市场分析	高校 / 联系人
1）技术基本成熟，已完成两代样机的制作和调试，正在进行实际应用测试 2）正在与宁波星箭航天机械有限公司产业化合作	可广泛应用于各类船舶和舰船。按照每条船配备 2 ～ 3 台计算，需求量非常可观。此外，该装备的轻便型产品可成为应急救助必备工具之一，需求量更大	大连海事大学 / 熊伟
1）已进入工程实施和市场推广阶段。已申请国家发明专利 2）合作研制	在化学工业、核设施、石油天然气、军事装备等领域，管道作为有效的物料输送手段而应用广泛。该项目能减轻劳动强度，消除不安全隐患，保障生命安全，延长管道寿命，降低维护成本，具有巨大的社会和经济效益	河南航天工业总公司 / 郭向洪
1）完成实验样机 2）技术转让或入股	在吸取较大、较重的工件或者成组吸取多个工件的时候，往往需要使用多个真空吸盘，即多吸盘真空吸取系统。该产品市场用量很大。	南京理工大学 / 李小宁
1）完成实验样机 2）技术转让或入股	可用于医疗康复领域。属于“中国制造2025”重点领域中的“高性能医疗器械”，市场前景广阔	南京理工大学 / 李小宁
1）已研制样机，并在实验室完成实验验证 2）技术转让或入股		大连海事大学 / 王海涛、熊伟
1）完成选针器驱动器的开发 2）合作开发	我国纺织机械正处于转型升级阶段，老设备的替换以及每年新增的袜机、内衣机、大圆机、横机等都需要选针器。据统计，我国每年各类横机的总产量约为 160 万台，而电脑横机的总量约为 10 万台，每台横机需数十台选针器，因此选针器的市场需求非常巨大	浙江理工大学 / 向忠
1）技术成熟，可转化 2）技术合作和转让	该产品是节能、降噪的核心气动元器件，投资规模小，市场推广量极大，经济和社会效益显著	清华大学 / 何枫、张锡文
1）已完成功能样机开发及测试 2）联合经营	属于“中国制造 2025”重点领域中的“高性能医疗器械”，市场前景广阔	北京航空航天大学 / 石岩

序号	项目名称	项目简介与核心技术指标
21	高效、安全、智能吸痰技术	该技术可实现维持病人呼吸道清洁通畅，预防呼吸系统感染，避免呼吸道损伤，保证机械通气的治疗目标，有效提高我国吸痰技术水平，挽救病人生命、减轻病人痛苦、降低医护人员工作强度 该技术达到国际先进水平，填补了我国空白
22	智能气动管网技术	该技术可以根据工厂的压缩空气需求，实时智能调度管网中的流量，从而实现节能的效果
23	便携式电磁阀响应测试仪	测试电磁阀开启与关闭的响应时间，可完成电磁阀全波形记录的寿命试验
24	阵列式超声波气密性检测仪器	该检测仪器是一种基于阵列式多超声波换能器的用于微小气体泄漏检测的专用设备，检测系统具有与工业现场配套的数据接口和数据显示。技术指标如下 （1）内部压缩气体充压 300kPa 或内置超声波发生器的容器类试件，距离其 1m 处可检测最小有效泄漏孔径为 0.1mm （2）泄漏孔定位的精确度在直径 2mm 的范围以内，气体泄漏量判别灵敏度不低于 $1dm^3/min$ （3）泄漏孔孔径大小的估算误差在 10% 以内 （4）超声波换能器阵列接收灵敏度能够达到 0 ～ 50dB 以内（0dB=1V/Pa）
25	大量程反射式气动传感器系列	传统的流量和背压式气动测量方法量程小，只有 0.05 ～ 0.2mm。该项目量程可达 1 ～ 4mm，可满足变化范围较大的尺寸的测量，且测量精度高 主要技术指标：灵敏度 51.7mV/mm；测量范围 4 ～ 7mm；静态误差 0.06mm
26	数字式气体压力表	该数字式气体压力表由逻辑处理单元和气体压力传感器构成。主要功能：具有按钮和段码式液晶屏，能设定和显示不同气体压力的不同单位（MPa，psi 等）；标定功能；压力报警和压力开关功能；无线网络接入能力，能实现无人巡检

（续）

项目所处阶段与合作方式	市场分析	高校 / 联系人
1）已完成功能样机开发及测试 2）联合经营	该技术有望取代传统的吸痰管吸痰技术，成为临床最常用的吸痰技术。属于“中国制造2025”重点领域中的“高性能医疗器械”，市场前景广阔	北京航空航天大学 / 石岩
1）已完成功能样机开发及测试 2）技术转让	节能效果十分明显，是“中国制造 2025”5项重点工程中“绿色制造工程”的节能举措，应用前景良好	北京航空航天大学 / 石岩
1）已经批量生产与使用 2）待定	解决了气动电磁阀生产时响应时间测试的问题，可完成寿命试验的全波形记录试验，大大提高了国内气动电磁阀的可靠性	浙江大学 / 陶国良
1）试生产、应用开发阶段 2）技术转让	该技术可以应用到工业产品的生产加工过程中，以及涉及气体密闭性检测的场合，可以对相关密闭容器类的半成品或成品（气罐、气缸等）进行密闭性检测，判断产品是否合格，从而有效提高生产效率，对产品情况进行预估，减少不必要的浪费。能在现场迅速、准确、直观地找出各类压力容器或真空系统的气体泄漏故障，尤其适宜检测各类管道、阀门等部件内部产生的裂痕，还能检测船舱、飞机、航天器、汽车座舱、冰箱、冷库、储油罐等设备密闭容腔的密封程度。市场前景广阔	北京理工大学 / 王涛
1）技术成熟，可以转化 2）技术转化	市场需求量大，有很好的经济和社会效益	合肥工业大学 / 曾亿山
1）完成样机 2）合作开发	市场需求量大，有很好的经济和社会效益	浙江理工大学 / 吴震宇

附录 E　橡塑密封行业“十三五”重点

橡塑密封行业“十三五”重点发展的关键产品

表 E-1　橡塑密封行业“十三五”

序号	项目名称	主要工作（研发）内容
1	高压回转马达油封和高压柱塞泵油封	研究氢化丁腈橡胶和氟橡胶材料的摩擦磨损机理，降低摩擦因数，提高使用寿命；研究耐 -45℃低温，低压缩永久变形的氟橡胶材料配方；研究特殊的耐高压油封结构
2	高压往复密封件及密封系统	针对工程机械不同的使用工况条件，优化密封系统中各密封元件的协同效应，提高系统的密封性、可靠性、经济性
3	汽车变速器轴密封件和离合器轴密封件	围绕轿车动力总成系统对耐热、耐寒、耐油、耐老化等各项性能的要求，开展橡胶材料配方研究，提高橡胶与金属的粘合性能，研制出满足汽车新型动力总成系统要求的密封件
4	汽车发动机水泵轴承密封件	研制耐乙二醇和沸水的橡胶材料，研究骨架处理工艺，保证橡胶与金属骨架在开水中沸煮不开裂脱胶
5	海洋大功率往复压缩机密封件	（1）高温、高压及无油或少油润滑状态下，活塞环密封材料的配方研究 （2）高温、高压及无油或少油润滑状态下，大规格填料密封系统的优化设计、填料环材料的配方研发及机加工工艺研究
6	高速动车用高性能密封件	（1）减振器的往复耐压密封件、高速轴承旋转密封件和高性能防护套的结构、材料、密封机理研究 （2）评价体系研究
7	高性能螺杆压缩机油封	高压及宽温度变化的油封结构优化、材料配方研发及工艺研究

发展的关键产品和关键工艺技术

和关键工艺技术见表E1和表E2。

重点发展的关键产品

主要技术指标	预期目标
（1）回转马达油封要求：工作压力35MPa，峰值压力42MPa，最高转速600r/min，工作温度-45～100℃，最高泄油温度≤90℃，轴端出口油封峰值压力15～20MPa，台架强化试验要求：在连续交替正反转条件下运行200～300h无泄漏，使用寿命5 000～8 000h （2）高压柱塞泵油封要求：工作压力35MPa，峰值压力42MPa，最高转速3 700r/min，工作温度-45～100℃，最高泄油温度≤90℃，轴端出口油封峰值压力达0.5～1MPa，台架强化试验500～800h无泄漏，使用寿命5 000～8 000h	满足大型液压挖掘机及高寒地带的工程机械液压系统的要求，形成具有自主知识产权的核心技术，使用寿命达到国外同类产品先进技术水平，确保批量产品的可靠性，替代进口
工作温度-30～100℃，压力≤32MPa，台架试验往复速度3～30m/min，行程0.5m，台架试验寿命达到50万次无泄漏	同上
（1）变速器轴密封要求：在温度为-40～150℃、线速度为20m/s的条件下，台架耐久试验达到2 000h不泄漏，正常行驶22万km不泄漏 （2）离合器轴密封要求：工作温度为-30～100℃，最高温度130℃，台架耐久寿命试验要求500h无泄漏	突破产品同步开发技术瓶颈，提高性能、可靠性和寿命；形成具有自主知识产权的核心技术，使用寿命与国外同类产品水平相当，实现产品国产化
在温度为107℃、50%乙二醇和50%水的混合物中煮168h，密封件表面无气泡和脱胶现象；台架试验要求：在轴承上加300N的径向力，转速为7 500r/min，运行400h，密封件无泄漏且唇口不变形翻转	改变目前汽车发动机水泵轴承密封件全部进口的局面，实现水泵密封件的国产化
在25MPa、150℃及无油或少油润滑状态下，密封环的寿命达到8 000h以上	海洋大功率往复压缩机长寿命密封件的国产化
适应速度350km/h、耐候、高风速、低摩擦等工况	减振器的往复耐压密封件、高速轴承旋转密封件和高性能防护套国产化，并建立完整的评价体系
在压力为1.5MPa、温度为-30～150℃及转速为3 000r/min的状态下，油封的寿命达到20 000～30 000h	高性能螺杆压缩机油封国产化

序号	项目名称	主要工作（研发）内容
8	带有多极磁性橡胶编码器的密封件耦合单元	研究特殊的磁性橡胶材料配方，设计高精密度的充磁技术和工艺，研制出符合高要求的多极磁性橡胶编码器和密封件的耦合单元
9	风电偏航变桨轴承密封件	根据风电机组零部件更换困难的特点，研制耐油、耐海水腐蚀、耐气候老化性能优异的橡胶配方，制造具有超长使用寿命的风电偏航变桨轴承密封件
10	新能源页岩气采集、输送设备密封系统及密封件	开发用于高压泥浆泵的具有超高耐磨性能的新型聚氨酯材料，研制耐高温封隔器密封胶筒材料配方，制造出满足页岩气开采、输送设备要求的密封件
11	大飞机（商用飞机）液压系统密封件	开发大飞机用液压密封件，为飞机液压系统提供密封技术支持和密封件，完成材料的配方设计、结构优化设计及制造工艺设计，并研制出相应密封件
12	8万t大型模锻液压机平台超高压液压系统密封材料及关键密封件	研制符合超高压要求的橡胶材料配方，设计大尺寸、大规格的耐高压密封结构，研制出满足8万t大型模锻液压机平台超高压液压系统使用要求的密封材料和关键密封件
13	核一级泵稳压器阀高可靠性密封件	围绕核一级泵稳压器比例喷雾阀和安全阀、大口径高压闸阀和止回阀等研发相应的密封材料和密封件

（续）

主要技术指标	预期目标
（1）多极磁性橡胶编码器：在检测距离 1.0mm 条件下，单极误差≤ 0.8%，累计误差≤ 1.5%，磁性橡胶磁感应强度≥ 500Gs ㊀ （2）密封件：耐轴承润滑脂，摩擦力矩≤ 0.5N・m	开发轮毂轴承多极磁性橡胶编码器和密封件的耦合单元，为第三代轿车轮毂轴承配套，提高 ABS 制动系统的测速精度，可替代进口产品，提高国产轴承的精度和品质
密封件的使用温度为 -45 ～ 100℃，具有抵抗外部水汽、风沙侵蚀功能和智能检测功能。在 1m/s 的线速度下，轴承密封的漏脂试验合格率达 98% 以上。装机运行寿命 7 ～ 10 年	满足 3M ～ 5MW 大型风电机组密封件的国产化需求，形成具有自主知识产权的核心技术，其技术水平和使用寿命与国外同类先进产品水平相当，可替代进口
满足页岩气开采设备在 200 ～ 300℃的高温、60 ～ 70MPa 的高压下工作时的密封性能要求，保证其正常工作	开发出页岩气开采设备所需的特殊橡塑材料密封件，可替代进口，满足我国新能源开发产业的需要
材料耐磷酸酯基航空液压油（商品牌号 SKYDROLLD-4），最高压力 /41.4MPa，温度 -70 ～ 260℃，往复速度 15m/s，往复 3 万次不泄漏，低温回缩 TR10 要求不高于 -45℃，对金属无腐蚀	针对大飞机液压系统用密封件，建立企业标准和特殊的航空质量管理体系（AS9000），保证航空密封件的质量
（1）主缸密封要求：压力 0 ～ 63MPa，往复速度 0.2 ～ 50mm/s （2）同步缸密封要求：压力 0 ～ 35MPa，往复速度 0.2 ～ 50mm/s （3）管道密封要求．压力 0 ・ 72MPa	针对目前大型模锻压机液压系统中的关键密封件国内无法提供，需从国外进口的现状，开展大型模锻压机液压系统中的关键密封件的国产化研制及应用示范，并进行可靠性技术研究与综合性能测试，完善密封件的性能，提高质量稳定性
核级密封材料和密封件作为保障核电站安全运行的关键零件，要具有高可靠性、耐辐射、抗地震、不泄漏、抗冷热交变冲击及定时阻断等特定功能	形成集成供货能力，可替代进口

㊀ $1Gs=10^{-4}T$。

表 E-2 橡塑密封行业“十三五”

序号	项目名称	主要工作（研发）内容
1	高端橡塑密封元件研发检测服务平台	（1）橡塑密封系统可靠性设计技术研究 （2）橡塑密封材料失效模式及分析测试技术研究 （3）橡塑密封台架模拟检测技术及可靠性和寿命综合评定技术研究 （4）典型高性能橡塑密封产品的研发技术
2	密封数值仿真设计技术	研究橡塑密封数值仿真模型的建模方法；搭建试验台架，验证数值仿真模型的正确性；开展密封系统性能优化设计研究；开展实际工程的推广应用研究
3	橡塑密封件智能化制造工艺	利用先进的电子、信息技术，结合工业机器人技术，设计、研制包括半成品制备、硫化、检验、包装等整个生产全过程的自动化智能制造工艺和装备

重点发展的关键工艺技术

主要技术指标	预期目标
（1）建立橡塑密封可靠性设计技术与评价体系，掌握橡塑密封可靠性设计技术，具备提供橡塑密封系统可靠性设计评价和指导的能力 （2）研究橡塑密封材料失效模式，掌握高性能密封材料分析测试技术，具备制订橡塑密封材料关键性能指标要求的能力 （3）建设橡塑密封综合试验检测平台，掌握高端装备密封台架模拟检测技术，具备提供高端装备橡塑密封可靠性和寿命综合技术水平评定的服务能力 （4）研制出典型高端橡塑密封产品	围绕以工程机械往复式高压液压缸密封元件和汽车发动机油封为代表的旋转式高速密封元件，开展高端橡塑密封可靠性设计技术、材料分析测试技术、台架模拟检测技术研究和典型产品的研制，建立具有自我良性发展能力的高端橡塑密封元件研发检测服务平台
掌握基于数值仿真的橡塑密封性能分析、优化技术，建立数值仿真模型，开发出性能分析、优化软件，为橡塑密封的设计研发提供方便快捷的分析工具	通过对橡塑密封机理、数值仿真方法和优化设计方法的研究，掌握基于数值仿真的橡塑密封性能分析、优化技术，建立经台架试验验证的数值仿真模型，开发出性能分析、优化软件，为橡塑密封的设计研发提供方便快捷的分析工具
实现橡塑密封件整个生产制造过程的智能化	提升橡塑密封件制造工艺，使之接近或达到国际先进水平，实现产业化应用。使橡塑密封件行业从劳动密集型产业向智能制造型产业转化

附录 F　机械密封行业“十三五”重点

机械密封行业“十三五”重点发展的关键产品和关键技术（工艺、材料）

表 F-1　机械密封行业“十三五”

序号	项目名称	主要工作（研发）内容
1	核电站主冷却剂循环泵密封装置	（1）开展核主泵密封的可靠性试验研究以及长周期（8 000h）运行试验 （2）完善核主泵密封的理论分析系统以及结构设计计算 （3）完成核主泵密封的试验考核等目标
2	水下油气混输泵用机械密封开发	（1）压力平衡技术 （2）摩擦副配对材料摩擦性能试验 （3）状态监控技术开发
3	节能环保型机械密封产品及系统开发	（1）接触式和非接触式机械密封机理研究 （2）机械密封结构及系统优化设计 （3）智能化专家设计系统软件开发 （4）机械密封性能测试试验技术研究
4	离心压缩机用高压干气密封	（1）基于热、固、流耦合模型的高压干气密封性能分析与优化设计 （2）SiC 表面 DLC 镀层技术的开发研究 （3）弹簧加载的聚合物密封圈在高压干气密封中的应用技术研究 （4）高压干气密封的试验检测技术研究
5	高参数旋转接头	（1）研制高温、高压旋转接头 （2）研制高压、高速旋转接头 （3）研制高温、高速旋转接头
6	超高速涡轮泵密封产品	超高速涡轮泵轴封试验台及产品的研制
7	航空发动机主流道气膜密封产品	（1）基于流、固、热耦合等基础理论，建立密封系统完整的定量设计分析方法 （2）主流道气膜密封结构研究

发展的关键产品和关键技术（工艺、材料）

见表 F-1 和表 F-2。

重点发展的关键产品

主要技术指标	预期目录
（1）密封介质：冷却水（含硼） （2）密封压力：正常工况 15.0 ～ 15.8MPa，设计工况 17.2MPa （3）密封温度：正常工况 30 ～ 74℃，特殊工况 110℃ （4）泵轴转速 1 480r/min	（1）完成原理样机的设计、研制与试验验证 （2）完成工程样机的设计、加工与试验验证 （3）完成长周期（8 000h）运行试验 （4）形成自主知识产权
（1）适用于水下 1 500m 油气混输泵 （2）使用寿命达到 40 000h	（1）形成与核心共性技术相关的国内外专利不低于 2 项，发明专利不少于 1 项 （2）建立水下混输泵用机械密封的设计、制造、测试、安装及配套生产工艺技术、规范 （3）实现在水下现场考核
（1）工作压力≤ 10MPa，使用温度 -60 ～ 450℃，轴径≤ 200mm，转速≤ 6 000r/min （2）零泄漏，节能降耗效果提升 1 倍 （3）使用寿命满足具体要求，一般场合不低于 3 年	（1）形成与核心共性技术相关的国内外专利不低于 2 项，发明专利不少于 1 项 （2）在炼化企业建立至少 1 个应用示范基地
（1）压缩机出口压力达到 18MPa （2）密封泄漏量与同类国外进口产品相当 （3）密封连续使用寿命 5 年	（1）实现自主研制的高压干气密封在西气东输进口压缩机上的应用 （2）实现自主研制的高压干气密封在 18MPa 以上炼油装置循环氢压缩机上的应用 （3）实现自主研制的超大尺寸或超低温干气密封在大型乙烯三机上的应用 （4）可替代国外进口同类产品
对应左侧产品： （1）温度 450℃，压力 40MPa （2）转速 5 000r/min，压力 20MPa （3）温度 300℃，转速 2 000r/min 以上	完成相关产品的研制，投入工业应用
（1）转速≥ 250m/s；温度为 -170℃，压力≤ 2.5MPa （2）满足静止状态下 1 个月零渗漏，运行状态的零泄漏	（1）建立适用于超高速、低温条件下的具有自主知识产权的新型涡轮泵密封产品 （2）形成相关设计理论方法和技术
介质压力 0.5MPa，介质温度 550℃，直径 450mm，线速度 350m/s	进行相关的性能试验与工程试验，通过产品的验证

序号	项目名称	主要工作（研发）内容
8	高性能、长寿命汽车发动机冷却水泵机械密封	（1）研发生产应用在中高端乘用车上的系列内燃机冷却水泵机械密封 （2）与国外同类产品的差距研究与验证 （3）专用自动化设备的研发和应用 （4）制订与国际先进标准同步的国家标准
9	高温高压釜用机械密封	（1）安全性：消除高压状态下易燃易爆介质大量泄漏带来的安全隐患 （2）长久性：摩擦副材料的选择及结构的优化设计 （3）自动化：全部自动化控制，避免人为因素带来的危害

表 F-2　机械密封行业“十三五”

序号	项目名称	主要工作（研发）内容
1	核级碳化硅密封环材料的研制	通过核辐射试验、核主泵密封模拟试验及检测可靠性等方式，研发满足核级要求的密封环材料
2	核级硬质合金机械密封材料的研制	高韧性、高硬度、无宏观孔洞的硬质合金成分及制造工艺研究
3	深地、深海油气勘探用耐腐蚀硬质合金机械密封环材料的研究	选择新配方和工艺，研制多种硬质合金材料，耐 H_2S、耐海水及其他介质腐蚀的碳化钨材料
4	高强度细颗粒机械用碳石墨材料	（1）细颗粒、高强度工艺及设备的研发 （2）碳 - 碳、碳 - 陶复合材料的研发
5	具有自润滑功能的特殊碳化硅密封材料	完成材料配方、加工工艺研究

（续）

主要技术指标	预期目录
（1）部分产品技术指标 1）干湿交变：试验平均泄漏量≤ 0.03mL/h 2）冷热交变：试验后气密性泄流量≤ 3.5mL/min 3）干磨：试验后平面度、表面质量均达到要求 （2）降低泄漏率，减少保养维修成本和提高环保性能 （3）满足作为汽车关键零部件 30 万 km 无泄漏和其他异常运行要求	（1）打破中高端乘用车内燃机冷却水泵机械密封市场被国外垄断的局面 （2）进入国外汽车 OEM 市场 （3）在质量可靠的前提下与国外产品相比价格下降 50%
工作压力 -0.1 ～ 16MPa，工作温度 350℃，线速度 5m/s，介质为一般性易燃易爆有毒介质（氢化釜、氧化釜、聚合釜等）	争取在 5 年内逐步取代进口产品，市场占有率达到 50%

重点发展的关键技术（工艺、材料）

主要技术指标	预期目标
（1）辐照试验达标 （2）维氏硬度 2 600HV （3）抗弯强度 500MPa （4）弹性模量 420GPa （5）热导率 110W/（m·K） （6）热胀系数：温度＜ 500℃时为 4.0×10^{-6}m/℃，温度为 500 ～ 1 000℃时为 5.8×10^{-6}m/℃	（1）各项性能指标达到国外同类产品水平 （2）制订产品标准 （3）形成国内外专利技术
（1）抗弯强度大于 2 600MPa （2）洛氏硬度大于 92HRA （3）平均晶粒度小于 1.2μm	产品的材料寿命达到国外同类产品技术水平
动态下，不同压力、PH 值的多种介质下，密封寿命达到 8 000 ～ 20 000h	（1）形成自主知识产权 （2）形成多个优化配方
（1）抗折强度 85MPa （2）抗压强度 240MPa （3）体积密度 1.83g/cm^3 （4）肖氏硬度 90HS （5）粒度≥ 400 目	（1）高强度机械用碳石墨性能达到国外同类产品技术水平 （2）改变传统工艺及设备，达到和接近国外同类产品技术水平，为研发新材料奠定基础
（1）密度 2.9g/cm^3 （2）弯曲强度 390MPa （3）弹性模量 400GPa （4）抗压强度 3 800MPa （5）热导率 110W/（m·K）	添置设备，实现小批量生产

附录 G　填料静密封行业“十三五”重点

填料静密封行业“十三五”重点发展的关键产品和关键技术（工艺材料）

表 G-1　填料静密封行业“十三五”

序号	项目名称	主要工作（研发）内容
1	适应环保要求的石化设备泄漏率控制系列填料与静密封产品技术标准	研究与环境污染控制要求相适应，泄漏率控制达到国外同类产品技术水平的石化设备用填料与静密封产品的控制要求和评价方法
2	低逸散性排放的填料	（1）密封结构设计 （2）制造工艺研究 （3）制造装备及测试技术的研发 （4）制订相应的检测标准
3	低泄漏的垫片	（1）密封结构设计及材料的研发 （2）垫片泄漏等级与载荷的关系研究
4	核反应堆压力容器用 C 形密封环和 O 形密封环	（1）密封结构设计 （2）产品成型工艺研究 （3）制造设备的设计与选用 （4）产品的性能试验
5	核级静密封件	（1）研究密封材料配方及成型与加工工艺过程密封材料性能的保持技术 （2）核级密封垫片高性能成型技术研究及专用装备设计 （3）核级密封垫片高性能系列产品开发 （4）建立核级密封垫片安全性能试验方法研究及综合试验平台
6	特种材料密封件	（1）密封结构设计 （2）成型技术研究及专用装备设计 （3）安全性能试验验证
7	抗氧化石墨材料	（1）原材料选用与配方设计 （2）制造工艺研究 （3）测试技术研究 （4）制订产品的控制要求和评价标准

发展的关键产品和关键技术（工艺、材料）

见表 G-1 和表 G-2。

重点发展的关键产品

主要技术指标	预期目标
与环境污染控制要求相适应，泄漏率控制达到国外同类技术水平	提出并研制系列填料与静密封产品技术标准，与环境污染控制要求相适应，为推动行业技术进步和产品优化升级提供技术支撑
（1）满足 ISO 15848-1：2015 的低逸散性排放的 B 级密封等级要求，即 10^{-4}mg/m/s （2）满足 API622 的要求，泄漏量＜ 500×10^{-6}mg/m/s	（1）符合 ISO 15848-1：2015 要求的低逸散性排放密封组件 （2）制订相应的检测规范 （3）有效降低石油炼化行业的无组织 VOCS 排放
（1）满足 VDI2290 标准中泄漏等级为 0.01mg/m/s （2）用 EPA21 的检测方法，VOCS 的排放小于 50×10^{-6}	研发系列低泄漏垫片，制订低泄漏率垫片的控制和评价要求
符合核电站设计要求和技术规范	（1）填补国内相关技术和产品的空白，并达到国际先进水平 （2）满足国内核电建设的需求，应用于国内核电设备，并在国际市场上具有一定的竞争力 （3）形成自主知识产权 （4）为航天发动机用金属 C 形密封环研发进行技术积累
（1）累积辐照剂量为 1.9×10^{6}Gy 时密封件的力学性能基本保持稳定 （2）材料纯度：有害成分含硫量＜ 200×10^{-6}，含氯量＜ 50×10^{-6}，含氟量＜ 50×10^{-6}，含卤族元素量之和＜ 200×10^{-6} （3）温度：600℃ （4）密封性能：氦气检漏密封泄漏量不大于 $1.0\times10^{-6}cm^{3}/s$ （5）使用寿命：可达 3 个堆期（约 5 年）	（1）完成系列核级静密封垫片的研发，满足核电站一次回路压力边界完整性要求和 RCC-M、ASME 的规范标准 （2）完成核级密封垫片加工成型工艺与性能相关性评价报告 （3）开发完成 1 套针对核级密封垫片高性能加工过程中清洁度的综合检测分析系统
（1）特材镍基 C 形环、O 形环满足紧密度 $1.33\times10^{-9}Pa\cdot m^{3}/s$ （2）哈氏合金密封件满足耐腐蚀及其他特殊工况要求	研制高温镍基合金、哈氏合金等特殊材料的密封件，以满足高温高压、腐蚀等特殊使用工况
使用温度 670℃，4h 热失重＜ 4%，含碳量不小于 98%	提升柔性石墨板材的耐烧蚀性能，以满足高温工况的要求

表 G-2 填料静密封行业"十三五"重点发展的关键技术（工艺、材料）

序号	项目名称	主要工作（研发）内容	主要技术指标	预期目标
1	低逸散性排放密封技术研究	（1）密封机理分析 （2）密封结构设计 （3）检测和监测技术研究 （4）应用技术研究和推广	满足 ISO 15848—1 的低逸散性排放的 B 级密封等级要求	符合 ISO 15848 要求的低逸散性排放密封组件；制定相应的检测和监测规范；有效降低石油炼化行业的无组织 VOCS 排放
2	低转矩密封填料的开发与应用	（1）材料研究 （2）密封结构设计 （3）制造工艺	阀门开闭时所需的转矩减小 20% ～ 30%	减小填料环对阀杆的摩擦，从而减小阀门开闭时所需的扭力
3	大直径聚四氟乙烯密封垫片工艺技术研究	（1）改性聚四氟乙烯垫片焊接工艺研究 （2）直径 2m 以上的聚四氟乙烯垫片制造工艺研究	（1）抗拉强度≥ 15MPa （2）压缩率 15% ～ 25% （3）回弹率≥ 30% （4）允许泄漏量≤ $1.0\times10^{-3}cm^3/s$	填补国内相关技术空白，满足工业上特别是多晶硅项目上的应用，打破该产品一直被国外垫片公司垄断的局面
4	多层齿形组合密封垫片的开发与应用	（1）组合密封结构研究 （2）制造工艺和加工技术研究	（1）压缩率≥ 17% （2）回弹率 22% ～ 40% （3）氮气密封泄漏量≤ $1\times10^{-4}cm^3/s$ （4）耐温 -200 ～ 650℃ （5）耐压 25MPa 以内	在操作温度交变频繁的使用工况下，保持较好的力学性能和密封性能

附录 H 我国液压气动密封行业国家标准和行业标准

我国液压气动密封行业国家标准和行业标准见表 H-1 ～表 H-4。

表 H-1 液压气动国家标准（截至 2017 年 12 月）

序号	标准代号	标准名称	采标 ISO 代号	一致性程度
1	GB/T 786.1—2009	流体传动系统及元件图形符号和回路图 第 1 部分：用于常规用途和数据处理的图形符号	ISO 1219-1：2006	IDT
2	GB/T 2346—2003	流体传动系统及元件 公称压力系列	ISO 2944：2000	MOD
3	GB/T 2347—1980	液压泵及马达公称排量系列	ISO 3662：1976	eqv
4	GB/T 2348—1993	液压气动系统及元件 缸内径及活塞杆外径	ISO 3320：1987	eqv
5	GB/T 2349—1980	液压气动系统及元件 缸活塞行程系列	ISO 4393：1978	eqv
6	GB/T 2350—1980	液压气动系统及元件 活塞杆螺纹型式和尺寸系列	ISO 4395：1978	eqv
7	GB/T 2351—2005	液压气动系统用硬管外径和软管内径	ISO 4397：1993	IDT
8	GB/T 2352—2003	液压传动 隔离式充气蓄能器 压力和容积范围及特征量	ISO 5596：1999	IDT
9	GB/T 2353—2005	液压泵及马达的安装法兰和轴伸的尺寸系列及标注代号	ISO 3019-2：2001	MOD
10	GB/T 2514—2008	液压传动 四油口方向控制阀安装面	ISO 4401：2005	MOD
11	GB/T 2877—2007	液压二通盖板式插装阀 安装连接尺寸		
12	GB/T 2878.1—2011	液压传动连接 带米制螺纹和 O 形圈密封的油口和螺柱端 第 1 部分：油口	ISO 6149-1：2006	IDT
13	GB/T 2878.2—2011	液压传动连接 带米制螺纹和 O 形圈密封的油口和螺柱端 第 2 部分：重型螺柱端（S 系列）	ISO 6149-2：2006	MOD
14	GB/T 2878.3—2017	液压传动连接 带米制螺纹和 O 形圈密封的油口和螺柱端 第 3 部分：轻型螺柱端（L 系列）	ISO 6149-3：2006	MOD

（续）

序号	标准代号	标准名称	采标 ISO 代号	一致性程度
15	GB/T 2878.4—2011	液压传动连接　带米制螺纹和 O 形圈密封的油口和螺柱端　第 4 部分：六角螺塞	ISO 6149-4：2006	MOD
16	GB/T 2879—2005	液压缸活塞和活塞杆　动密封沟槽尺寸和公差	ISO 5597：1987	IDT
17	GB/T 2880—1981	液压缸活塞和活塞杆　窄断面动密封沟槽尺寸系列和公差		
18	GB/T 3452.1—2005	液压气动用 O 形橡胶密封圈　第 1 部分：尺寸系列及公差	ISO 3601-1：2002	MOD
19	GB/T 3452.2—2007	液压气动用 O 形橡胶密封圈　第 2 部分：外观质量检验规范	ISO 3601-3：2005	IDT
20	GB/T 3452.3—2005	液压气动用 O 形橡胶密封圈　沟槽尺寸		
21	GB/T 3766—2015	液压传动　系统及其元件的通用规则和安全要求	ISO 4413：2010	MOD
22	GB/T 6577—1986	液压缸活塞用带支承环密封沟槽型式、尺寸和公差	ISO 6547：1981	eqv
23	GB/T 6578—2008	液压缸活塞杆用防尘圈沟槽型式、尺寸和公差	ISO 6195：2002	MOD
24	GB/T 7932—2017	气动　对系统及其元件的一般规则和安全要求	ISO 4414：2010	IDT
25	GB/T 7934—2017	液压二通盖板式插装阀　技术条件		
26	GB/T 7935—2005	液压元件　通用技术条件		
27	GB/T 7936—2012	液压泵和马达　空载排量测定方法	ISO 8426：2008	MOD
28	GB/T 7937—2008	液压气动用管接头及其相关元件　公称压力系列	ISO 4399：1995	MOD
29	GB/T 7939—2008	液压软管总成　试验方法	ISO 6605：2002	MOD
30	GB/T 7940.1—2008	气动　五气口气动方向控制阀　第 1 部分：不带电气接头的安装面	ISO 5599-1：2001	IDT
31	GB/T 7940.2—2008	气动　五气口气动方向控制阀　第 2 部分：带可选电气接头的安装面	ISO 5599-2：2001	IDT
32	GB/T 8098—2003	液压传动　带补偿的流量控制阀　安装面	ISO 6263：1997	MOD
33	GB/T 8100—2006	液压传动　减压阀、顺序阀、卸荷阀、节流阀和单向阀　安装面	ISO 5781：2000	MOD
34	GB/T 8101—2002	液压溢流阀　安装面	ISO 6264：1998	MOD

（续）

序号	标准代号	标准名称	采标 ISO 代号	一致性程度
35	GB/T 8102—2008	缸内径 8mm ～ 25mm 的单杆气缸安装尺寸	ISO 6432：1985	IDT
36	GB/T 8104—1987	流量控制阀　试验方法		
37	GB/T 8105—1987	压力控制阀　试验方法		
38	GB/T 8106—1987	方向控制阀　试验方法		
39	GB/T 8107—2012	液压阀　压差－流量特性的测定	ISO 4411：2008	MOD
40	GB/T 9065.1—2015	液压软管接头　第 1 部分：O 形圈端面密封软管接头	ISO 12151-1：2010	MOD
41	GB/T 9065.2—2010	液压软管接头　第 2 部分：24° 锥密封端软管接头	ISO 12151-2：2003	MOD
42	GB/T 9065.5—2010	液压软管接头　第 5 部分：37° 扩口端软管接头	ISO 12151-5：2007	MOD
43	GB/T 9094—2006	液压缸气缸安装尺寸和安装型式代号	ISO 6099：2001	IDT
44	GB/T 9877—2008	液压传动　旋转轴唇形密封圈设计规范		
45	GB/T13871.2—2015	密封元件为弹性体材料的旋转轴唇形密封圈　第 2 部分：词汇	ISO 6194-2：2009	MOD
46	GB/T 13871.5—2015	密封元件为弹性体材料的旋转轴唇形密封圈　第 5 部分：外观缺陷的识别	ISO 6194-5：2008	IDT
47	GB/T 14034.1—2010	流体传动金属管连接　第 1 部分：24° 锥形管接头	ISO 8434-1：2007	MOD
48	GB/T 14036—1993	液压缸活塞杆端带关节轴承耳环安装尺寸	ISO 6982：1982	eqv
49	GB/T 14038—2008	气动连接　气口和螺柱端	ISO 16030：2001	IDT
50	GB/T 14039—2002	液压传动　油液　固体颗粒污染等级代号	ISO 4406：1999	MOD
51	GB/T 14041.1—2007	液压滤芯　第 1 部分：结构完整性验证和初始冒泡点的确定	ISO 2942：2004	IDT
52	GB/T 14041.2—2007	液压滤芯　第 2 部分：材料与液体相容性检验方法	ISO 2943：1998	IDT
53	GB/T 14041.3—2010	液压滤芯　第 3 部分：抗压溃（破裂）特性检验方法	ISO 2941：2009	IDT
54	GB/T 14041.4—1993	液压滤芯额定轴向载荷检验方法	ISO 3723：1976	eqv
55	GB/T 14042—1993	液压缸活塞杆端柱销式耳环安装尺寸	ISO 6981：1982	eqv

（续）

序号	标准代号	标准名称	采标 ISO 代号	一致性程度
56	GB/T 14043—2005	液压传动　阀安装面和插装阀阀孔的标识代号	ISO 5783：1995	IDT
57	GB/T 14513.1—2017	气动　使用可压缩流体元件的流量特性测定　第 1 部分：稳态流动的一般规则和试验方法	ISO 6358-1：2013	IDT
58	GB/T 14514—2013	气动管接头试验方法		
59	GB/T 15242.1—2017	液压缸活塞和活塞杆动密封装置尺寸系列　第 1 部分：同轴密封件尺寸系列和公差		
60	GB/T 15242.2—2017	液压缸活塞和活塞杆动密封装置尺寸系列　第 2 部分：支承环尺寸系列和公差		
61	GB/T 15242.3—1994	液压缸活塞和活塞杆动密封装置用同轴密封件安装沟槽尺寸系列和公差	ISO 7425-1：1988，ISO 7425-2：1989	eqv
62	GB/T 15242.4—1994	液压缸活塞和活塞杆动密封装置用支承环安装沟槽尺寸系列和公差		
63	GB/T 15622—2005	液压缸试验方法	ISO 10100：2001	MOD
64	GB/T 15623.1—2018	液压传动　电调制液压控制阀　第 1 部分：四通方向流量控制阀试验方法	ISO 10770-1：1998	MOD
65	GB/T 15623.2—2017	液压传动　电调制液压控制阀　第 2 部分：三通方向流量控制阀试验方法	ISO 10770-2：2012	MOD
66	GB/T 15623.3—2012	液压传动　电调制液压控制阀　第 3 部分：压力控制阀试验方法	ISO 10770-3：2007	MOD
67	GB/T 17446—2012	流体传动系统及元件　词汇	ISO 5598：2008	IDT
68	GB/T 17483—1998	液压泵空气传声噪声级测定规范	ISO 4412-1：1991	eqv
69	GB/T 17484—1998	液压油液取样容器　净化方法的鉴定和控制	ISO 3722：1976	IDT
70	GB/T 17485—1998	液压泵、马达和整体传动装置参数定义和字母符号	ISO 4391：1983	IDT
71	GB/T 17486—2006	液压过滤器　压降流量特性的评定	ISO 3968：2001	IDT
72	GB/T 17487—1998	四油口和五油口液压伺服阀　安装面	ISO 10372：1992	IDT
73	GB/T 17488—2008	液压滤芯　利用颗粒污染物测定抗流动疲劳特性	ISO 3724：2007	IDT
74	GB/T 17489—1998	液压颗粒污染分析　从工作系统管路中提取液样	ISO 4021：1992	IDT
75	GB/T 17490—1998	液压控制阀　油口、底板、控制装置和电磁铁的标识	ISO 9461：1992	IDT

（续）

序号	标准代号	标准名称	采标 ISO 代号	一致性程度
76	GB/T 17491—2011	液压泵、马达和整体传动装置　稳态性能的试验及表达方法	ISO 4409：2007	MOD
77	GB/T 18853—2015	液压传动过滤器　评定滤芯过滤性能的多次通过方法	ISO 16889：2008	MOD
78	GB/T 18854—2015	液压传动　液体自动颗粒计数器的校准	ISO 11171：2010	MOD
79	GB/Z 19848—2005	液压元件从制造到安装达到和控制清洁度的指南	ISO/TR 10949：2002	IDT
80	GB/T 19925—2005	液压传动　隔离式充气蓄能器　优先选择的液压油口	ISO 10946：1999	MOD
81	GB/T 19926—2005	液压传动　充气式蓄能器　气口尺寸	ISO 10945：1994	IDT
82	GB/T 19934.1—2005	液压传动　金属承压壳体的疲劳压力试验　第 1 部分：试验方法	ISO 10771-1：2002	IDT
83	GB/T 20079—2006	液压过滤器技术条件		
84	GB/T 20080—2017	液压滤芯技术条件		
85	GB/T 20081.1—2006	气动减压阀和过滤减压阀　第 1 部分：商务文件中应包含的主要特性和产品标识要求	ISO 6953-1：2000	IDT
86	GB/T 20081.2—2006	气动减压阀和过滤减压阀　第 2 部分：评定商务文件中应包含的主要特性的测试方法	ISO 6953—2：2000	IDT
87	GB/T 20082—2006	液压传动　液体污染　采用光学显微镜测定颗粒污染度的方法	ISO 4407：2002	IDT
88	GB/T 20110—2006	液压传动　零件和元件的清洁度与污染物的收集、分析和数据报告相关的检验文件和准则	ISO 18413：2002	IDT
89	GB/T 20421.1—2006	液压马达特性的测定　第 1 部分：在恒低速和恒压力下	ISO 4392-1：2002	IDT
90	GB/T 20421.2—2006	液压马达特性的测定　第 2 部分：起动性	ISO 4392-2：2002	IDT
91	GB/T 20421.3—2006	液压马达特性的测定　第 3 部分：在恒流量和恒转矩下	ISO 4392-3：1993	MOD
92	GB/Z 20423—2006	液压系统总成　清洁度检验	ISO/TS 16431：2002	IDT
93	GB/T 21283.6—2015	密封元件为热塑性材料的旋转轴唇形密封圈　第 6 部分：热塑性材料与弹性体包覆材料的性能要求		

（续）

序号	标准代号	标准名称	采标 ISO 代号	一致性程度
94	GB/T 21486—2008	液压滤芯　检验性能特性的试验程序	ISO 11170：2003	IDT
95	GB/T 21540—2008	液压传动　液体在线自动颗粒计数系统校准和验证方法	ISO 11943：1999	IDT
96	GB/T 22076—2008	气动圆柱形快换接头　插头连接尺寸、技术要求、应用指南和试验	ISO 6150：1988	IDT
97	GB/T 22107—2008	气动方向控制阀　切换时间的测量	ISO 12238：2001	IDT
98	GB/T 22108.1—2008	气动压缩空气过滤器　第 1 部分：商务文件中包含的主要特性和产品标识要求	ISO 5782-1：1997	IDT
99	GB/T 22108.2—2008	气动压缩空气过滤器　第 2 部分：评定商务文件中包含的主要特性的测试方法	ISO 5782-2：1997	IDT
100	GB/T 23252—2009	气缸　成品检验及验收标准	ISO 10099：2001	IDT
101	GB/T 23253—2009	液压传动　电控液压泵　性能试验方法	ISO 17559：2003	IDT
102	GB/T 25132—2010	液压过滤器　压差装置试验方法	ISO 16860：2005	IDT
103	GB/T 25133—2010	液压系统总成　管路冲洗方法	ISO 23309：2007	IDT
104	GB/T 26142.1—2010	气动五通方向控制阀　规格 18mm 和 26mm　第 1 部分：不带电气接头的安装面	ISO 15407-1：2000	IDT
105	GB/T 26142.2—2010	气动五通方向控制阀　规格 18mm 和 26mm　第 2 部分：带可选电气接头的安装面	ISO 15407-2：2003	IDT
106	GB/T 26143—2010	液压管接头　试验方法	ISO 19879：2010	IDT
107	GB/T 27613—2011	液压传动　液体污染　采用称重法测定颗粒污染度	ISO 4405：1991	MOD
108	GB/T 28781—2012	气动　缸内径 20mm 至 100mm 的紧凑型气缸　基本尺寸、安装尺寸	ISO 21287：2004	IDT
109	GB/T 28782.2—2012	液压传动测量技术　第 2 部分：密闭回路中平均稳态压力的测量	ISO 9110-2：1990	IDT
110	GB/T 28783—2012	气动　标准参考大气	ISO 8778：2003	IDT
111	GB/T 30833—2014	气压传动　设备消耗的可压缩流体　压缩空气功率的表示及测量		
112	GB/T 32215—2015	气动　控制阀和其他元件的气口和控制机构的标识	ISO 11727：1999	IDT
113	GB/T 32216—2015	液压传动　比例 / 伺服控制液压缸的试验方法		
114	GB/T 32217—2015	液压传动　密封装置　评定液压往复运动密封件性能的试验方法	ISO 7986：1997	MOD

（续）

序号	标准代号	标准名称	采标 ISO 代号	一致性程度
115	GB/T 32336—2015	气动　带可拆卸安装件的缸径 32mm 至 320mm 的气缸基本尺寸、安装尺寸和附件尺寸	ISO 15552：2004	IDT
116	GB/T 32337—2015	气动　二位三通电磁阀安装面	ISO 15218：2003	IDT
117	GB/T 32807—2016	气动阀　商务文件中应包含的资料	ISO 17082：2004	IDT
118	GB/T 33626.1—2017	气动油雾器　第 1 部分：商务文件中应包含的主要特性和产品标识要求	ISO 6301-1：2009	IDT
119	GB/T 33626.2—2017	气动油雾器　第 2 部分：评定商务文件中包含的主要特性的试验方法	ISO 6301-2：2009	IDT
120	GB/T 33636—2017	气动　用于塑料管的插入式管接头	ISO 14743：2004	MOD
121	GB/T 33924—2017	气缸活塞杆端球面耳环安装尺寸	ISO 8139：2009	IDT
122	GB/T 33927—2017	气缸活塞杆端环叉安装尺寸	ISO 8140：2009	IDT
123	GB/T 34887—2017	液压传动　马达噪声测定规范	ISO 4412-2：1991	MOD
124	GB/T 34888—2017	旋转轴唇形密封圈　装拆力的测定		
125	GB/T 34896—2017	旋转轴唇形密封圈　摩擦扭矩的测定		

表 H-2　液压气动行业标准（截至 2017 年 12 月）

序号	标准代号	标准名称	采标 ISO 代号	一致性程度
1	JB/T 2184—2007	液压元件　型号编制方法		
2	JB/T 5120—2010	全液压转向器　摆线转阀式开心无反应型		
3	JB/T 5920—2011	液压内曲线低速大转矩马达　安装法兰和轴伸尺寸		
4	JB/T 5921—2006	液压系统用冷却器　基本参数		
5	JB/T 5922—2005	液压二通插装阀　图形符号		
6	JB/T 5923—2013	气动　气缸技术条件		
7	JB/T 5963—2014	液压传动　二通、三通和四通螺纹插装阀插装孔	ISO 7789：2007	MOD
8	JB/T 5967—2007	气动元件及系统用空气介质质量等级		
9	JB/T 6378—2008	气动换向阀技术条件		
10	JB/T 6656—1993	气缸用密封圈安装沟槽型式、尺寸和公差		
11	JB/T 6657—1993	气缸用密封圈尺寸系列和公差		

（续）

序号	标准代号	标准名称	采标 ISO 代号	一致性程度
12	JB/T 6658—2007	气动用 O 形橡胶密封圈沟槽尺寸和公差		
13	JB/T 6659—2007	气动用 O 形橡胶密封圈尺寸系列和公差		
14	JB/T 6660—1993	气动用橡胶密封圈　通用技术条件		
15	JB/T 7033—2007	液压传动　测量技术通则	ISO 9110-1：1990	MOD
16	JB/T 7034—2006	液压隔膜式蓄能器　型式和尺寸		
17	JB/T 7035—2006	液压囊式蓄能器　型式和尺寸		
18	JB/T 7036—2006	液压隔离式蓄能器　技术条件		
19	JB/T 7037—2006	液压隔离式蓄能器　试验方法		
20	JB/T 7038—2006	液压隔离式蓄能器壳体　技术条件		
21	JB/T 7039—2006	液压叶片泵		
22	JB/T 7041—2006	液压齿轮泵		
23	JB/T 7043—2006	液压轴向柱塞泵		
24	JB/T 7056—2008	气动管接头　通用技术条件		
25	JB/T 7057—2008	调速式气动管接头　技术条件		
26	JB/T 7373—2008	齿轮齿条摆动气缸		
27	JB/T 7374—2015	气动空气过滤器　技术条件		
28	JB/T 7375—2013	气动油雾器技术条件		
29	JB/T 7377—2007	缸内径 32 ～ 250mm 整体式单杆气缸　安装尺寸	ISO 6430：1992	IDT
30	JB/T 7857—2006	液压阀污染敏感度评定方法		
31	JB/T 7858—2006	液压元件清洁度评定方法及液压元件清洁度指标		
32	JB/T 7939—2010	单活塞杆液压缸两腔面积比	ISO 7181：1991	MOD
33	JB/T 8727—2017	液压软管总成		
34	JB/T 8728—2010	低速大转矩液压马达		
35	JB/T 8729—2013	液压多路换向阀		
36	JB/T 8884—2013	气动元件产品型号编制方法		
37	JB/T 9157—2011	液压气动用球涨式堵头　尺寸及公差		
38	JB/T 10205—2010	液压缸		
39	JB/T 10206—2010	摆线液压马达		
40	JB/T 10364—2014	液压单向阀		

（续）

序号	标准代号	标准名称	采标 ISO 代号	一致性程度
41	JB/T 10365—2014	液压电磁换向阀		
42	JB/T 10366—2014	液压调速阀		
43	JB/T 10367—2014	液压减压阀		
44	JB/T 10368—2014	液压节流阀		
45	JB/T 10369—2014	液压手动及滚轮换向阀		
46	JB/T 10370—2013	液压顺序阀		
47	JB/T 10371—2013	液压卸荷溢流阀		
48	JB/T 10372—2014	液压压力继电器		
49	JB/T 10373—2014	液压电液动换向阀和液动换向阀		
50	JB/T 10374—2013	液压溢流阀		
51	JB/T 10414—2004	液压二通插装阀　试验方法		
52	JB/T 10606—2006	气动流量控制阀		
53	JB/T 10607—2006	液压系统工作介质使用规范		
54	JB/T 10829—2008	液压马达		
55	JB/T 10830—2008	液压电磁换向座阀		
56	JB/T 10831—2008	静液压传动装置		
57	JB/T 11038—2010	液压滤芯　滤材验收规范		
58	JB/T 11129—2011	气缸活塞杆技术条件		
59	JB/T 11717—2013	液压传动　转向器用单路稳流分流阀		
60	JB/T 11718—2013	液压缸　缸筒技术条件		
61	JB/T 12232—2015	液压传动　液压铸铁件技术条件		
62	JB/T 12550—2015	气动减压阀		
63	JB/T 12705—2016	气动消声器		
64	JB/T 12706.1—2016	液压传动　16MPa 系列单杆缸的安装尺寸　第 1 部分：中型系列	ISO 6020-1：2007	MOD
65	JB/T 12706.2—2017	液压传动　16MPa 系列单杆缸的安装尺寸　第 2 部分：缸径 25mm ~ 220 mm 紧凑型系列	ISO 6020-2：2015	MOD
66	JB/T 12920—2016	液压传动　液压油含水量检测方法		
67	JB/T 12921—2016	液压传动　过滤器的选择与使用规范		
68	JB/T 13291—2017	液压传动　25MPa 系列单杆缸的安装尺寸	ISO 6022：2006	MOD

表 H-3　机械密封行业现行国家标准和行业标准

序号	标准号	标准名称
1	GB/T 14211—2010	机械密封试验方法
2	GB/T 25018—2010	船艉轴水润滑密封装置
3	JB/T 4127.2—2013	机械密封　第 2 部分：分类方法
4	JB/T 8726—2011	机械密封腔尺寸
5	JB/T 1472—2011	泵用机械密封
6	JB/T 4127.1—2013	机械密封　第 1 部分：技术条件
7	JB/T 4127.3—2011	机械密封　第 3 部分：产品验收技术条件
8	JB/T 6614—2011	锅炉给水泵用机械密封　技术条件
9	JB/T 6616—2011	橡胶波纹管机械密封　技术条件
10	JB/T 7369—2011	机械密封端面平面度检验方法
11	JB/T 7371—2011	耐碱泵用机械密封
12	JB/T 7372—2011	耐酸泵用机械密封
13	JB/T 8725—2013	旋转接头
14	JB/T 5966—2012	潜水电泵用机械密封
15	JB/T 11242—2011	汽车发动机冷却水泵用机械密封
16	JB/T 11107—2011	机械密封用圆柱螺旋弹簧
17	JB/T 8724—2011	机械密封用反应烧结氮化硅密封环
18	JB/T 8873—2011	机械密封用填充聚四氟乙烯和聚四氟乙烯毛坯　技术条件
19	JB/T 6615—2011	机械密封用碳化硼密封环　技术条件
20	JB/T 6372—2011	机械密封用堆焊密封环技术条件
21	JB/T 11289—2012	干式气体密封技术条件
22	JB/T 11958—2014	机械密封用缠绕式波形弹簧　技术条件
23	JB/T 11959—2014	机械密封用硬质合金密封环
24	JB/T 11957—2014	食品制药机械用机械密封
25	HG/T 2057—2011	搪玻璃搅拌容器用机械密封
26	HG/T 2098—2011	釜用机械密封类型、主要尺寸及标志
27	HG/T 4571—2013	医药搅拌设备用机械密封　技术条件